研究生"十四五"规划精品系列教材

社会保险学

主编 毛瑛

图书在版编目(CIP)数据

社会保险学 / 毛瑛主编. --西安：西安交通大学出版社,2024.9
ISBN 978-7-5693-3590-3

Ⅰ.①社… Ⅱ.①毛… Ⅲ.①社会保险—保险学 Ⅳ.①F840.61

中国国家版本馆 CIP 数据核字(2024)第 013011 号

书　　名	社会保险学
	SHEHUI BAOXIANXUE
主　　编	毛　瑛
责任编辑	李逢国
责任校对	雒海宁
装帧设计	伍　胜
出版发行	西安交通大学出版社
	(西安市兴庆南路1号　邮政编码 710048)
网　　址	http://www.xjtupress.com
电　　话	(029)82668357　82667874(市场营销中心)
	(029)82668315(总编办)
传　　真	(029)82668280
印　　刷	广东虎彩云印刷有限公司
开　　本	787mm×1092mm　1/16　印张 10.875　字数 257千字
版次印次	2024年9月第1版　2024年9月第1次印刷
书　　号	ISBN 978-7-5693-3590-3
定　　价	39.80元

如发现印装质量问题,请与本社市场营销中心联系。
订购热线:(029)82665248　(029)82667874
投稿热线:(029)82664840　QQ:1905020073
读者信箱:1905020073@qq.com

版权所有　侵权必究

前　言

党的二十大报告指出："新时代 10 年，我们深入贯彻以人民为中心的发展思想，在幼有所育、学有所教、劳有所得、病有所医、老有所养、住有所居、弱有所扶上持续用力，人民生活全方位改善。""建成世界上规模最大的教育体系、社会保障体系、医疗卫生体系，教育普及水平实现历史性跨越，基本养老保险覆盖十亿四千万人，基本医疗保险参保率稳定在百分之九十五。及时调整生育政策。""人民群众获得感、幸福感、安全感更加充实、更有保障、更可持续，共同富裕取得新成效。"

社会保障体系是人民生活的安全网和社会运行的稳定器。我国社会保险是社会保障体系的最重要组成部分，"十四五"期间我国将继续在健全社会保障体系上发力：扩大社会保险覆盖面，健全基本养老、基本医疗保险筹资和待遇调整机制，推动基本医疗保险、失业保险、工伤保险省级统筹。促进多层次医疗保障有序衔接，完善大病保险和医疗救助制度，落实异地就医结算，建立长期护理保险制度，积极发展商业医疗保险。加快完善全国统一的社会保险公共服务平台。健全社保基金保值增值和安全监管体系。健全分层分类的社会救助体系。

基于上述国家在健全社会保障体系中的任务，为适应社会保障专业研究生教学需求及健全社会保障体系理论需求，我们编写了本教材。

本教材共分为十章，第一章主要介绍了社会保险基本原理，第二章主要介绍了社会保障制度体系，第三章主要介绍了社会保险筹资，第四章主要介绍了社会保险基金管理，第五章主要介绍了社会保险经办，第六章主要介绍了社会保险监督，第七章主要介绍了社会保险法律责任，第八章主要介绍了社会保险评价，第九章主要介绍了社会保险国际比较，第十章主要介绍了我国社会保险改革与发展。

本教材由毛瑛担任主编，负责核心概念的界定、学术思想的阐释、逻辑结构的设计、理论体系的安排、编写大纲的编撰并进行了写作分工和全书统稿工作。本教材各章节具体编写分工如下：宁伟编写第一章和第二章，柳锦楠编写第三章，缪祥虎编写第四章，于泽孺编写第五章，张静雅编写第六章，李浩然编写第七章，鲁永博、于泽孺、张静雅编写第八章，柳锦楠、缪祥虎、李浩然编写第九章，谢涛编写第十章。

在教材的编写过程中，我们参考了相关教材和论文的研究成果，在此对相关作者表示敬意和感谢！本教材可作为社会保障及相关专业的研究生教材，也可作为社会保障部门干部培训教材。

由于作者水平有限，加之时间仓促，书中难免存在不足之处，恳请广大读者批评指正。

毛　瑛
2024 年 9 月

目 录

第一章 社会保险基本原理 ··· 1
- 第一节 社会保险的需求 ··· 1
- 第二节 社会保险的供给 ··· 3
- 第三节 社会保险学与其他学科的关系 ··· 5
- 第四节 社会保险学的研究对象 ··· 7
- 第五节 社会保险学的研究方法 ··· 10

第二章 社会保障制度体系 ··· 12
- 第一节 社会保险与社会保障体系 ··· 12
- 第二节 典型国家社会保障体系 ··· 16
- 第三节 中国社会保障体系实践 ··· 22

第三章 社会保险筹资 ··· 27
- 第一节 社会保险基金的筹资来源 ··· 27
- 第二节 社会保险基金的筹资方式 ··· 32
- 第三节 社会保险基金的筹资原则 ··· 33
- 第四节 社会保险基金的筹资模式 ··· 34
- 第五节 各类社会保险基金的筹资 ··· 37

第四章 社会保险基金管理 ··· 46
- 第一节 社会保险基金要素 ··· 46
- 第二节 社会保险基金运营 ··· 48
- 第三节 社会保险基金风险预警管理 ··· 58
- 第四节 社会保险基金测算案例 ··· 63

第五章 社会保险经办 ··· 76
- 第一节 社会保险经办机构 ··· 76
- 第二节 社会保险经办管理模式 ··· 80
- 第三节 社会保险经办体系发展趋势 ··· 86

第六章 社会保险监督 ··· 92
- 第一节 社会保险监督体系 ··· 92

第二节　社会保险监督内容 ·········· 96
　　第三节　社会保险监督方式 ·········· 99
　　第四节　社会保险监督发展 ·········· 102

第七章　社会保险法律责任 ·········· 108
　　第一节　社会保险立法现状 ·········· 108
　　第二节　社会保险法律主体及内容 ·········· 108
　　第三节　社会保险执法体系 ·········· 114
　　第四节　社会保险法律体系发展 ·········· 118

第八章　社会保险评价 ·········· 121
　　第一节　社会保险制度现状评价 ·········· 121
　　第二节　社会保险运营管理评价 ·········· 126
　　第三节　社会保险发展评价 ·········· 132

第九章　社会保险国际比较 ·········· 138
　　第一节　社会保险的起源与发展 ·········· 138
　　第二节　国际典型社会保险模式 ·········· 143
　　第三节　国际社会保险模式启示 ·········· 153

第十章　中国社会保险改革与发展 ·········· 156
　　第一节　中国社会保险改革与发展现状 ·········· 156
　　第二节　中国社会保险发展机遇与挑战 ·········· 163
　　第三节　中国社会保险发展趋势 ·········· 164

参考文献 ·········· 167

第一章　社会保险基本原理

第一节　社会保险的需求

社会保险是为保障劳动者(有些国家可能普及全体公民)在遭遇年老、伤残、失业、患病、生育等情况时的基本生活需要,在国家法律保证下强制实施的一种社会制度,它强调受保障者权利与义务相结合,其宗旨是维护社会稳定。社会保险制度就是社会保险行为的法律规范,其主要内容包括有关社会保险的法规政策、社会保险管理机构的设置、社会保险基金的筹集、社会保险基金的投资运营、社会保险的项目设置、保险金的给付标准和支付条件以及社会保险基金监管等。

一、社会保险产生的原因

人类社会的基本需求是以社会成员的个人需求为基础的。个人的需求包括生产上的需求和生活上的需求,同时也表现为个别性需求和社会性需求。其中,个人的社会性需求(包括生产上的需求和生活上的需求)是人类组成社会的纽带。在漫长的人类发展史中,对弱势群体的经济保障乃至服务保障的认识和对政府承担责任的认可,经历了一个漫长的过程。在生产力很不发达的时期,当意外灾祸(如战争、自然灾害等)降临时,往往只能通过家庭的力量来解决。进入工业社会后,现代的生产方式与生活方式为将社会成员的个人风险转变为社会风险提供了条件,劳动的协作化、生活的社会化、信息传导的快捷化以及致险因素的增加、阶层利益集团的形成等,都促使个人风险向社会风险转化。被传统社会视为个人及家庭问题的生、老、病、死、伤残、失业等事件,在工业社会中均可能通过群体方式演变成严重的社会问题与社会风险。此外,工业革命促进城市化,大工业生产方式强制性地改变了家庭模式及其功能,且劳动风险和经济收入损失已具有普遍性,从而导致单个人的风险增强,大大突破了"家庭保障"的屏障。因而,政府的社会政策不得不发生改变,但这是以一定的经济发展水平为前提的。通过制度安排来化解风险成为常备对策,这样的制度安排就是社会保险制度。

二、风险及其特征

社会保险的需求来源于收入风险,社会保险实际上是收入保险,要使收入有保障,需要对哪些风险进行抵御以保护劳动者?这些风险具有何等特点?能不能掌握它们的变动方向和规律?

这里,在社会保险领域中发生的风险,除具有足以夺走劳动者收入的特点外,还具有无法规避又有规律可循的特点。

社会对劳动者实行收入损失保障,使劳动者无后顾之忧,这是社会保险制度固有的最显著的特点。对一个劳动者来讲,收入损失属于最大的风险,这种风险在工业化社会以前的传统社会一直伴随着劳动者及其家庭,只是进入工业社会后劳动者才第一次得到有效的保护,不再惧怕风险的侵袭。这种招致收入损失的风险,就是劳动者在暂时或永久失去劳动能力时,以及虽有劳动能力,但无工可做时所发生的风险。具体讲,就是劳动者在生育期间、失业期间、患病期间、工伤期间、残障后、年老后等发生的风险。因而,收入损失风险不同于一般风险,它具有自己的特征。

(1) 这类风险具有普遍性。也就是说,对劳动者来讲,发生收入损失的风险不是偶尔有之,而是普遍存在。这一特征表明,如果风险不具备这样的特征,不是劳动者普遍要经受的,那便不是社会保险工作要保护的风险。正是因为收入损失风险普遍存在于劳动者中间,为解除劳动者后顾之忧,使劳动力扩大再生产顺利进行,现代社会必须对劳动者加以保护,并给予收入补偿。

(2) 这类风险的发生带有客观性质,不以人的主观意志为转移。失业风险不是劳动者有意造成的,而是商品经济发展到一定程度后客观上必然要发生的。没有任何一个劳动者主观上愿意失去工作沦为失业者,但失业还是落到了他的头上,不以他的主观意志为转移。失业在资本主义社会是客观存在的,在实行市场经济的社会主义社会也是客观存在的。既然失业风险是客观存在的,具有不以人的意志为转移的客观存在性特征,任何实行社会保险的国度,不管是资本主义国家,还是社会主义国家,都有义务对失业风险造成的收入损失给予补偿,使劳动者安然渡过风险期。其他有关收入损失的风险,诸如生育风险、疾病风险、工伤风险、年老风险、死亡风险,也无不带有客观性特征,所以也都受到国家的保障。当然,说收入损失风险具有客观性质,并不排除主观制造此类风险的事例发生,如为了偷懒而有意称病,但这毕竟属于极个别的事例,绝不能由此而否定收入损失风险的客观性。至于有意制造工伤事故,让自己负伤致残,以享受收入损失补偿权利,则几乎是不可想象的。英国社会保险机构 1978—1979 年对骗取社会保险金的行为做过一次调查,发现失业保险金骗取比例只占总支出的 0.664%,退休金骗取率为 0.001%,疾病与生育津贴骗取率为 0.051%,工伤赔偿骗取率为 0.012%。因而得出结论:有意制造假象而冒领社会保险金的现象是鲜见的,是微不足道的。而且,即便发生了类似现象,收入损失风险的客观性也绝不容忽视。总之,社会保险工作所要保障的风险,不是难以避免的(如死亡风险、疾病风险、年老风险),就是很难避免的(如工伤风险、失业风险)。对客观存在、难以避免或很难避免的风险,现代国家负有保障义务,是理所当然的。

(3) 这类风险的发生是必然性与偶然性的统一。对全体工资劳动者来说,生育、死亡、工伤、年老、疾病等风险是必然要发生的,带有不可规避的必然性。但就个别劳动者来说,究竟会碰到哪种收入损失风险,何时碰到,同一风险遭受几次,则带有随机性,偶然性色彩很浓。正是因为收入损失风险带有必然性,现代国家才承认它、保障它,弥补它发生后的损失。正是因为收入损失风险在每个劳动者身上带有偶然性,才保证了社会保险制度的正常运行。这是容易理解的。如果每个劳动者在任何时候都必然遭遇收入损失风险,社会保险制度非垮台不可,因为刚刚积累起来的社会保险基金很快就会花光。正是鉴于并非每个劳动者在任何时候都会碰上收入损失风险,而是在不同的时间遇到不同的风险,社会保险基金时进时出,且收入总是大于支出,才有可能保证社会保险的正常运行。

(4)这类风险的发生和变化都具有客观规律性。既然收入损失的风险带有必然性,那就意味着它并非杂乱无章,而是有客观规律可循的。如果不具备这个特征,收入损失风险也不会成为国家保障的对象。收入损失风险的发生、发展有规律可循,恰恰成为社会保险的研究重点,也是社会保险活动具有理论色彩的体现。比如生育风险,便具有明显的规律性,表现为生育规模随现代化事业的发展而愈益减小,生育率水平则愈益降低,最后下降到最低水平。社会保险工作掌握生育风险的这种客观规律性,无疑有助于把握生育规模和生育率水平变动,有利于政府做出可靠的生育预测,从而制定科学的生育津贴预测。又如,死亡风险的客观规律性表现为:总死亡率变动初期下降,而人口老龄化发展到一定高度后开始徐徐回升。显然,这对社会保险工作预测死亡变动,从而预测遗属抚恤金变动有极大帮助。失业风险、疾病风险、工伤风险也都具有客观规律性,也都是有规律可循的。因而,掌握它们的变动规律对社会保险工作也很有意义。

收入损失风险带有普遍性、客观性并有规律可循,这告诉人们,从事社会保险工作必须具备比较全面、具有一定深度的理论知识,否则对客观规律是认识不了的,或者即使认识了也不能利用它为工作服务。

第二节 社会保险的供给

社会保险最初是劳动者群体经过与资本者集团及其国家进行长期不懈的斗争,最后迫使国家让步,不得不推出的一种符合劳动者利益的社会政策,因此,社会保险最初覆盖的仅仅是工业工人。随着阶级斗争的继续发展,资本主义国家愈益掌握社会保险作为巩固自身统治的本领,社会保险逐渐扩大了覆盖范围,先是扩及商业第三产业劳动者,而后又扩及公务人员、农场工人,后来又扩及个体劳动者、小业主以及工薪劳动者的配偶。

有人可能要问:社会保险不把资本家包括在内,他们光投保不享受,能渡过种种风险吗?第一,资本家投保的费用在产品实现后可以完全收回,丝毫不吃亏,绝非白白投放;第二,资本家毕竟人数极少,他们有的是钱,包括存款、债券、证券等,足以渡过各种风险,且还可通过向商业保险投保获得理赔,以渡过风险。

社会保险覆盖面扩大,把一切应该覆盖的劳动者都覆盖在内,就会使劳动者都能履行缴纳保险费的义务,都能按义务与权利对等的原则,在遭遇风险后获得应有的补偿,实现在社会保险面前人人平等,有助于加强劳动者之间的团结。

社会保险覆盖面扩大,对存在不同所有制经济的国家,比如,对中国来说,还有助于具体实现经济竞争的公平性。试想,如果中国只让国有企业按期如数缴纳保险费,非国有企业被排除在缴纳保险费之外,那会是什么结局?肯定会造成竞争的不公平,缴费的国有企业,在其他条件相等的情况下,成本一定会高过不缴费的非国有企业,从而处于不利的竞争地位。只有把一切企业都纳入社会保险范围,都履行缴费义务,才会有平等的起跑线,竞争才公平。

社会保险的直接功能,是对工资劳动者在其全部生命周期遇到的种种风险——失去收入的风险进行某种程度的补偿,以维持他们的基本生活。那么,客观上存在哪些险种?或者说,社会保险制度能够扩及的保险项目有哪些?理论上讲有以下五种险种。

(1)养老保险。养老保险是国家依据法律规定,强制性地征缴养老保险费(税),以保障劳动者达到国家规定退休年龄,或因年老丧失劳动能力退出劳动领域后的基本生活的一种社会保险制度。经过一系列的改革,目前,养老保险一般由基本养老保险、职业(企业)补充养老保险和个人储蓄型养老保险三大支柱构成。

(2)医疗保险。医疗保险是国家依据法律规定,强制性地征缴医疗保险费(税),当参保人(被保险人)因患病、受伤等接受医疗服务时,为其提供基本的医疗服务,并由保险人(特定的组织或机构)提供经济补偿的一种社会保险制度。不少国家的医疗保险都是由基本医疗保险、企业补充医疗保险、商业医疗保险等部分组成。

(3)失业保险。失业保险是社会保险制度中的重要组成部分,它是指劳动者由于非本人原因失去工作、收入中断时,由国家和社会依法保证其基本生活需要的一种社会保险制度。其核心内容是通过建立失业保险基金,分散失业风险,为失业者提供基本保障,并通过专业培训、职业介绍等形式积极促进其再就业。

(4)工伤保险。工伤保险是指劳动者在社会生产经营活动中或在规定的某些特殊情况下遭受职业伤害、职业病,以及因这两种情况造成劳动者死亡、暂时或永久丧失劳动能力时,受伤害者能够及时得到救治和康复,他本人及其供养亲属或死亡者遗属能够从国家、社会得到必要的物质补偿的一种社会保险制度。随着社会的发展,工伤保险的职能在不断地扩展,功能也在不断地完善。工伤预防、工伤救治与康复、工伤补偿,已形成工伤保险内容的三大支柱。

(5)生育保险。生育保险是国家和社会通过立法对劳动者在生育期间提供一定的经济、物质及服务等各方面帮助的一种社会保险制度,旨在保障受保的母婴在此特殊时期的基本生活和医疗保健需要,确保生育女性的身体健康和劳动力恢复以及整个社会的人口再生产。

除上述五大险种之外,有些国家的社会保险体系还包括:①遗属保险,即有资格领取社会保险给付金者去世之后,由政府或社会保险机构对其遗孀(或鳏夫)或者父母及其未成年子女,定期或一次性给付遗属年金的保险待遇;②伤残保险,即公民因伤残而享受的社会保险待遇,包括经济上的经常性补偿和一次性补偿以及医疗服务、假期等尽可能使伤残者恢复健康的保险待遇;③护理保险,即对有需要的人群提供治疗护理,如某些内科慢性疾病、一些外科病患的医学、心理学康复护理,生活半自理或完全不能自理的老年人的生活护理以及病危老年人的心理护理和临终关怀等保险待遇。

由于上述五大险种是社会保险体系中最重要、最基本的项目,而且也构成了我国现行社会保险制度的框架,因此,本书将重点放在了对上述五大险种的介绍上。

第三节 社会保险学与其他学科的关系

社会保险从缴费到待遇给付的过程实质上是国民收入的分配与再分配过程,要用到经济学的知识;社会保险是为社会稳定发展服务、通过法律强制实施的社会政策,这又属于政治学的范畴;社会保险的任务是解决人们在劳动和生活中遇到的各种风险与困难,其内容是解决各种特定的社会问题,这又要用到社会学的知识;在运营社会保险基金的过程中,又需要用到金融学、精算学、统计学、管理学等方面的知识,而社会保险的基本理论与技术则来源于保险学。社会保险学强调跨学科研究,在研究社会保险时,必须引入经济学、法学、社会学、政治学等其他学科的知识,通过跨学科、跨文化的研究视角和方法才能更好地解释、分析社会保险制度产生与发展的规律。

一、社会保险学与经济学的关系

经济学是研究各种经济关系和经济活动规律的科学,而社会保险则通过经济手段进行国民收入的分配与再分配来达到为全体社会成员提供基本生活保障的目的。社会保险学中探讨的一系列理论和实践问题,如社会保险基金的投资与运营、投保制社会保险中劳动者个人与企业缴费比例的设计、社会保险税率的厘定等,都需要运用经济学及金融学的理论与知识。经济学是社会保险学的重要理论基础,经济学所揭示的普遍原理与方法,对社会保险有着特别重要的指导意义,经济政策亦是社会保险政策的重要基础。福利经济学的产生与发展,更直接推动着社会保险理论的发展与进步。

社会保险基金从缴费、管理、投资运营到给付都要运用到经济学的知识,但是经济学绝不是社会保险的全部理论基础,二者在一些方面也存在本质区别。经济学提倡的是效率优先的原则,以最小的成本换取最大的收益。社会保险也研究社会保险反作用于经济发展的一般规律,但侧重研究社会经济发展过程中的稳定机制,因此不能仅仅以经济效益的好坏决定社会保险项目的取舍和保障水准的高低。衡量一项社会保险活动的价值要从政治、经济、文化等多方面考虑,看它是不是能更好地解决人们在年老、伤残、失业、患病、生育等情况时的基本生活需要,能不能促进社会和谐,而不能仅仅以投入产出比等衡量经济效率的指标作为衡量社会保险的唯一标准。

二、社会保险学与法学的关系

社会保险学与法学有着密不可分的关系。社会保险是国家通过立法强制建立的一种社会制度。在各国现行的法律中,大多都规定社会保险是公民应当享有的基本权利。我国宪法也体现这一基本原则,即中华人民共和国公民在年老、疾病或者丧失劳动能力的情况下,有从国家和社会获得物质帮助的权利。可见,社会保险制度的推行必须通过国家立法的程序。

社会保险法律关系的主体是国家、用人单位与个人,在社会保险费缴纳方面,强调国家、用人单位和个人三方的责任,目的在于扩充社会保险基金的积累,调动制度受益人的积极性。社会保险费率、投资规定、保险金的给付以及社会保险的管理都有相应的法规进行规定,可以说社会保险制度的制定、实施、日常管理、监督处处都体现了法律的痕迹。社会保险制度比较完善的国家,无不有一套配套的、完善的社会保险法律体系。

三、社会保险学与社会学的关系

社会学是对人类生活、群体和社会的研究,是关于社会良性运行和协调发展的规律性的、综合性的社会科学。社会结构及变迁、社会流动、社会问题等都是社会学的研究对象。如果从社会保险的出发点与追求目标来考虑,则社会学无疑是社会保障最重要的理论基石之一。社会学研究的社会公正、社会稳定、社会价值、社会进步、社会风险、种族与移民、家庭与社区、社会阶层、人口问题、贫困与社会排斥、教育与福利等,直接指导着社会保险理论研究和制度实践的发展。社会学的重要理论成果有马斯洛的需求层次理论、帕森斯的结构功能理论、拉尔夫·达伦多夫的冲突理论等,这些理论为社会保险研究奠定了坚实的理论基础。社会保险问题总是跟社会问题有着千丝万缕的联系。社会保险制度的建立有助于社会问题的解决,在市场竞争中,风险是客观存在的,优胜劣汰是不可避免的,社会保险中的失业、养老、工伤、医疗等保险制度,正是为了保障人们在遇到上述风险时的基本生活,是社会发展的稳定机制。

社会保险起于各种社会问题,止于解决各种社会问题,在问题的解决过程中需要考虑到文化、道德、价值观等精神领域的东西,中间需要运用政治的、经济的和法律的手段。另外,社会保险本身也是一个非常复杂的系统,因此就需要从整个社会经济的全局考虑,统筹把握。社会学的优势在于将社会看成一个整体,这种整体观对于研究社会保险问题有着非常直接的启示。

四、社会保险学与政治学的关系

政治学是以国家及其活动为主要研究对象的科学,包括国家的起源、发展、消亡以及国家本质、国家制度、国家结构、国家职能、政党制度等。政治学具有鲜明的阶级性。一个国家政权、政治制度的确定或变更,都是由阶级斗争的具体条件所决定的,是和国家的根本性质相适应的,而社会保险作为国家一定政治制度形态下的政策安排,实际上是统治阶级维护政治统治的社会控制手段,二者之间有着密切的联系。

在社会结构变迁的诸多因素中,社会经济的变化与发展对社会结构变迁具有决定性的作用,政治制度既可以为社会的经济发展创造一个有利的环境,又可以限制或束缚经济的发展,而且,政治制度的性质、稳定与否,在一定条件下,甚至决定了社会结构变迁的方向和过程。社会保险制度的发展同样受政治制度的影响,有时政治制度甚至是决定性的影响因素。正如有的学者所说:"社会保障制度和政策是社会财富和资源的再次分配。在现代社会,财富和资源的分配始终受到政治和市场双重力量的支配。如果说社会财富和资源的初次分配主要由市场力量决定,那么社会财富和资源的再次分配就主要取决于政治体系的运作了。"

从社会保险的整个发展史看,每次社会经济发生动荡、社会关系日益紧张的时候,社会保险就会取得突破性的进展。现代社会保险的出现,其初始动因也是维护国家政权的稳定。从某种意义上说,政治已成为决定社会保险发展的重要因素。

社会保险制度从本质上来说,是统治阶级为了维护自身的经济和社会利益,为了维护统治秩序和政局稳定而做出的制度安排。因此,我们在进行社会保险研究时,必须结合社会保险政策、法规出台的政治背景,当权政府所代表的阶层及政党的主张、利益,这样才能对社会保险问题有更加透彻的理解。

五、社会保险学与保险学的关系

社会保险制度可以被视为一种拥有传统社会保障思想"内核",同时又披上商业保险精算技术"外壳"的崭新的经济保障制度。它是传统社会保障和现代商业保险精算技术相结合的产物,是现代政治国家与传统市民社会相互渗透的产物。一方面,它借助商业保险的精算技术,克服了传统社会救济的不力,使经济保障走向社会化;另一方面,它又借助"国家之手",克服了私人保险领域中市场失灵所带来的不利后果,使经济保障更趋公平。

社会保险学实际上是在保险学的基础上,经过一定时期才产生壮大的。社会保险的很多预测方法、精算方法都来自保险学。保险学当中的很多理论也适用于社会保险学。

第四节 社会保险学的研究对象

社会保险作为一门科学,它是社会再生产理论的重要组成部分,是研究社会保险产生、发展的社会经济过程,以及社会保险经济关系的科学。具体来说,社会保险是研究社会保险基金筹集、分配的实现形式及其所反映的社会矛盾和社会经济关系,以及如何处理这些矛盾和关系的科学。

一、社会保险学研究的对象及目的

社会保险是社会化商品生产条件下的必然产物,是人类文明进步的重要标志,它作为社会保障体系的核心内容,包括养老、残障、遗属、疾病、生育、工伤、失业和家庭津贴等保险保障,是一项庞大的社会化系统工程。同时,社会保险法制性、政策性强,涉及面广,关系到国家、地方、用人单位和个人的切身利益,关系到人民安居乐业和国家的稳定与繁荣,是一项极其重要的利国利民的安全工程。因此,社会保险活动从开始至今,始终是国家意志和政策的特殊反映,是各种经济关系和利益分配的重要体现。从微观层次分析,社会保险是研究一定条件下,不同社会制度的社会保险各险种保障的对象、保险基金筹集、保险给付条件与标准和社会保险管理;从宏观层面上分析,社会保险是按照各种经济规律和社会发展规律的要求,研究社会保险过程的规律性,即研究社会保险产生、发展的经济基础和社会条件,研究社会保险活动中各种社会保险经济规律发生作用的条件、范围和表现形式,研究合理组织、规划和利用社会保险生产力的原则和方法,不断调整和发展社会保险生产关系与上层建筑,促进社会保险生产力发展,保证社会保险保障目标的实现。

作为社会保险研究对象的社会保险经济关系,是以社会风险、自然风险和经济风险的存在为前提的。人们在社会再生产过程中,面临着年老、伤残、失业、疾病等风险所造成的收入不稳定、生活无保障的风险,社会保险的基本任务就是探讨如何识别、转移、分散和消除以上风险,揭示国家政府与被保险人、用人单位与被保险人、国家与用人单位以及被保险人之间经济关系确立的本质、条件及其形式，阐明社会保险经济关系产生、发展和变化的规律。此外，任何社会保险活动及其管理总是在一定历史条件下进行的，因此，社会保险活动及其管理与一定的生产力、一定的生产关系和一定的上层建筑有着密切的关系。研究社会保险的目的就在于揭示一定历史条件下社会保险活动及其管理的性质、原则、意义以及其他一般原理，为社会保险决策提供理论依据；揭示社会保险资源的合理配置与要求及其发展变化的规律性，为实现社会保险资源优化组合提供科学依据；揭示社会保险与经济发展之间的内在联系，进而阐明经济发展与社会保险之间作用与反作用的辩证关系，为有计划、有步骤地实施社会保险发展规模，合理制定社会保险给付条件和给付标准，以及正确确立社会保险在国民经济中的地位提供实际依据。研究社会保险的目的还在于揭示社会保险过程中人们物质利益关系的基本特征及其变化的规律性，为正确处理社会保险关系当事人之间的经济利益关系提供合理依据；揭示社会保险同补充保险、其他经济保障范畴之间的关系，为社会保险在各个时期社会保障经济中的正确定位提供依据；揭示社会保险政策法规和社会保险意识之间的相互关系，为制定和完善社会保险管理制度，提高社会保险管理的经济效益和社会效益提供实践依据；揭示外国社会保险制度的特征与发展过程，为建立健全中国特色的社会保险制度提供借鉴。

二、社会保险研究的主要内容

社会保险研究的内容是由社会保险研究的对象决定的。社会保险研究的对象是社会保险经济关系，因此，社会保险的基本范畴、基本属性、基本关系、基本原则、基本特征和基本方法构成社会保险研究的主要内容。具体内容包括以下几方面。

1. 社会保险的产生与发展

该部分概述了社会保险产生的理论基础、原因和条件、社会保险种类和社会保险发展及其趋势。

2. 社会保险保障的对象、目的、意义与特征

该部分论述了社会保险保障的特定对象、社会保险的一般目的和特殊目的以及社会保险的意义与特征。

3. 社会保险关系

该部分揭示了社会保险关系当事人之间权利与义务的规定性、社会保险关系建立的依据与基础以及社会保险同补充保险、其他经济保障范畴之间的关系。

4. 社会保险精算

该部分分析了社会保险精算的基础，对养老金计划的相关问题进行了探讨。

5. 社会保险基金与社会保险预算

该部分阐述了社会保险税（费）是建立社会保险基金及其保险单位履行给付义务的主要经济来源与基础，社会保险税（费）率则是计收社会保险税（费）的主要标准和依据；分析了社会保险税（费）的来源、负担方式和负担比例，论述了社会保险税（费）率制定的基本要求、税（费）率的种类和税(费)率的计算方式,研讨建立社会保险预算的意义、方式和编制社会保险预算的指导思想和原则。

6. 社会保险管理

该部分探讨了社会保险管理的必要性与意义、社会保险管理的职能与内容、社会保险管理的原则与方法以及社会保险管理的性质与方式。

7. 养老保险

该部分分析了年老风险与养老保险的关系,探讨了养老保险基金的重要特征以及养老保险基金的监管模式,阐述了发展企业年金的意义与制度特点,以及世界性养老保险制度改革。

8. 医疗保险与生育保险

该部分概述了医疗保险及其特征,以及医疗保险模式,研讨了生育保险理论和生育保险的特点与内容。

9. 失业保险

该部分分析了失业保险的基本原理与失业保险制度的基本框架以及西方发达国家失业保险的相关问题。

10. 工伤保险

该部分概述了工伤保险的基本原理和各国工伤保险实践,分析了工伤保险的制度框架,对工伤认定和劳动能力鉴定、工伤预防和职业康复等进行了探讨。

11. 中国古代和新中国成立前的社会保险

该部分探讨了中国古代社会保险思想的基本内容和社会保险实践的主要项目,分析了孙中山先生的社会保险思想与实践以及具有社会保障性质的救助项目。

12. 典型国家社会保险

该部分概述了典型国家社会保险及相关保障的基本内容与特点,对典型国家社会保险的形成、改革、发展及其发展趋势进行了探讨。

13. 中国社会主义社会保险制度的建立与发展

该部分对革命战争时期、社会主义经济建设时期的社会保险和社会主义社会保险的改革与发展过程进行了梳理。

14. 中国社会保险的内容

该部分概述了中国养老保险、医疗保险、失业保险、工伤保险与生育保险的保险对象、基金来源、给付条件与标准及其管理。

15. 建立中国特色的社会保险制度

该部分阐述了建立中国特色的社会保险制度必须完善中央与地方社会保险的责任机制,合理处置社会保险领域中政府与市场的关系,动态把握政府在社会保险职能中的角色定位与作用,以及建立社会保险的应急机制。

第五节 社会保险学的研究方法

社会保险学就是运用社会学、历史学、经济学、心理学以及法学等其他诸多学科知识,通过跨学科、跨文化的研究视角和方法来解释、分析社会保险制度的产生和发展规律的学科。社会保险学的研究方法主要包括以下几种。

一、制度分析的研究方法

制度分析是指在历史分析的基础上对事物与现象进行文化上的溯源,以揭示社会保险的制度基础、制度条件及制度安排背后深层次的生成原因。历史分析是制度分析的基础。客观事物都有一个产生、发展和变化的过程,同时,任何客观事物都是一定历史条件下的产物。历史研究的方法通过对事物的历史的认识,把握事物发展的一般规律,以此来预测其将来发展变化的趋势。以史为鉴,总结经验教训,可以为未来提供借鉴。

社会保险学作为一门社会科学,它所研究的对象,甚至每一个具体的概念都是与一定的历史条件和背景相关联的。所以社会保险学的主要研究方法注重从历史的观点出发,通过对历史发展过程的纵向分析或反思去深刻把握社会保险的实质。社会保险学理论本身的形成更多地表现在历史实践活动的过程之中,因此考察社会保障制度的历史对社会保险学的研究尤其重要,我们只有掌握社会保险的历史发展过程,才能更好地理解社会保险的内核。

二、理论联系实际的研究方法

理论与实践是相辅相成的统一体,理论来源于实践,又反过来指导实践。理论联系实践的方法是马克思主义认识事物的根本方法,也是进行社会保险研究的首要方法。在进行社会保险研究时我们必须把握两点:第一,理论来源于实践,并要求经过实践的检验;第二,实践需要理论的指导与校正。

社会保险是资本主义工业化大生产的必然产物,其产生与发展都来自当时社会经济发展的需要。作为人类发展过程中经验的抽象与概括,具有普遍适用性,既可以指导资本主义发达国家的保险实践,又可为社会主义的保险事业所借鉴。当然,理论必须与各国国情相结合,为各国实践服务,并在应用过程中不断完善与发展。通过总结实践经验形成的理论往往对后来的实践有预示与指引作用,这也恰恰是理论的生命所在。我国社会保险在几十年的发展过程中,偏重于政策与运作层面的构建而不太注重理论层面的研究,从而影响了制度的稳定性和延续性。因此,我们在学习社会保险学这门课程时,必须将理论与实践紧密结合。

三、国际比较的研究方法

当今世界的社会保险制度"千差万别",每一种制度的形成虽有其特殊的历史进程,但是作为反映人类某种社会性需要的产物又必然具有一定的共性,所以对社会保险学的研究不仅要从历史的纵向分析去考察,也要注重从横向进行比较研究。通过不同国家的横向比较研究能够挖掘社会保险在不同国家的共性与个性,可以借鉴国外的成功经验,吸取其他国家失败的教训。通过进行纵向考察与横向比较,努力探索社会保险运行机制及其运行规律。在对不同的制度模式进行比较、经验教训分析以及对我国社会保险改革历程和各地改革经验总结的基础上,探索我国社会保险制度改革的思路。

四、系统的研究方法

社会保险处在国民经济的大环境中,因此我们必须对它采取系统的研究方法。一方面,社会保险作为国民经济这一大系统的一个重要组成部分,与其他部门及子系统之间有密不可分的联系。其在一定时期的发展必然受制于并同时作用于其他部门与子系统的发展,所以在研究社会保险时,必须把它同整个社会经济发展的大背景紧密结合,进行系统的、全面的、多角度的分析。另一方面,社会保险与社会保障制度之间有着不可抹杀的"血缘关系"。无论是在思想渊源上,还是在制度内容等其他方面,无不存在着天然的、内在的紧密联系。作为整个社会保障系统的核心组成部分,它与社会保障系统的其他构成部分同时不可或缺。研究社会保险,必须把它放入整个社会保障系统的构建与发展过程中,认清其地位、性质、目标与功能。

五、精算技术与数理统计方法

社会保险汲取商业保险的经验及技术,运用精算技术,计算各险种的费率及应提存的责任准备金;应用概率与数理统计方法,结合经济、金融、投资、人口学等基本知识和原理,确定模式并且预测征缴及给付比率等。

六、归纳演绎方法

归纳是指由具体的事实概括出一般原理,演绎则是通过一般原理推出特殊情况下的结论。这是我们对社会保险制度及立法研究的一种很重要、很实用的方法。我们可以通过对国内外社会保险制度的具体分析,找出制度发展的规律,概括出一般原理,然后再用这一概括出来的原理对我国的社会保险制度改革进行分析和展望。

第二章 社会保障制度体系

第一节 社会保险与社会保障体系

一、社会保险与社会救济、社会福利的比较

社会保险与社会救济、社会福利属于社会保障制度安排中的三个重要组成部分,它们之间既有联系,又有着明显的区别(见表 2-1)。

表 2-1 社会保险与社会救济、社会福利的比较

比较内容	社会保险	社会救济	社会福利
保障对象	薪金收入者,其他劳动者	生活在贫困线以下的公民	全体公民
实施目标	补偿劳动者在遭遇社会风险后引起的收入损失,使他们仍能维持基本生活,以解除后顾之忧	帮助贫困人群维持最低生活水平	1.减轻受益者的家庭负担(狭义) 2.提高全体社会成员的生活质量(广义)
资金来源	个人、企业缴纳为主,政府财政补贴为辅	政府财政拨款和社会捐赠	财政拨款、企业利润分成、社会自筹、赠贈
保障水平	基本生活水平	最低生活水平	提高生活质量
给付标准	被保险人原有收入水平、缴费额的大小	根据资产调查情况	以平均分配为主
经办主体	政府专设机构	政府有关部门、社会团体	政府、社会组织、基层单位、行业主管机构
保障手段	投入-返还性	选择性	普遍性
保障方式	提供津贴为主,相关服务为辅	资金、物资并重	以提供相关服务和设施为主,以货币为辅

社会救济是指国家和社会依据法律规定,面向不能维持最低生活水平的低收入家庭提供经济帮助的一项社会保障制度。社会福利的含义有广义和狭义两种。广义的社会福利等同于

社会保障。狭义的社会福利是社会保障体系的重要组成部分，是国家和社会为提高全社会成员的物质文化生活水平和生活质量而提供福利设施和福利服务的一项社会保障制度。在中国，社会福利是社会保障体系的一个子系统，包括老年人福利、残疾人福利、妇女儿童福利以及有关福利津贴，乃至教育福利、住房福利等各项公共福利事业。

二、社会保险与商业保险的异同

社会保险起源于商业保险，社会保险的很多理论内容直接来源于商业保险。社会保险和商业保险都承担投保人的意外伤害、疾病、生育、残疾、养老、死亡等风险；两者的最终目标都是保障人们生活安定，促进经济发展。但是，社会保险和商业保险的区别还是很明显的。它们既有联系，又有区别。

（一）社会保险和商业保险之间的联系

社会保险和商业保险的社会目标相同，都是为了完善和健全社会保障体系，为健全的经济运行体系配套服务；其社会作用也是相同的，都是解决社会成员因生、老、病、死、伤、残、失业等造成的生活上的困难，提供生活保障的需要，从而保障和改善人民生活，促进经济发展，维护社会稳定。

社会保险和商业保险在共济性和经济补偿功能以及保险责任上，亦有所交叉。社会保险的共济性比商业保险更为广泛。在经济补偿功能方面，社会保险的补偿表现为一般性和基本性，而商业保险的补偿更高级、更广泛（因投保人所购买的产品而异）。在保险责任上，商业保险涵盖了社会保险的责任范围。

（二）社会保险与商业保险的区别

社会保险与商业保险之间也有着本质的区别。社会保险是国家规定的劳动者应该享有的基本权利，体现着国家和劳动者双方的责任、权利和义务的关系，在立法方面属于劳动立法的范畴。商业保险体现的是合同双方的责任、权利和义务的关系，属于经济立法的范畴。二者之间的区别通过以下"五个不同"反映出来。

1. 目的不同

社会保险建立的目的是保障劳动者（有些国家可能普及全体公民）在年老、伤残、失业、患病、生育等情况时的基本生活需要，维护社会稳定，而不以营利为目的。虽然社会保险在运作上也需要借助于精确的计量手段，但不能以经济效益的高低来决定社会保险项目的取舍和保障水平的高低。如果社会保险财务出现赤字影响其运作，国家财政负有最终责任。而商业保险是一种以营利为目的的经济活动，是在被保险人和保险人双方完全自愿的前提下，通过相互自由选择而结成的互利关系，并根据投保额来决定补偿额，多投多保、少投少保、不投不保，投保出于自愿，基本属性是自愿性的商业经营活动，因而属于商业性质。商业保险在财务上实行独立核算，自负盈亏，国家财政不应以任何形式负担其开支需求。

2. 性质不同

社会保险属于强制性保险。所谓强制性，是指国家通过立法强制实施，劳动者个人和所在单位都必须依照法律的规定参加。社会保险的缴费标准和待遇项目、保险金的给付标准等,均由国家或地方政府的法律、法规统一规定。劳动者个人作为被保险人一方,对于是否参加社会保险、参加的项目和待遇标准等,均无权任意选择和更改。而商业保险属于自愿性保险,它遵循的是"谁投保、谁受保,不投保、不受保"的原则。其险种的设计、保费的缴纳、保险期限的长短、保险责任的大小、权利与义务的关系等均按保险合同的规定实施,一旦合同履行终止,保险责任即自行消除。虽然有些商业保险项目也是采取强制参保的方式,如汽车第三方责任险,但是投保人对投保的保险公司、保险金额等都有选择的权利。

3. 保险对象不同

社会保险是以社会劳动者及其供养的直系亲属为保险对象。不论被保险人的年龄、就业年限、收入水平和健康状况如何,一旦丧失劳动能力或失业,政府即依法提供收入损失补偿,以保障其基本生活需要。社会保险除现金支付以外,通常还为劳动者提供医疗护理、伤残康复、职业培训和介绍、老年活动等多方面的服务。保障大多数劳动者的基本生活需要,由此稳定社会秩序,这可以说是实施社会保险的根本目的。商业保险则是以投保人为对象,在被保险人遭遇规定保险事故时,给予对等性的经济补偿,不具备调节收入分配、维护社会公平的职能。

4. 待遇水平不同

社会保险的目的是保障劳动者在年老、伤残、失业、患病、生育等情况时的基本生活需要,这决定了社会保险待遇不可能太高,一般在贫困线以上,但在社会平均工资水平线以下,过高的社会保险待遇会让人产生依赖和惰性。商业保险的待遇水平是根据风险的概率及保险费缴纳的高低来确定保险金额的大小的,其待遇水平是多样的,通常要比社会保险待遇高(仅限保险期内)。

5. 权利与义务对等性不同

社会保险待遇的给付一般不与个人劳动贡献直接相关联。享受者要做出贡献,但其享受并不与其贡献完全一致。做个形象的比喻,叫作"要乘凉必须先栽树",但栽了大树的人并不一定乘大树的凉。社会保险分配制度是以有利于低收入阶层为原则的。因为同样的风险事故,对于低收入劳动者所造成的威胁通常要高于高收入劳动者。而商业保险则严格地遵循权利与义务对等的原则,这种原则规定,投保人权利的享受是以"多投多保、少投少保、不投不保"为前提的,也就是说,被保险人享受保险金额的多少,要以投保人是否按期、按数量缴纳了合同所规定的保费以及投保期限的长短为依据。保险合同一旦期满,保险责任自行终止,权利与义务的关系也就不复存在。

三、社会保险与财政的关系

在实行公共财政的条件下,整个社会由政府和公民两大部分组成,其中公民是经济活动的主体,政府是政治活动的主体,两者之间由比较完善的制度屏障分开。从功能上讲,经济活动的功能是创造财富,政治活动的功能则是生产和提供个人不能生产或不愿生产的公共产品或公共服务,如社会保险服务。而作为公共产品的价格,税收将两者联系起来。政府的收入主要来自税收,政府的支出用于向公众提供公共产品和服务,其中主要一项就是社会保险支出。

(一)社会保险对国家财政的影响

社会保险的基金收支与管理从多个方面影响着国家财政的收支与运行。

(1)社会保险基金从根本上属于一种消费基金,它的规模、结构影响着国民收入中积累和消费的比例关系。而社会保险基金的筹集是由国家、企业、个人三方共同出资的,当社会保险资金入不敷出时,要由财政资金来兜底。另外,作为消费基金的社会保险基金和作为积累基金的生产建设基金,在一个时期内是可以相互转化的。社会保险基金历年来的滚存结余可以看作是一种延期的消费基金,它被广泛地运用于购买国债支持国家建设,从而成为一种现实的积累基金,在国债到期归还时,这部分资金又恢复到社会保险基金状态。通过改变社会保险基金的数量和结构来改变国民收入中积累基金和消费基金的比例,就是社会保险的资源配置作用。社会保险的资源配置职能从效率的方面影响着经济的运行。

(2)社会保险的支出形式对财政的影响。影响主要表现在:若社会保险基金纳入国家预算管理,社会保险支出就成为财政的重要支出之一,财政必须按照有关规定及时拨付保险支出;若社会保险基金没有纳入预算管理,支出形式对财政的影响就比较小,通常在国家预算上列收、列支即可,但当保险基金出现支付危机时,需要财政给予补贴。

(二)政府对社会保险的财政管理

财政是社会保险的"最后保障",一旦社会保险基金入不敷出,财政则扮演"最后风险承担者"的角色。各国财政几乎都要对社会保险基金给予适当补助,有的是弥补保险基金赤字,有的是承担保险费开支。如瑞典《国家保险法》(1962年)就规定社会保险基金来源于雇主缴纳的保险费,基金不足时由国家财政补贴。一般而言,凡是采取现收现付制和国家财政直接供款的国家,其社会保险财政往往纳入国家财政进行一体预算,财政直接参与社会保险收支管理,组织和管理社会保险收支成为财政部门的一项经常性工作;凡是采取完全积累制或国家财政仅体现税收优惠的国家,则均采取将社会保险财政与国家财政完全分离的单独管理模式,通过对基金的使用做出政策性限制而间接参与保险基金的收支管理;实行部分积累制的国家或这些国家社会保险制度中的部分项目,则主要选择社会保险财政与国家财政适度融合的模式,即将现收现付部分纳入国家财政进行一体预算,而完全积累制部分与国家财政完全分离。

四、社会保险与储蓄的关系

储蓄是个人或独立经济单位将暂时闲置的资金积存起来以备后用的一种经济行为。储蓄与社会保险,特别是养老保险之间存在着补充或"挤出"的效应。可以说,虽然都是以消费的生命周期理论以及对未来需求的不确定性为出发点的,但是,社会保险与储蓄属于不同的范畴,其区别表现在以下几个方面。

(一)基金的属性不同

社会保险基金是由全体成员共同出资积聚的财产,属社会所有,专款专用,并可以在短期内依据法律规定强制性地大量积聚起来。储蓄则是个人或独立经济单位的财产,属个人私有或集体所有,其使用方向由储蓄人根据自己的意愿决定,只能在较长时期逐渐积聚而成。

(二)行为的目的性不同

社会保险的目的是保障劳动者在丧失劳动能力或失业时的基本生活需要,是特定目的的行为。储蓄则是多目的的行为,主要是满足计划内较大款项的消费支出,预防意外事故损失,它只是次要目的。

(三)权利与义务的关系上表现不同

社会保险具有明显的福利性质,在互助共济原则下,用全体成员的共同储蓄,补偿少数遇险成员的经济收入损失,权利与义务要求基本对等。储蓄则是私有财产的积蓄行为,不具有互助共济的福利性质。它的存储和支付不涉及权利与义务的对等关系,属于自助性的行为,储蓄本金加上利息之和,与储蓄人所拥有的提款权是完全相等的。

五、社会保险与工资收入的关系

社会保险与工资收入都是消费品分配的形式,两者的分配所得都能起到维持生活需要、维系劳动力再生产的作用。但它们在性质上存在如下明显区别。

(一)分配原则不同

社会保险分配是根据收入损失补偿和基本生活保障原则进行的,其成员不论劳动贡献大小,一旦遭遇劳动危险事故,都能获得基本生活保障。而工资分配则要依据劳动者所付出劳动的数量和质量进行,劳动贡献和工资收入是紧密相连的,一旦不能劳动,就失去参加工资分配的资格。

(二)目的不同

社会保险是在劳动者丧失劳动能力或失去劳动机会时,予以基本的经济补偿;而工资则是在劳动者正常劳动时的一种收入分配形式,在一定程度上满足劳动者及其家属在各方面的发展需要,而且工资是以劳动量为依据的,鼓励多劳多得,对符合劳动差别的工资差别应予以承认。

(三)分配渠道不同

社会保险属于再分配渠道,而工资则属于初次分配渠道,是在进行各项社会扣除之外,对个人必需消费品的分配。

第二节 典型国家社会保障体系

作为现代社会保障制度的发源地,西方国家的社会保障体系从19世纪末到20世纪中叶,先后经历了产生、健全、普及、多元化发展的历史时期。20世纪60年代至70年代达到了它的鼎盛发展阶段。与其相比,中国的社会保障制度的建设建立有着先天的劣势,即起步发展较晚,因此,中国的社会保障制度的很多内容都借鉴了发达国家的先进经验。如何取其精华,弃其糟粕,在吸收东西方人类共同的文明成果的同时融入中国文化精髓,做到既能建设具有中国特色的社会保障文化,又能将其弘扬和发展,这是中国社会保障制度体系建设的重要一环。我国的社会保障制度改革发展需从各国社会保障制度的发展经验中汲取教益。

一、德国社会保障制度

世界上最早开始实施社会保障制度的国家应属德国,早在1883年,俾斯麦任德意志帝国第一任宰相时期,他通过立法,建立了世界上最早的工人养老金、健康医疗保险制度、社会保险。经过140多年的改革发展,德国社会保障制度已经发展形成了种类丰富、体系完整、运行良好、法制健全的社会保障制度,形成了包括养老、医疗、失业、工伤事故等基本保险、各种商业保险和社会救济、就业培训等社会福利措施的社会保障项目的社会保障体系。德国的社会保障制度经过140多年的发展,已经相对完善,并且可以与它施行的社会市场经济制度相适应,既可以维护市场的自由竞争,并且能在一定程度上矫正因此而产生的社会收入分配差距,使其全体人民群众都可以享受到竞争和经济的发展带来的好处。德国所建立的社会保障制度,覆盖率非常高,可以说是覆盖全民,对于一些低收入或者没有收入的人,为了使其维持一定的生活水平,国家会提供相应的如住房和货币收入等方面的补助,这样就可以通过这种比较完善的社会保障制度来实现全社会的公平。

(一) 德国社会保障体系的组成

德国的社会保障制度贯彻了三个基本原则:保险原则、供养原则和救济原则。德国的社会保障体系主要由社会保险、社会赡养和赔偿、社会救济、社会促进四部分组成,其中社会保险是核心部分。

1. 社会保险

社会保险是德国社会保险体系的核心项目,是一种法定的、大多人必须强制性参加的义务保险,包括医疗保险、护理保险、养老保险、事故保险和失业保险五个子项目。所有职员、工人、学徒、失业者、退休人员和大学生均有投保义务。政府官员没有参加法定社会保险的义务,雇主有义务在雇佣员工后的14天内,向法定的医疗保险公司申请登记,为员工投保五项法定保险。以医疗保险为例,在德国,据统计大约有90%的居民参加了法定医疗保险,大约9%的居民参加私人医疗保险,没有参加医疗保险的群体很少,并且在不断递减。

2. 社会赡养和赔偿

德国社会保障制度中社会赡养和赔偿主要包括对战争受损害者的供养和暴力行为受损害者的赔偿。德国政府对战争中身体受损害者提供赡养,供养资金来源于税收,主要用于这些受损害者的医疗康复、疾病治疗、特殊情况下的困难补贴等。暴力行为受损害者赔偿是自1976年5月起针对因暴力行为受损害者和他们的家庭给予帮助。

3. 社会救济

社会救济被当作是保证国民正常生活的最后一道防线,是最低层次的社会保障。德国的社会救济发放范围主要是收入或养老金不足以维持最低生活的人、有特殊困难的人。救济金的发放主要是用于维持被救济人的最低生活标准,分为日常生活补贴和特别状况照顾,由城镇政府负责管理发放。

4. 社会促进

社会促进分为家庭促进、教育促进和住房津贴。这部分社会保障制度主要是为了帮助家庭减轻养育子女负担的家庭促进;在校学生如果是居住在德国,且家中有一个以上子女的,其生活费或者其他费用有困难时,提供帮助的教育促进;缓解低收入家庭的租房、购房经济负担的住房津贴。

(二)德国社会保障体系的特点

德国的社会保障制度体系属传统型社会保障,经过多年发展,趋于符合其国内发展的社会保障制度,并且具有独特的自身特点。

1. 社会保障制度的制定以促进经济效率为优先

德国政府在制定社会保障政策时,会考虑到社会保障政策的实施是否会影响经济效率,均衡社会保障在促进经济发展和维护社会公平两方面的作用。通过实施社会保障制度措施,既有利于市场机制发挥作用,使市场更具有活力,又能在收入分配领域促进社会公平。

2. 社会保障覆盖面广泛

德国的社会保障制度宗旨是使全民能共享经济发展的成果,谋求大众的福利。德国社会保障的对象是全员保障,以社会保险为例,使用范围是全体劳动者。德国的社会保障不仅人员覆盖面广,而且保障的领域覆盖也很全面,涵盖了社会保险、社会赡养和赔偿、社会救济、社会促进,其中社会保险的内容覆盖了养老保险、医疗保险、工伤事故保险和失业保险等各个领域。

3. 社会保障采取现收现付的收支模式

德国社会保障制度完全属于社会互助,基金由雇主、雇员按收入的一定比例缴纳,政府财政负担适当的一部分,没有个人积累的性质。这样的收支模式,国家担负的社会保障义务和个人的义务可以区分开,国家、社会和个人的责任以较为合理的方式分配开。保险金与工资、物价挂钩,可以消除部分因物价波动对保险金带来的影响。政府主导全社会各种力量共同参加社会保障的管理,政府并不大包大揽,只给予必要的支持。社会保障实行由社会保险组织负责的社会化管理。这部分保险由政府举办,通过工业税的形式向雇主征收保险金。

二、美国社会保障制度

美国在1935年颁布实施了《社会保障法》,是最先开始对社会保障制度法制化的国家,也可以说美国是最早有社会保障法律制度的国家。经过近90年的发展,美国现有的社会保障制度体系是一个多层次的制度体系,分别由政府施行决策,市场介入,民间组织参与和个人的支持,而联邦政府的职能也由全权负责的责任人发展转变为整个制度体系的决策者和监督者。

(一)美国社会保险制度的组成

美国的社会保障制度体系主要由社会保险、社会救济和社会福利三部分组成。

1. 社会保险

社会保险现在已经成为当今美国人生活的一个重要组成部分,主要包括养老及残障保险、失业保险和医疗保险。一是针对老年及残障人士的养老残障保险:美国官方界定的能享受养老及残障保险的人士以覆盖丧失劳动能力的老年人为主,也包括灾害幸存者和残障人员。二是针对失业者提供就业保障的失业保险。美国也通过立法为失业者提供就业保障。三是针对医疗健康方面的医疗健康保险。美国的医疗保险是极具美国特色的,体系非常复杂。医疗保险费用由私营保险公司、政府、患者自身支付,还有少部分的费用出自慈善机构等。除此之外,还有针对穷人提供的医疗补助,各州还有不同的针对因公致伤等的赔偿。

2.社会救济和社会福利

一般由政府财政拨款对低收入阶层和贫困的社会成员,没有投保的老人、残疾者或者抚养未成年子女的贫困家庭进行救助。社会救济和社会福利主要包括:针对单亲家庭和未成年人,由联邦政府开支的对有需要的家庭的暂时补助;对就业人员实行的税收补贴;对低收入家庭直接的现金补助或帮助低收入家庭获得房屋所有权;实施扩大房屋抵押贷款保险、提供低租的公共住房等政策的住房保障。针对退伍军人的福利包括抚恤金、补偿等的福利计划。

(二)美国社会保险制度的特点

美国社会保障制度体系的特点主要表现在以下几方面:

(1)虽然美国的社会保障涉及的范围很广,但与北欧和西欧等国家相比,社会保障的程度相对较低,这与美国的整体经济水平并不相符。这种相对低的保障待遇覆盖面广,可以体现社会公平的原则,既可以使人们普遍感受到社会保障安全网的作用,又可以使政府和企业的负担不至于过重。

(2)多层次管理体系,资金来源渠道较多。美国的社会保障体系主要呈现出由联邦政府进行负责,而具体的管理工作则交由州和地方政府的基层机构负责,由政府决策、市场介入和民间参与、个人支持的多层次社会保障体系,是一个庞大的社会管理网。这样使社会保障资金的来源渠道也多了,包括联邦政府、州政府、民间组织、企业、个人等。

(3)公民的保险意识普遍较强,无论贫富都可以在包罗万象的保险品种中找到适合自己的保险项目,商业保险公司在吸纳资金的同时也为保险者提供良好的服务,这样的良性循环,利于促进商业保险公司的健康发展。

(4)有些有实力的大企业为稳定员工队伍、吸引和留住人才,都会为员工提供国家规定的保险之外的良好的养老和医疗保险,这样既能体现企业的综合实力,又会增加企业的凝聚力。

三、瑞典社会保障制度

瑞典实行了一系列"从出生到坟墓"的内容详细、覆盖面广的社会福利制度,内容包括国家社会保险福利、家庭福利、社会服务福利、医疗保健福利。此外,瑞典还通过实行国家主导社会福利原则、社会福利的普惠性原则、社会公平正义与人的社会权利原则来确保社会福利制度内容的实现。

瑞典是社会福利制完善且典型的国家。瑞典的社会福利制度包括众多社会保障服务,是一整套完整的、善始善终的社会高福利制度。

(一)国家社会保险福利

年金保险、医疗保险、失业与工伤保险构成了瑞典国家社会保险福利。此外,国家社会保险还包括一些社会救济、教育及住房补贴等项目。瑞典社会保险厅负责一系列社会保险事务。在全国26个地方的社会保险局分别管理各区域内的保险业务。公民只要到年满16周岁就可到居住地的保险事务所进行一系列的注册和登记。瑞典社会保险福利的一个特征是民众承担社会保险费较小的比例,国家和企业承担较大的比例。所以,在20世纪70年代末,瑞典社会部预算占瑞典国家总预算的比例为40%左右。以后就逐年减少,到1992年这一比例为21.2%。比例下降的原因是社会保险已经大部分得以完善,此外,瑞典的一系列企业也承担了越来越高的社会保险费。

通过雇主缴纳大部分款项、国家税收承担低于雇主缴纳的部分和雇员缴纳剩下的部分款项,这是瑞典国家社会保险福利的资金来源。国家税收承担的比例最大,约为80%;雇主缴纳稍微少一点比例的款项,为15%左右;雇员自己承担比例最小的部分,约为5%。以1956年立法得以实施的失业保险为例,失业保险是一种自愿的补贴制度。失业保险金大部分来自政府的津贴补助,企业主按相关规定提供的基金,最终再加上失业保险者自己依据政策缴纳的基金和"失业救济社"带来的一定程度的资产收益。

(二)家庭福利

瑞典基本家庭福利规定在婴儿出生之前其父母就可以享受相应的福利政策。瑞典的家庭福利主要包括儿童补贴、父母保险和老年生活补贴。

1. 儿童补贴

基本儿童补贴、大家庭补贴和扩展型儿童补贴是瑞典儿童补贴的重要内容,目标在于缩小有孩子家庭与无孩子家庭生活水平的差距。基本儿童补贴的补贴是政府每一个月都给每个家庭1050克朗的补贴。从孩子出生月份开始实行,至孩子年满16周岁的月份停止实施。满16岁仍在接受教育的孩子,可继续领取扩展型儿童补贴,直到孩子学业结束。另外,为了鼓励家庭生育,家庭出生第二个孩子时就可以领取相应的大家庭补贴。补贴的额度和出生孩子的数量成正比。比如,有两个孩子的家庭除了每个月可获得基本的补贴外,每月还多获得100克朗,三个孩子的家庭可获得454克朗,四个孩子的家庭可获得860克朗,等等。

2. 父母保险

在瑞典,对家庭的经济支持还体现在父母保险制度上。其主要的目的是为了确保女性的经济和社会独立,为了儿童的健康成长,为了让父亲更好、更多地参与到家庭生活中。父母保险包括:①父母补贴。生育孩子的父母可领取父母补贴,用于补偿父母在孩子出生后因为离开工作岗位造成的经济损失,让父母能安心地养育、照顾孩子,无论是否是领养的孩子,该补贴都以天数进行计算,父母共可以获得高达480天的带薪产假。同时,为了体现女性的经济和社会独立且为了儿童的健康成长,瑞典福利制度还规定了父亲至少要享受两个月的产假来陪伴新生儿。②怀孕补贴。在怀孕期间,负担较重的工作或工作对胎儿有危险的孕妇,可要求雇主为其调换岗位,孕妇可获得长达三个月的怀孕补贴。孕妇工作效率的下降,政府也会分别给予不同份额的补助。③临时补贴。孩子生病往往需要父母占用工作时间进行照顾,如果因为误工导致收入减少,将会影响家庭收入的稳定性,导致入不敷出。瑞典政府为了缓解家庭在这种情况下的财务压力,让父母能够兼顾工作和照顾孩子,会给予一定数量的临时性父母补贴,帮助他们渡过难关。另外,新生儿的父亲可以获得10天的临时补贴,养父母在领养孩子之初各自可获得5天的临时性父母补贴。

3. 老年生活补贴

老年生活补贴保障老年人生活至少维持在最低生活标准,补贴金额取决于被救助者的收入。符合条件者从年满65周岁时就可以领取相应的老年生活补助。同时,在确定老年生活补助金额时,也要考虑其他可以获得的相应的福利。另外,即使只在瑞典有短暂居住过的老年移民者,也可以享受相应的老年生活补贴。

(三)社会服务福利

社会服务的实质是关心有需求的人,并且社会服务的模式是复杂的,而且要适应个人和群体的不同需要。瑞典的社会服务福利由老年服务福利、儿童服务福利和残疾人服务福利构成。瑞典《社会服务法》将社会服务目标定为:"公共社会服务必须建立在民主和团结的基础上,并要致力于不断提升人民的生活水平和人们参与社区生活的积极性。"政府在社会公共服务的过程中,起着决定性作用。为了能够保证"所有公民平等享受公共服务",瑞典政府扮演着公共服务主体的角色。瑞典的中央政府主要负责社会保险与转移的支付,失业、疾病和养老保险政策的制定。地方政府则行使其高度的自治权,直接为公民提供一系列他们所需的社会服务。瑞典《社会服务法》规定,各个市政府对其管辖范围内的社会服务负责,并对保障居住在其辖区内的居民得到他们所需要的支持和帮助负有最终责任。

(四)医疗保健福利

作为社会福利制度的重要组成部分,瑞典的医疗保健福利内容繁多,覆盖广泛,由病假工资福利、药品补贴福利等构成。这些类目大致可以分为两类:一是医疗福利,即全体瑞典公民及外籍人员可以享受到免费或者接近免费的优质、快捷、高效的医疗服务。二是现金补贴制度。公民只要从事有报酬的工作,因病造成收入损失都有一定的补贴制度。此外,外籍人员在瑞典居住一年以上,不分国籍、出身、阶级差别等,都可以享受相应的医疗服务,可以申请到在全国通用的医疗卡。有了该卡,就可选择一位属于自己的家庭医生。生病时首先与家庭医生联系,由家庭医生诊断并推荐到相应的诊所治疗。此外,也可以不通过家庭医生,生病时直接与所处的社区的医疗保障中心联系。瑞典每个社区都配有设施齐全的医疗保障中心,每天至少都有七八个医生坐诊,能快速、高效地处理一般的病情。在瑞典,即使是在社区医疗中心,医疗中心的建筑和服务设施等很齐全、很舒适,使病人没有像在医院的紧张感。此外,特殊群体,如失业者、自营劳动者、学生、国外患病者,都享有相应的医疗保障福利制度。

第三节 中国社会保障体系实践

一、中国社会保障制度的起源

中国当代社会保障制度有两个重要的思想来源。一是我国传统社会人人"皆有所养"的社会理想。《礼记·礼运》载:"人不独亲其亲,不独子其子。使老有所终,壮有所用,幼有所长。矜寡孤独废疾者,皆有所养。"二是国际上从"各尽所能,按劳分配"向"各尽所能,按需分配"发展的社会主义和共产主义理想。中国共产党将这两种理想与中国的社会现实相结合,并为之进行了百余年的斗争与实践,通过不懈的努力与奋斗,推动了社会主义从理论到实践的进步。

1. 早期工业化国家的社会保障制度建设

20世纪早期,新兴的大工业开始颠覆人与人之间的传统社会关系,在急剧扩张市场的同时,给人类社会带来了风险,使伤残者颠连无告、疾患者被迫失业、年迈者流落街头,还造成了大规模的结构性失业。率先实现工业化的英国和快速工业化的德国先后通过国家立法和政府行政介入,建立了以社会保险为主要制度形态的现代社会保障制度体系,被称为资本主义制度条件下的"安静的革命"。社会保险采取雇主和雇员依法共同缴费的方式,将社会再分配要素嵌入资本主义社会制度中,虽然并没有解决资本主义制度的根本性矛盾,但在一定程度上起到了保护工人阶级及其他劳动者的作用,平抑了资本主义社会的尖锐矛盾。建立社会保险制度因此一度成为西欧工人运动的奋斗目标之一。晚年的恩格斯注意到,欧洲工人阶级开始通过资本主义的民主程序,"将社会保险作为他们自己的事业"。借助这种斗争方式,西欧的社会民主主义运动开始推动资本主义制度条件下的社会转型和政治改革,西欧工人阶级成为当代社会保障制度的推动者和建设者。

受到西欧工人运动的影响,十月革命胜利后的第6天,苏联即发布了《关于社会保险的政府通告》,后于1918年批准了《劳动者社会保险条例》。苏联布尔什维克党在社会主义制度条件下,通过对生产资料的占有、计划经济体制和政府政策,开始了全面建设社会保障基本制度的实践。

2. 中国共产党为建立社会保险制度而进行的早期斗争

受到西欧工人运动和俄国十月革命的影响,中国共产党通过《中国共产党第二次全国代表大会宣言》(1922年),提出保护女工童工、改善工人待遇、保护失业工人等具体的社会政策主张,继而发布《劳动法大纲》(1922年),通过《女工问题决议案》(1927年)、《童工问题决议》(1927年)等纲领性文件,提出要实行社会保险制度,向劳动者提供工伤、疾病、失业、老龄等方面的救济,后来又明确提出"举办工人社会保险(失业、养老、疾病等保险),所有费用应由资方与政府分担"的主张。虽然当时中国的工业基础十分薄弱,产业工人群体占比很小,但是由于社会保险思想的快速传播,建立社会保险制度、保障劳动者权益就成为中国共产党进行政治斗争的社会目标。

维护劳动者利益的主张一经提出,便成为一种组织动员劳动群众争取自身权益的斗争武器。1922年8月,京汉铁路长辛店段工人罢工时提出"凡工人因公受伤者,在患病期间,应该发给工薪"的要求。同年9月,萍乡安源路矿工人罢工也提出"工人例假、病假、婚丧假,路矿两局须照发工资","工人因公受伤不能工作者,路矿两局须营养终身,照工人工资多少,按月发给"的要求。1925年4月,青岛日商各纱厂万余名工人罢工,要求向工作中受伤的工人支付工资及医药费,对工作中死亡的工人给予其遗属一年工资的抚恤金。1927年7月至10月,共产党领导工人罢工47次,其中有7次是专门为了争取工人病伤待遇的。

在解放区(根据地),保护劳动者权益、实行劳动者保护是主要的施政纲领之一。在物资匮乏、生产落后的战争条件下,解放区采取以供给制为主要特征的基本保障制度。在江西根据地,中华苏维埃共和国临时中央政府颁布了《劳动法》(1931年),规定在根据地实行社会保险制度,由雇主提供工资总额的10%~15%作为保险金,用于职工和家属生、老、病、死、伤残的生活补助和医疗专款。1933年,毛泽东同志代表党中央签署了修改后的劳动法,也就是《中华苏维埃共和国劳动法》,其中提出:"社会保险,对于凡受雇佣的劳动者,不论他在国家企业,或合作社企业、私人企业,以及在商店家庭内服务,不问他工作的性质及工作时间的久暂,与付给工资的形式如何,均得施及之。各企业各机关各商店以及私人雇工,于付给工人职员工资之外,支付全部工资总数的百分之五至百分之二十的数目,交纳给社会保险局,作为社会保险基金。该项百分比例表,由中央劳动部以命令规定之。保险金不得向被保险人征收,亦不得从被保险人的工资内扣除。"

中央红军经过长征到达陕北以后,又先后颁布了《陕甘宁边区战时工厂集体合同暂行准则》(1940年)、《陕甘宁边区劳动保护条例》(1942年)。在其他根据地,如晋绥边区、晋察冀边区、晋冀鲁豫边区,也根据当地的经济状况先后制定了改善工人生活、提供劳动保护的各项条例。

中国共产党在各个解放区的实践都秉承了为中国劳动人民提供更好的劳动、生活条件的执政理念。毛泽东同志将体现这一理念的具体政策写入政治纲领性文件《论联合政府》:"在新民主主义的国家制度下,将采取调节劳资间利害关系的政策。一方面,保护工人利益,根据情况的不同,实行八小时到十小时的工作制以及适当的失业救济和社会保险,保障工会的权利;另一方面,保证国家企业、私人企业和合作社企业在合理经营下的正当的赢利;使公私、劳资双方共同为发展工业生产而努力。"

3. 1949年后的社会保障制度建设

革命取得胜利后,中国共产党人即刻着手建立惠及广大劳动群众的社会保障制度。经历了长年战乱的中国,经济落后,物资贫乏,工业基础薄弱,财政能力有限。即使在这种条件下,中国共产党仍在1949年9月29日通过的《中国人民政治协商会议共同纲领》(以下简称《共同纲领》)中提出保护劳动者利益、保护妇女的平等权利,并将"逐步实行劳动保险制度"作为执政目标。

为了贯彻执行《共同纲领》,中央人民政府政务院委托相关劳动部门,根据中国共产党在解放区和根据地执政的实践,并参照外国经验,于1950年拟订了《中华人民共和国劳动保险条例草案》,向全社会公布,广泛征求各方意见。在全国各报纸公布草案的当天,报纸销售一空,出现了"洛阳纸贵"的现象。各个阶层的民众都积极参与到草案的讨论中。修改后的中华人民共和国第一部保护劳动者权益的专门法案《中华人民共和国劳动保险条例》就这样紧锣密鼓地于1951年2月23日由政务院第73次政务会议通过，同年2月26日正式颁布。

《中华人民共和国劳动保险条例》遵循了中国经济发展的规律，具体的保险内容和实施方式与西方发达国家通用的制度并不相同。新中国早期的社会保障制度根据劳动就业和生产方式的不同分为三种主要制度，即劳动保险条例、劳动保险集体合同、机关和事业单位劳动保险。这种制度安排充分考虑到就业方式、社会需求和支付能力的差异。与西方发达国家不同的是，首先，在中国，劳动保险的缴费主体是企业而不是个人，受益者是缴费企业的职工，因此在劳动保险的实施过程中，社会再分配和社会成员共担风险的因素不大。其次，执行《中华人民共和国劳动保险条例》的企业大多为国有大中型企业，这些企业在上缴利润或结算前扣除保险费，缴费中的70%留在企业内，用于支付受益人，其实是一种企业内部的现收现付制度，相当于企业的运行成本或人工成本。最后，保险的支付主要通过企业内部的行政机构完成，也不具有社会性。上缴的30%虽然具有调剂功能，但是其有限的覆盖率和行政化的运行方式都决定了这种保险的性质并不是社会化的，而是一种与就业密切关联的劳动保险。

当时的中国经济发展水平差异巨大，相应的社会保障制度也是分割的，城镇和农村之间，工业地区和农业地区之间，不同行业之间，甚至国有企业、机关和事业单位及其他集体企业之间，都存在差异，形成了社会保障领域的"二元"乃至"多元"结构。但这一状况也如实反映了当时中国不够发达的工业化和城镇化水平。

二、20世纪80年代后的社会保障制度改革

20世纪80年代是社会保障制度发展的一个转折期，最为突出的特征是"改革"成为世界潮流。不过"改革"在中国和西方呈现两种不同的方向和意涵。在传统的工业发达国家，受到"新自由主义"的影响，各发达工业国家开始了以削减政府职能、减少社会福利支出、引进更多市场机制和增加个人责任为主要特征的改革。在中国，改革则意味着在社会主义市场经济的基础上建设庞大的社会化的社会保障体系。

自20世纪80年代以来，中国在建设社会主义市场经济的同时，开始了史无前例的社会保障制度社会化建设新征程。改革面临的主要问题是政府在社会保障制度中的地位和作用。

党的十一届三中全会以后，中国的经济体制、企业经营方式和劳动工资制度都发生了变化。为应对市场经济给企业带来的社会保障负担畸轻畸重、对劳动者的保护不均衡等问题，中国开始探索社会保障改革之路，提出了"保险社会化""保险基金统筹"等改革议题。在汲取国外有益的经验和教训的同时，开始在各地开展社会保障制度改革的试点工作，并在总结试点经验的基础上推广改革经验。1991年，在总结了将近十年的改革探索经验之后，《国务院关于企业职工养老保险制度改革的决定》（国发〔1991〕33号）正式发布。该文件对中国社会保障的制度转型和社会保险的制度建立与定型起到了关键的引导作用。

《国务院关于企业职工养老保险制度改革的决定》至少在五个方面为中国现代社会保障制度奠定了基础：一是确定了中国社会保险发展的基本方向，即通过社会保险统筹，而不是通过就业单位的直接扣除来实现国家对国民的保障；二是明确了实现社会保障目标的基本路径，即

从县、市范围的社会统筹,逐步向省级统筹发展,最终实现全国性统筹;三是指明了养老保险费用的来源是国家、企业和个人三者结合,而不是像计划经济时期那样,主要依赖国家财政或者企业财政;四是重申了养老保险制度将继续遵循社会主义各尽所能、按劳分配的原则,建立多层次的养老保障制度,适应中国发展的现实条件,实现人人享有社会保障,但并不强求社会保障收益的人人均等;五是规定社会保险金另账管理、专款专用,缴费转入社会保险管理机构在银行开设的"养老保险基金专户",参照储蓄存款利率计息,所得利息并入基金,计息办法暂时不变,但是不排除以后根据经济发展状况有所调整。这份文件是针对养老保障的,但是其整体设计和原则规定不限于养老保障,而是体现了中国当代社会保障制度建设的整体思路。

20世纪90年代,就在一些西方发达国家开始削减福利国家和社会保障制度,有的国家(例如英国和澳大利亚)甚至开始解构福利国家之时,中国却在设法克服由于幅员辽阔、地区差异大、发展不平衡、城乡差距、行业差异等原因造成的重重困难,开始建设堪称社会化和体系化的社会保障制度,稳步扩大社会保障的覆盖面。一方面摆脱"单位保障"和"属地管理"的格局;另一方面提高社会保障金的统筹层次,建立起独立于企业的社会保障经办体系,实现了养老金的社会化发放和医疗保险的异地支付。为了保证社会化的保障资金能够切实发放到劳动者个人,党中央和国务院在1998年提出了"确保国有企业下岗职工基本生活""确保企业离退休人员基本养老金按时足额发放"(即"两个确保")的方针,要求各地将"两个确保"作为党政领导首要工作,明确了中央政府对社会保障政策的执行负有责任。

在工业社会保障制度快速建构的过程中,中央时时关注着农民的社会保障问题。新型农村社会养老保险("新农保")和新型农村医疗合作("新农合")在中央政府强大的财政支持下,以社会再分配的方式建立起来,迅速扩面并不断提高保障水平。此后,中国政府又启动了城镇居民社会养老保险试点,填补了城镇居民养老保险长期以来的制度空白。养老和医疗保障第一次在中国基本上实现了制度性全民覆盖,实现了"应保尽保"。

2010年,在30多年改革、探索和建构的基础上,我国历史上第一部《中华人民共和国社会保险法》出台,对社会保险的筹资渠道以及个人、用人单位和政府的三方权利义务责任做出法律上的规范,对基本养老保险待遇、基本医疗保险待遇、工伤保险待遇、失业保险待遇、生育保险待遇也做出原则性规定,提出了广覆盖、可转移、可衔接的原则,还规定了基本养老保险、基本医疗保险和失业保险的异地转移接续制度,从法律上破除了阻碍劳动者自由流动的制度性障碍,形成了全国统一的人力资源市场。《中华人民共和国社会保险法》对社会保险费的征缴、基金的管理、经办服务机构的运行、个人权益的保护、社会保险的信息化建设和信息沟通共享机制、基金的安全和监督(人大监督、行政监督和社会监督)都做出了明确的规定。在中国经济社会发生大变迁的时代,通过社会化的社会保障制度的建设,中国的公民、国家和用人单位之间建立起了一种新的保护性关系。公民个人拥有了"记录一生,服务一生,保障一生"的社会保障账号。国家通过社会保险,承担起对劳动者进行有效保护的社会责任。中国社会因为有了规范劳动者保护的统一条例、全社会化的服务和管理而迈入新的发展阶段。中国人开始真正脱离"就业保障",培育出社会保障意义上的"国家认同"。

三、中国社会保障制度发展的新目标

党的十八大以后,中国社会保障的体系建设进入快车道,一系列重要改革举措得到及时落实。例如,统一了城乡居民的基本养老保险制度,实现了机关事业单位和企业养老保险制度并轨,建立了企业职工基本养老保险基金中央调剂制度,整合了城乡居民基本医疗保险制度,全面实施城乡居民大病保险等,一些不分城乡、地域、性别、职业的保障措施也相继得到落实。

目前,中国的社会保障制度体系已经初步建成。该制度以社会保险制度为主体,包括社会救助、社会福利、社会优抚等制度在内,功能完备、保障有力。中国基本医疗保险覆盖13.6亿人,基本养老保险覆盖近10亿人,是世界上规模最大的社会保障体系,与发达国家之间的差距正在缩小。

在已经取得的巨大成就的基础上,中央提出了未来工作的大方向:加大再分配力度,强化互助共济功能。让城乡居民"平等参与现代化进程、共同分享现代化成果""建立更加公平可持续的社会保障制度"。"平等参与"和"共同分享"本是中国社会保障制度建设的初始目标,在新的发展阶段将成为冲刺现代化社会主义强国建设的新的社会政策指导。党的二十大报告指出"中国式现代化是全体人民共同富裕的现代化。共同富裕是中国特色社会主义的本质要求,也是一个长期的历史过程。我们坚持把实现人民对美好生活的向往作为现代化建设的出发点和落脚点,着力维护和促进社会公平正义,着力促进全体人民共同富裕,坚决防止两极分化。"

第三章 社会保险筹资

第一节 社会保险基金的筹资来源

建立社会保险基金管理制度,必须明确基金的来源问题。由于社会保险险种不同,其基金的来源也不尽相同。例如,我国职工个人不需缴纳工伤保险和生育保险,而其他"三险一金"则由职工个人、用工单位及国家财政三方共同出资形成。纵观世界各国社会保险基金的来源,主要由社会保险费、国家财政资助、基金投资运营收益组成。

一、社会保险费

社会保险费是由雇主(用工单位)和被保险雇员个人按法律规定向专门的社会保险基金征收机构缴纳的费用。雇主(用工单位)是社会劳动力的实际使用者,对雇员及其家属负有义不容辞的社会保险责任,雇员个人是社会保险的受益人,也是社会保险基金的缴纳义务人。通常,两者按照雇员工资或收入总额的一定比例,共同负担缴纳社会保险费(税),并由社会保险征收机构强制征收。

雇主和雇员按照自己的承受能力主动缴纳社会保险费具有独特意义:一是有益于社会保险互济功能的实现,按照雇员工资总额同一比例征缴社会保险费,意味着收入高者多缴费,收入低者少缴费,利用收入差距平衡手段进行互济调节;二是有益于社会保险基金的监管,社会保险的缴费机制使每一个雇主和每一个雇员都更加关心社会保险基金的管理过程,容易形成强大的社会监督力量,有利于社会保险基金的高效运行。社会保险费在实际征收过程中,往往有最低缴费下限和最高缴费上限的设定。

社会保险费是社会保险基金最主要的来源,在整个社会保险基金总额中占比50%左右,来源比较稳定。社会保险费的缴纳额度和比例根据各个国家和地区的政策规定和不同的社会保险险种进行分别规定,一般是以工资总额为缴纳基数。社会保险基金缴费率制定方法如下。

(一)社会保险基金缴费率

社会保险基金缴费率是指被保险人集体或个人在单位时间内应缴纳的社会保险费与其工资总额或个人工资收入的比率。它是法定的国家、集体和个人对社会保险基金的分担份额,来自劳动者个人和企业的社会保险基金,一般分别按各个险种基金的总投资保险费率提取。各个险种的总缴费率等于个人缴费率与企业缴费率之和。有些险种,如工伤保险不需个人缴费,那么该险种的总投保费率则只要计算企业缴费率。

1. 社会保险基金缴费率的制定原则

在制定社会保险基金缴费率时,必须遵循以下原则:

1) 适当性原则

所谓适当性包括两层含义:一是预定的费率与实际费率要基本平衡,如果定得过低,保险人收不抵支,缺乏偿付能力,必将影响被保险人未来的保险权益;反之,如果定得过高,就会加重被保险人及企业的负担。二是企业(雇主)、被保险人及政府三方的负担比例要适当,这是在保险费率已定的前提条件下,就三者的分配比例而言的。如果企业负担的保险费过高,势必增加产品成本,影响企业的发展,甚至削弱企业在国际市场上的竞争力;如果被保险人负担的保险费过重,对于那些收入仅能维持日常生活的低收入者,则会影响他们的基本生活;如果政府负担的保险费过多,则政府的财政支出增加,必将增加政府税收,最终将加重人民负担。

2) 可行性原则

所谓可行性,是指确定的费率要与社会的整体承受能力相适应,社会要能够接受。虽然社会保险具有强制性,可以采取行政、法律的手段推进该事业的发展,但其前提条件必须是确定的费率,使被保险人能够接受,尤其要兼顾企业(雇主)的负担问题。

3) 稳定性原则

所谓稳定性,是指保险费率确定之后,在相当长的时期内应保持基本稳定,不应随时变更。只有费率相对稳定,政府财政预算中安排的该项支出才能比较确定,企业安排的这项费用支出和被保险人个人安排的这项支出才能比较确定,这样就能保证由三方负担的费用按照预算按时支付。所以,在确定费率时,既要考虑它的适当性与可行性,还需尽量保持稳定。由于社会保险的政策性强,其给付结构会随着形势的变化进行修正,从保险经营的角度看,费率要适时调整。而对于一般被保险人而言,常要求提高给付标准而不希望调整保险费率,厘定费率时须对此做出充分的估计。

4) 可变通性原则

可变通性与稳定性,两者看似矛盾,其实是一致的。在厘定费率时,我们须以对危险出现的概率或损失率的测算为基础,而预定的危险率或损失率与实际发生的危险或损害,因为科学技术的进步、生产工具的先进、经济的繁荣与人民生活的安定等因素的影响,其差距会逐渐增大,必须根据变化了的实际情况,依据实际统计资料加以调整。只有这样,才符合适当性、可行性、公平性原则的要求。所以,本教材认为,保险费率在短期内应保持它的稳定性,但在长时间内应适度调整。

5) 诱导性原则

诱导性是指通过保险费率的厘定,鼓励、诱导各种预防损失的行为。损失发生后,通过保险的手段给予补偿,对于被保险人而言,可以弥补损失,但对于整个社会而言,却是无法弥补的损失。因此,从整个社会的角度来看,这些都是事后被动的补救措施。而诱导性原则要求我们把保险的机能与预防措施联结起来,用费率作杠杆,诱导人们积极预防损失。其基本做法是实行差别费率制,如在工伤保险中,对于工伤事故发生率高的行业实行高费率,相反则实行低费率;又如在失业保险中,为限制雇主随意解雇工人,对失业率高的行业实行高费率,相反则实行低费率。这一原则较上述各点更为重要。

2. 社会保险基金缴费率的制定过程

社会保险基金缴费率的制定是一项十分复杂的工作,要考虑多方面因素的影响和制约。一般而言,是依据保险项目的性质、范围、劳动风险发生的频率及损失量大小、单位和国家财政补贴情况,并根据以支定收、合理负担的原则确定的。在制定社会保险基金缴费率时一般是按参保者工资的一定比例缴纳费用,具体计算方法如下:

个人缴费费率等于劳动者个人缴费额与个人工资总额之比,计算公式是

$$个人缴费率=个人缴费额/个人工资总额\times 100\%$$

企业缴费率则等于企业缴费额与职工工资总额之比,计算公式是

$$企业缴费率=企业缴费额/职工工资总额\times 100\%$$

企业缴费额是指从职工工资中提取的部分,它与劳动者的其他收入无关。劳动者的收入来源不仅仅只有工资,还有储蓄利息收入、兼职收入、奖金收入、遗产收入等,由于这些收入难以度量且计算起来非常复杂,因此,各国的社会保险费率一般只按其工资额的一定比例提取。目前我国也采用这种方法。

(二)社会保险基金缴费率的种类

1. 固定保险费率与弹性保险费率

按费率固定与否,可将社会保险基金缴费率分为固定保险费率与弹性保险费率。

1)固定保险费率

这种费率是由法律硬性规定的,不得轻易变动。如果要提高或降低费率,必须经过修改法律的程序。采用这种费率制度,可以杜绝保险机构随意提高保险费率,增加被保险人和企业负担的现象,但同时又比较僵硬,不能根据变化了的实际情况相应调整费率,影响财务平衡。

2)弹性保险费率

这种费率同样是由法律规定的,但它不是规定一个固定的比率,而是只规定一个范围,社会保险机构可根据财务收支的具体情况给予调整。采用这种费率制度,给予保险机构调整费率的权力,可以维持财务收支平衡,但同时可能出现保险机构过分依赖调整费率来维持财务平衡而忽视资金的运用及经费的节省等现象。

2. 综合保险费率、综合分类保险费率和分类保险费率

按费率所包括的险种范围,可将社会保险基金缴费率分为综合保险费率、综合分类保险费率和分类保险费率三种。

1)综合保险费率

综合保险费率是将各种保险项目归纳成一个综合整体,计算出一个总的保险费率,向投保人一并征收。如我国台湾地区的"劳工保险条例"将生育、伤病、医疗、残疾、失业、年老及死亡7个险种归纳成普通事故保险,按被保险人当月投保薪资的 $6\%\sim 8\%$ 征收,其中,被保险人负担 20%,雇主负担 80%。

2)综合分类保险费率

综合分类保险费率是将保险项目中的几种归纳为一个综合整体,计算综合保险费率,在此

之外,将其余的几种单独计算保险费率。采用这种费率制度比较典型国家的是法国,它将疾病、生育、年老、残疾及死亡5个险种总括为"社会保险",按投保人薪资收入的32%提取保险费,其中投保人按薪资收入的11.2%缴纳费用,雇主按全部薪资总额的20.8%缴纳费用。而对于工伤保险、失业保险和家属津贴则分别立法,其中工伤保险由雇主负担全部费用,平均按薪资总额的3.73%提取;失业保险由被保险人和雇主共同负担保险费,前者按收入的1.92%缴纳保险费,后者按薪资总额的4.08%缴纳保险费;家属津贴由雇主负担全部费用,按薪资总额的9%缴纳费用。

3)分类保险费率

分类保险费率是将各种保险项目单独计算保险费率。如日本的健康保险、国民健康保险、厚生年金保险、国家公务员共济组合保险、劳动者灾害补偿保险、失业保险及船员保险7项保险的费率,都是单独计算的。

分类保险费率和综合保险费率各有所长。分类保险费率能反映各险种的特殊风险情况,使用灵活,但其制定程序比较复杂,工作烦琐;而综合保险费率可将各种有关联的、分项计算又比较困难的费率合并为一种统一的费率,可简化费率厘定手续,节省人力、物力和财力,但它排除了特殊风险,不能反映个别险种的实际情况。

二、国家财政资助

社会保险是一种由政府主导的强制性保险险种,因而国家财政是社会保险事业的最终责任承担方和资金支持者。在社会保险基金处于初建时期和发展困难时期时,国家财政资助的作用尤为重要。在社会保险基金的初建时期,由于资金积累有限,基金运营困难,需要国家通过财政收入提供资金支持缓解社会矛盾。社会保险基金在发展运行过程中,很可能会遇到难以预料的巨大风险,当风险超出自身防御能力时,社会保险费用往往入不敷出,出现巨额缺口,需要政府拨款进行填补。例如,当一个国家陷入经济衰退的"泥沼"时,失业人数会大幅度上涨,失业周期加长,失业保险缴费率必将随之下滑,此时失业保险基金就会出现重大危机。为了缓解经济和社会危机的进一步扩大,稳定就业市场,国家财政需要提供资助补贴失业救济基金,这样才能渡过难关。

作为社会保险基金的重要来源之一,国家财政资助可以分为财政直接拨款和政策间接资助两种方式。财政直接拨款一般包括三种方法:一是将社会保险支出直接纳入国家预算的拨款项目中;二是根据社会保险不同险种的实际需要,进行分项补助;三是根据危机事件,临时拨付应急性款项。政策间接资助主要通过税收和利率政策进行调节:一是税收调节,表现为社会保险费按税前收入提取,对雇主和雇员收入中的一部分所得税予以免除,对社会保险基金的投资收益予以减免税,以及对雇员享受的社会保险待遇予以免税等;二是利率调节,国家对于社会保险基金的银行存储利率高于一般储蓄利率,超出部分由国家财政收入承担,同时给予社会保险基金投资较高的利率优惠,为社会保险基金提供更好的投资运营环境。

三、基金投资运营收益

为更好地实现基金的保值与增值目标,社会保险基金可以通过合法且适当的渠道进行投资运营,获得收益。实行完全积累制和部分积累制筹集社会保险基金的国家,当年的保险基金总额扣除当年保险给付后的余额允许进行投资运营,其投资运营收益作为扩充社会保险基金的来源。目前各国在关注社会保险基金积累的同时都相当重视基金的投资运营,尤其是随着投资工具选择的多样化,基金投资运营收益在社会保险基金总额中所占的比例有较大的增长,特别是在发展中国家,这部分收益更是表现出了强劲的上升趋势,日渐成为社会保险基金的重要来源之一。

除了社会保险费、国家财政资助、基金投资运营收益这三种社会保险基金的主要筹集来源外,还有一些辅助渠道为社会保险基金提供一定的资金补充,如社会慈善捐助、福利彩票销售收入、社会保险缴费机构或个人的滞纳金等。

(一)社会保险基金投资运营的必要性

1. 有效地抵御通货膨胀的影响

社会保险基金尤其是积累制基金从筹集到支付,时间从几年到几十年不等。在市场经济条件下,物价整体水平的上涨是不可避免的。通过有效地对其进行投资运营,可以保证社会保险基金不发生贬值,从而起到有效抵御通货膨胀的负面影响的作用。

2. 补充社会保险基金的来源

在社会保险制度运行的过程中,有许多因素都会促使社会保险基金的支付额大于其收缴额。当然,通过提高社会保险的费率可以增加社会保险费的积累,但这又会给企业和缴费个人增加负担。因此,从长远发展的角度来看,防止基金贬值、解决社会保险基金赤字的根本出路在于把基金投入运营。

3. 减轻政府、雇主、雇员负担

把社会保险基金的投资运营所获得的收益注入基金中,可以壮大基金规模,这些资金反过来又可以服务于被保险人,从而可以直接、间接地起到减轻雇主、雇员个人和政府的保险费负担的作用。

4. 支持国家经济建设,提高社会保险在国民经济中的地位

社会保险基金由社会保险专管部门掌握,按照国家有关法律、政策进行各项投资活动,不仅壮大了社会保险的赔付能力,而且为企业的技术改造和扩大再生产提供了可靠的资金来源,有力地支持了国家的经济建设。同时,也能使全社会从中看到社会保险的作用并支持社会保险事业的发展。

(二)社会保险基金投资原则

1. 安全性原则

安全性是社会保险基金投资的首要原则。安全性是指社会保险基金投资经办机构在投资时必须保证投资的基金能够按期如数收回,并取得预期投资收益。由于社会保险基金是普通百姓的"救命钱",一旦出现了严重亏损,就会引起社会动荡。在基金管理还是政府主导的情况下,这种风险确实太大。因此,在社会保险基金的投资运营中,安全是第一位的。基金管理人要以零风险或接近零风险的原则保证基金的安全,在此前提下再兼顾其他原则。

2. 流动性原则

社会保险基金的流动性是指为保值、增值而对基金进行投资,在不损失原价值的条件下,能随时转换为现金的能力。在各类投资中,债券和银行存款的变现能力较强,但收益较低,尤其是定期存款如果提前支取,往往会丧失利息收益。不动产的投资收益较高,但流动性差。对于不同的社会保险基金来说,由于基金的用途不同,所需要具备的流动性也不同。为了应对诸如医疗、工伤、失业等保险随时可能支付的需要,投入营运的基金需要保持较强的流动性,往往投资于短期或中期的易变现项目上;养老保险基金的周期长,可以投资长期性项目。

3. 收益性原则

收益性是基金保值、增值的重要手段,但是一定要在以上两个约束条件下实施。有两种方式执行收益性原则:一是在安全性和流动性得到保证的条件下,争取最大的利润;二是在利润目标一定的条件下,最大限度地降低风险和保持既定流动性。对于社会保险基金而言,第一种方式是比较合适的。在均衡市场上,收益和风险是同向的,而资产的流动性与收益呈负相关关系,这使得社会保险基金投资的安全性原则、流动性原则和收益性原则在实际过程中往往难以同时遵循。在进行社会保险基金投资时,必须根据实际情况,依照实现目标的轻重缓急来灵活地选择投资方式,真正做到社会保险基金投资收益性和安全性的统一。此外,还必须注意社会保险基金投资资产的流动性,以保证合理的风险收益水平。

4. 分散化原则

由于市场运行存在的必然风险,社会保险投资运营不能将所有鸡蛋放在一个篮子里,必须遵循分散投资的原则,采取多元化投资组合方式,以分散投资风险,并保证社会保险基金投资运营实现安全增长。在分散化的社会保险基金投资组合中,各种投资工具要兼收并蓄,既要考虑到收益的总体性、长期性和稳定性,又要保证收益的安全性、风险性和随机性。在分散投资的过程中要实现安全性与收益性兼顾。

5. 社会性原则

社会保险基金属于公共基金,涉及面广泛,基金规模大。在市场经济条件下,社会保险基金投资运营要获取最大收益是完全可以实现的。但社会保险基金取之于民用之于民,终极目标还是通过保障和改善国民生活、增进国民福利来实现整个社会的和谐发展。因此,社会保险基金投资既要经济效益,又要兼顾投资的社会效益,投资应该与政府的公共目标保持一致,兼顾经济效益和社会效益。这是社会保险基金不同于其他金融性投资的重要特征。

第二节 社会保险基金的筹资方式

一、征收社会保险税

征税是以国家立法规范为前提,由政府运用行政权力强制筹措社会保险基金的一种筹资方式。征税体制完善的西方发达国家，一般会依托税收系统筹集社会保险金。但具体到各国征收的社会保险税制形式则不尽相同。有的国家专门征收社会保险税，如英国；有的国家通过征收个人所得税筹集资金，如瑞典；有的国家专门开征特定税种充实社会保险基金，如法国的烟草税。

征收社会保险税有利有弊。好处是具有强制规范性，负担也公平，社会化程度高，管理简便；不足之处是税收通常以年度预算和收支平衡来安排制度运行目标，不能形成积累性资金，对制度的可持续发展有影响。因此，征收社会保险税只能与现收现付制的社会保险项目相适应。

二、征收社会保险费

征收社会保险费是政府职能部门依据相关法律规范，强制向雇主与雇员征收用于特定社会保险项目的筹资方式，普遍适用于社会保险。因为社会保险各项目资金来源于雇主与雇员的缴费，并遵循专款专用原则，从性质上有别于财政资金。

征收社会保险费具有灵活性特点，不同社会保险项目征费分合均可，收支可以两条线管理，既能够适应现收现付制，也能够与基金积累制相适应。但征费方式的强制规范性不足，偷逃漏费现象时有发生。

三、强制储蓄

强制储蓄即个人账户制，是指雇主与雇员按法律规定缴纳社会保险费，并存入政府为雇员设置的个人账户中，需要时才能够按规定提取的筹资模式。此种模式是在国家立法规范的情况下实施的，具有强制规定性。强制储蓄的筹资模式只能适应于完全积累型的社会保险项目（如新加坡公积金），且公平性差、互济性不足。

第三节　社会保险基金的筹资原则

社会保险基金筹集的原则一般遵循强制筹资、经济效率、公平负担和收支平衡四项原则。

一、强制筹资原则

社会保险基金筹集关涉国家、雇主和雇员的权利与义务，直接关系三者之间的经济利益。出于保护社会保险制度稳定性的目的，各国基本都建立了以强制性为基础的社会保险基金筹资制度。国家通过立法的形式，以法律约束相关方的义务和经济责任，同时，也以法律明确各方的权利和经济利益，由此确保社会保险基金管理的严肃性、稳定性和有效性。雇主和雇员必须依法按时、足额缴纳社会保险费（税），任何欠费和逃费行为都属于违法行为，必将追究其法律责任。

二、经济效率原则

社会保险基金是实现国民收入与财富再分配的重要途径，在其筹集过程中，必须充分保证社会经济运行的效率,发挥资源利用的效率,使其既不能对社会经济发展造成障碍,又能促进经济资源利用,产生更大的效用。经济效率原则的实现要协调安排好相关方的负担比例,以避免损伤各方的经济活力。国家负担比例过高,会导致保险开支剧增,甚至超过财政的支付能力,同时还会助长其他方的过度依赖心理,降低劳动者的工作积极性,使"懒汉"增多,自然经济效率得不到保证。雇主负担比例提高,必然影响经济生产单位的积累和扩大投资,导致其市场竞争能力下降,经济活动能力疲软。雇员个人负担比例加重,个人可支配收入就会减少,消费能力下降,对市场经济刺激减弱。因此,社会保险基金的筹资必须协调安排好相关方的负担比例,兼顾各方经济效率的提高。

三、公平负担原则

社会保险基金的筹集和给付过程也就是国民收入与财富再分配过程,既然涉及分配问题就必然要求体现分担的公平性原则。若社会保险基金的分担存在不公,社会保险费(税)的筹集就会出现问题。公平负担原则体现在两大方面:一是垂直面上的再分配公平。由于市场机会和个人能力等方面形成的差异,社会中存在收入差距较大的不同群体,特别是因疾病、失业、年老等特定社会风险而陷入困境的弱势群体,无力凭借自身的力量维持生计,需要得到社会救济。社会保险通过保险费(税)负担形成收入转移,使高收入群体的生活资料向低收入群体转移,扶危济困,确保弱势群体维持其基本生活。二是水平面上的再分配公平。社会保险基金的筹集一般都采取收入比例制,同一收入层面的人群所享受的给付待遇也是按比例进行的。同一层面上的雇员个人向社会保险机构缴纳保险费,通过社会保险的纽带把所有人连接起来,形成关系紧密的整合性社会,实现健康个体和疾病患者之间、从业人员和失业人员之间、现职工作者与退休老人之间,甚至不同地域、不同行业人员之间的互相帮助、同舟共济,可以对所有社会劳动者形成防护机制,以应对未来风险,保障劳动者维持健康的生活水平。

四、收支平衡原则

社会保险基金是社会保险制度运行的物质基础。社会保险基金如果要为丧失劳动能力者和失业人员提供基本的物质生活保障,其筹集的总额就必须满足在此方面的实际开支需求。因此,在社会保险基金筹集管理的过程中,必须坚持"以支定收或以收定支,收支平衡,并略有结余"的原则。也就是说,在一定时期内社会保险基金筹集的总额,必须以预计需要支付的社会保险费用总额为依据来确定,并使二者始终保持大体上的相等,并略有结余。收支平衡原则体现在两个方面:一是短期横向平衡,即在一个较短的时期内,某个社会保险项目所筹集的基金总额应与所需支付的费用总额保持基本平衡;二是长期纵向平衡,即某个社会保险项目参与者在投保期间所缴纳的保险总额(包括本金与投资运营收益),应与其在享受该项保险待遇期间所支付的费用总和保持基本平衡。

第四节　社会保险基金的筹资模式

世界各国的社会保险基金筹集的模式皆以是否进行基金积累为标准进行划定,无外乎现收现付制、完全积累制、部分积累制和国家福利制四种形式。

一、现收现付制

现收现付制是当前应用最为广泛的一种社会保险基金的筹集模式,世界上有100多个国家和地区实行此项制度。该模式是指在一个较短时期(通常为一年)内,根据横向收支平衡原则确定费率,筹集社会保险基金,筹集的资金满足同期社会保险基金给付的需要即可,不谋求基金的积累。现收现付制是根据上年度社会保险基金的实际开支总额,加上年度预计增支的总额,进行下年度需要支付的保险费用测算,然后以支定收,确定提取比率进行基金筹集,当期征收,当期使用。当然,为了避免短期经济风险或其他突发事件的发生而频繁调整基金费率,一般筹集提取总额要略大于预测支付总额,以保留小额的流动储备基金,使支付之后略有结余。

与其他模式相比,现收现付制具有的优点主要有三点:第一,制度易建,给付及时。以养老保险为例,基于现收现付制的社会保险制度一经建立,即可迅速实现当期由在职人员缴纳的社会保险费向退休人员及时转移支付,无须经过长期的基金积累过程。第二,调整灵活,无忧贬值风险。现收现付制一般以短期内收支平衡为基准进行计算,便于实施随物价或收入波动而调整的指数调节机制,灵活调整社会保险基金的费率,有利于防范通货膨胀的风险,避免产生基金贬值的危机,确保社会保险目标的实现。第三,互助互济,增进社会福祉。现收现付制的本质是"代际赡养",通过代际再分配和同代劳动者丧失劳动之间收入再分配的调节,将在职人员的部分货币收入转移为全社会的保险基金,有利于实现社会公平,增进社会福祉。

现收现付制在实际操作过程中,亦面临一定的局限性。第一,可能诱发代际矛盾。代际收入再分配虽然体现了社会保险基金的互济优势,但参保人员之间的权利和义务在一定时期内并不对等。例如,这一机制建立初始时,最早享受保险待遇的那一代人在职时并未缴纳或仅少量缴纳保险费,成为付出少而获益大的群体。制度运转几代人之后,在人口结构可能失衡的条件下,某一代在职劳动者难以获得由下一代提供的理应相对平等、合理的经济利益,因而可能诱发代际矛盾。第二,难以应对老龄化挑战。当前社会发展的一大明显趋势是老龄化人口增长加速,导致在职劳动者和退休人员的比例越趋于失衡,赡养系数增大,给社会保险基金带来沉重的支付压力。如不能降低社会保险的给付水平,则需要增加在职人员的缴费比例,缴费增加到一定程度将致使供款人不堪重负,进而抵制缴费,造成基金筹集失败。第三,容易面临给付危机。现收现付制采用的确定给付方式,其收入替代具有刚性,参保人的缴费义务与未来享受的社会保险待遇相关性较弱,社会保险给付水平承诺与生活水平应保持一致,由于现收现付制下没有基金储备与积累,一旦筹集资金不足以支付,又无其他资金供给渠道,则必然出现给付财务危机,甚至动摇制度根基。

二、完全积累制

完全积累制的创建时间晚于现收现付制,新加坡在20世纪50年代进行了初次实践后,该制度在世界范围内迅速发展起来,21世纪初有30多个国家正式实施该制度。完全积累制是指依据长期纵向收支平衡原则,保证任何时间节点上社会保险基金积累的总额连同其投资运营收益,能够满足以现值清偿未来社会保险基金给付的需要。该筹资模式可以采取政府公共管理方式,基金积累由政府集中管理和投资,也可以采取私营竞争管理方式,由雇主或雇员自主选择基金管理公司并按市场规则进行基金投资运营。

完全积累制将当期社会保险缴费完全用于基金积累,并交给基金管理机构进行投资运营,缴费和基金投资收益一并记入被保险人的个人账户,给付期开始后被保险人从个人账户中提取保险金以实现保障。

完全积累制的优点表现在三方面:一是操作简便,易于理解和推广。完全积累制与运营历史悠久的商业保险原理相似,实际操作过程简便,易于得到参保人的理解与认同,具有较高的公众信任值,对于社会保险制度的稳健运行具有重要意义。完全积累制增加的资金积累相当于增加了社会储蓄,这部分资金加入投资活动给经济发展带来更大活力。二是预筹保险金,抵御老龄化。基金积累制是采取养老金预筹、未来支付的制度,保证了参保人员的资金供求在其较长的生命周期上的纵向平衡,可以在一定程度上缓解老龄化社会带来的养老保险危机。三是缴费与待遇相关,激励参保积极性。参保人员将在职期间的部分收入以延期支付的形式实现其生命周期内收入的重新配置,个人所享受的保险金给付待遇与其缴费具有极强的相关性,有助于提高参保人员的缴费积极性,鼓励人们延长工作年限,从而促进社会保险的稳定运行。

完全积累制也存在不足之处:一是互济性功能较弱。完全积累制是以个人缴费数额决定未来给付水平的制度,更加注重经济效率而非社会公平,因此难以实现个体之间的收入再分配功能,导致其互济性功能较弱。以养老保险为例,完全积累制的筹资模式不能改变那些终生收入较低、负担较重的参保人员的困境,无法满足维持其退休后基本生活水平的目标。二是投资和贬值风险较大。作为一项长期的货币收支计划,完全积累制下的巨额资金容易受到物价水平波动的影响,为了应对通货膨胀,社会保险基金有着保值、增值的要求,基金需要进行成功的投资运营,否则社会保险基金将面临贬值的风险。但受制于特定的经济环境、资本市场条件和政府干预,基金投资具有较大的不确定性,这对基金管理机构提出了较高的要求。

三、部分积累制

部分积累制也称混合制,是现收现付制与完全积累制兼容并蓄的一种模式,也是一种试图扬长避短而采取的折中办法。该模式综合了前两种制度的收支平衡原则来确定社会保险费率,即将当期筹集的社会保险基金中的一部分用于支付本期的社会保险金,另一部分预留给后期再行支付,意味着在满足一定时间(通常为5~10年)支出的前提下,留有一定的积累基金。在实际操作中,部分基金积累制将社会保险基金分成两个部分,即社会统筹部分和个人账户部分。社会统筹部分采取现收现付制,保证当期社会保险基金给付的需要;个人账户采取基金积累制,满足未来开支的需要。因此可以说,部分积累制是一种中期平衡,既不像现收现付制那样不留积累基金,也不像完全积累制那样预留长期使用的基金,它的基金储备规模较现收现付制大,较完全基金积累制小。

我国目前的养老保险和医疗保险制度改革后实行的正是社会统筹和个人账户相结合的部分积累制模式,在维持社会统筹的现收现付制框架基础上,引进个人账户并采取完全积累制的形式。该模式集聚了"两制"之长,又防止和克服了"两制"遇到的一些局限性,比现收现付制抵御贬值和投资风险的能力强,比完全积累制对管理机构的压力小、灵活性强。但是,和完全积累制一样,部分积累制同样会受到人口结构、利率、物价水平、收入等因素的影响,收支平衡模型计算复杂,而且如果社会统筹基金与个人账户基金不严格实行分账管理时,一旦社会统筹基金不能满足当期社会保险金给付要求时,就很可能动用个人账户积累基金进行填补,这样就会导致个人账户"空账"出现。

四、国家福利制

国家福利制这种模式在北欧国家比较普遍,瑞典、丹麦、荷兰、冰岛等国实行的就是国家福利模式。国家福利制的特点是全民保障,只要是本国的老人,均可以享受养老金待遇。待遇支付,有的国家一律等额发放,有的国家只给达不到最低养老金的老人补偿。保障资金来自国家的一般税收。这些国家社会保险基金采取的是财政支出账户的管理模式,即根据各项社会保险支付需要决定支出,不存在投资运营环节,其监督机制与财政监督同轨。

国家福利制的优点是管理比较简单,通常通过税收的形式将社会保险费收缴上来,然后再根据社会保险待遇的领取条件发放社会保险待遇,基本是当期收缴、当期发放,不存在投资运营环节,也就不存在基金贬值的风险。人们领取的社会保险待遇标准基本一致,这样就消除了制度内的不公平因素,不会造成收入差距扩大。

国家福利制的缺点是由于发放的社会保险待遇较高,导致人们的工作积极性降低,而且国家福利制以国家财政担保社会保险待遇发放,这样会给国家财政带来较大的负担,容易造成社会保险开支增长快于整个经济的增长速度,从而使国家财政不堪重负。

第五节 各类社会保险基金的筹资

一、养老保险基金的筹资

(一)基本养老保险

基本养老保险基金专款专用,任何组织和个人不得侵占或者挪用。基本养老保险基金由个人投保、企业投保、罚款和资金运营增值四部分组成。《中华人民共和国社会保险法》规定了社会养老保险制度的筹资渠道,明确了用人单位、个人和政府在社会养老保险筹资中的责任。具体体现在以下几个方面:

(1)我国基本养老保险实行社会统筹与个人账户相结合的模式。基本养老保险基金由用人单位和个人缴费以及政府补贴等组成。

(2)用人单位应当按照国家规定的本单位职工工资总额的比例缴纳基本养老保险费,计入基本养老保险统筹基金。

(3)国有企业、事业单位职工参加基本养老保险前,视同缴费年限期间应当缴纳的基本养老保险费由政府承担。基本养老保险基金出现支付不足时,政府给予补贴。国家设立全国社会保障基金,由中央财政预算拨款以及国务院批准的其他方式筹集的资金构成,用于社会保障支出的补充、调剂。

(二)补充养老保险制度

我国补充养老保险包括企业补充养老保险和个人储蓄性养老保险两个层次。

1. 企业补充养老保险

企业补充养老保险是指由企业根据自身经济实力,在国家规定的实施政策和实施条件下为本企业职工建立的一种辅助性的养老保险。企业补充养老保险费可由企业完全承担,或由企业和员工双方共同承担,承担比例由劳资双方协议确定。用人单位和个人均以个人上年度月平均工资为缴费基数。个人上年度月平均工资低于全市上年度职工月平均工资60%的,以全市上年度职工月平均工资的60%为缴费基数,超过全市上年度职工月平均工资300%的,以全市上年度职工月平均工资的300%为缴费基数。个人上年度月平均工资超过全市上年度职工月平均工资的,超过部分应缴的社会统筹基金的50%计入个人补充养老保险账户。按规定,只要个人上年度月平均工资没有超过全市上年度职工月平均工资3倍的,就应该按照个人的实际月平均工资作为缴费基数缴纳基本养老保险,且全部个人缴费都计入个人账户。

2. 个人储蓄性养老保险

个人储蓄性养老保险是中国多层次养老保险体系的一个组成部分,是由职工自愿参加、自愿选择经办机构的一种补充保险形式。由社会保险机构经办的职工个人储蓄性养老保险,由社会保险主管部门制定具体办法,职工个人根据自己的工资收入情况,按规定缴纳个人储蓄性养老保险费,计入当地社会保险机构在有关银行开设的养老保险个人账户,并应按不低于或高于同期城乡居民储蓄存款利率计息,以提倡和鼓励职工个人参加储蓄性养老保险,所得利息计入个人账户,本息一并归职工个人所有。

职工达到法定退休年龄经批准退休后,凭个人账户将储蓄性养老保险金一次总付或分次支付给本人。职工跨地区流动,个人账户的储蓄性养老保险金应随之转移。职工未到退休年龄而死亡,计入个人账户的储蓄性养老保险金应由其指定人或法定继承人继承。实行职工个人储蓄性养老保险的目的,在于扩大养老保险经费来源,多渠道筹集养老保险基金,减轻国家和企业的负担,有利于消除长期形成的保险费用完全由国家"包下来"的观念,增强职工的自我保障意识和参与社会保险的主动性,同时也能够促进对社会保险工作实行广泛的群众监督。

二、医疗保险基金的筹资

医疗保险基金是医疗保险制度得以正常运行的前提和基础,因此医疗保险基金对医疗保险制度的意义就显得特别重要。前面我们介绍了国家医疗保险模式、社会医疗保险模式和个人储蓄医疗保险模式,在这三种模式中,国家医疗保险模式和个人储蓄医疗保险模式的医疗保险基金筹资相对比较简单。

国家医疗保险模式的资本来源主要是国家税收,个人储蓄医疗保险模式的资金主要来自雇员个人和雇主向个人账户拨入的储蓄,而这两种模式在世界各国中仅占很小的比例,即使实行国家保险模式比较成功的英国,也开始对这种模式进行一定的改革。虽然个人储蓄医疗保险模式在新加坡取得了成功,而在其他实行该模式的国家就不那么尽如人意了。从全球范围来看,绝大多数国家实行的是社会医疗保险,因此,我们主要讨论社会医疗保险模式下的医疗保险基金的筹资问题。

(一)社会医疗保险基金的筹资原则

一般来说,医疗保险采取的是现收现付制,即通过以支定收,使社会保险收入与支出在年度大体平衡。因此为了保证社会医疗保险的顺利运动,医疗保险基金的筹资应遵循"以支定收,收支平衡,略有结余"的原则。坚持这一原则进行筹资有下列优点:首先,可以灵活地调整费率水平,操作起来较为方便;其次,有助于医疗保险费随物价变动或收入水平的波动而调整,从而有效地避免了由于货币贬值所造成的风险;最后,通过调节收入的再分配,在一定程度上体现社会保险的共济性。在坚持这一原则进行筹资时应注意这样一个问题:由于费率的调整往往滞后于物价变动和收入水平的变动或通货膨胀的出现,因此,为了防止短期内出现的收支波动,在确定费率时应使筹集的医疗保险基金在当年度支出后要略有结余,保留小部分的具有流动性的储备基金。

(二)社会医疗保险基金的来源

虽然社会医疗保险所保障的是被保险人(劳动者)的身体健康,但劳动者的身体健康无疑对企业的发展和社会的进步起着极为重要的作用。对于被保险人来说,健康的身体是人力资本的重要内容,同时也是获取生活来源的重要保证。对雇主来说,雇员的身体健康将为企业带来更高的经济效益,而对一个国家和一个民族而言,劳动者的身体健康则意味着劳动力身体素质的提高、经济的增长、社会的稳定以及民族的昌盛。

企业和国家在保障劳动者的身体健康方面有着不可推卸的责任。因此,被保险人、雇主和国家在社会医疗保险中应共同承担责任。具体落实到社会医疗保险基金的来源上,应由被保险人、雇主和国家三方共同承担。即社会医疗保险基金的来源应当包括三方面:被保险人个人缴纳的保险费、雇主缴纳的保险费和政府的资助。其中被保险人个人缴纳的保险费和雇主缴纳的保险费应是保险基金的主要组成部分。

国家在社会医疗保险基金资助的多少,一般取决于该国的社会保险政策和国家的财力状况。国家资助社会医疗保险的方式主要有四种:第一,为政府雇员缴纳保险费;第二,对雇员和雇主缴纳的保险费采取税前列支;第三,对老人及低收入者实行补贴;第四,在社会保险基金出现赤字时实行财政兜底,即国家在医疗保险基金的来源中承担最后的责任。

(三)社会医疗保险的具体筹资方式

这里所述的社会医疗保险的具体筹资方式主要是指雇主和雇员双方缴纳保险费的具体计征方式。从全世界各国来看,其具体计征方式在不同的国家有所不同,但总结起来,主要有以下几种。

1. 固定保险费金额制

固定保险费金额制是指法律规定范围内的被保险人都必须缴纳金额相等的保险费,而不管其收入的高低。这一计征方法的好处是操作简便易行,其不足之处是,由于社会上存在着一些低收入人群(如残疾人、贫穷者),他们无力支付这笔保险费,从而无法体现社会保险的福利原则,而且这种计征方法存在着严重的累退性,即收入越高者所缴纳的保险费占其收入的比例越低,收入越低者所缴纳的保险费占其收入的比例越高,无法体现社会保险的公平性原则。

2. 工资比例制

工资比例制是指按工资的百分比缴纳保险费。这种计征方式目前在全世界最为普遍。它可以按照统一的比率征收,也可以累进的方式对不同的工资水平确定不同的比率征收。这一计征方式的优点是操作简单方便,体现了公平原则,因为这种方式充分考虑了每个人的支付能力,使每个人都有能力缴纳保险费。其缺点是不同工资水平的人在缴款率上可能存在较大的差异,无法体现权利与义务对等的原则。为此,一些国家(如德国、荷兰等国家)通过立法规定了缴款工资的最高限额,超过限额的部分不计征。

3. 收入比例制

收入比例制是指按照个人收入的百分比缴纳费用,而不仅仅是工资。这一计征方式与工资比例制具有相似的优、缺点。应特别指出的是,在很多国家,个人总收入的估算将更加困难,因为在很多国家,人们有许多工资以外的收入,如灰色收入和黑色收入。

4. 区域级差制

区域级差制是指按各区域内医疗卫生基本设施条件的情况,确定不同的缴费标准,但在各区域内则采取上述三种计征方式的任何一种。这种计征方式的优点是可以避免医疗保险费的逆向运动,即从贫困地区向富裕地区转移。其缺点是从贫困地区向富裕地区转移,不便于统一管理,无法确定不同收入水平地区的保险费率及其对整体医疗服务成本影响的大小。

三、失业保险资金的筹资

失业保险资金除了具有补偿失业者的收入损失,维持失业者及其家属的基本生活的作用外,还有熨平经济周期波动的功能。因而作为失业社会保险制度物质基础的失业保险资金,其筹集就显得意义特别重大。失业保险资金的筹集包括筹措的原则、筹资的方式以及筹资的渠道和负担比例。

失业保险资金筹措的基本原则与社会保险基金筹措的原则一致,即尽量做到资金筹集与资金支出相当。影响失业保险金支出的因素主要有给付水平、给付申请次数、给付期限、被保险人的年龄构成以及制度管理的严格性等。由于失业社会保险属短期给付,在一国经济发展不出现大的波动的情况下,其年度开支将保持在相对稳定的水平,因此,失业社会保险的筹资方式可以实行现收现付制,即每年根据预先的粗算估计,提取必要的资金,保证当年的开支,实际上一般要提取稍多一些用作特别资金,以应付资金短缺或意外开支。由于失业无规律可循,失业者通常对即将到来的失业情况不可预见,因此失业保险的特别准备金额度较高。

目前,世界上绝大多数国家的失业保险采取的是现收现付的筹资方式,即当期的保险费收入用于当期的保险给付,而费率调整的时间一般为1年、3年或5年不等。现收现付制筹资方式的主要优点是无巨额积累基金,不受通货膨胀的影响,不会发生基金投资运营的问题。但这一筹资方式存在两个主要缺陷:一是必须经常重估财务结构,调整费率,操作困难,并将导致被保险人及企业保险费负担逐渐增加;二是因管理上或政治上的因素会影响保险费率的及时调整,从而造成失业保险的财政困难。

为弥补上述缺陷,各国在法律上明文规定采用弹性费率制,授权失业保险的主管机构根据失业保险财务收支的实际情况,适当调整费率,以满足开支需要。

失业保险筹资方式一经确定,接下来就是选择筹资的渠道和负担的比例。世界各国经济发展水平高低不同,失业社会保险制度的历史不同,同时又受到各国社会保险制度的指导思想、实施方式等因素的影响,因此在失业社会保险基金筹集的具体渠道和负担比例上,各国存在着很大的差别。大体可归纳为六种类型:第一,政府、企业和被保险人三方共同负担,其负担比例视本国的保险政策而定,实行这种类型的国家以德国、加拿大、日本、丹麦、瑞典等为代表。第二,由企业和被保险人双方负担,实行这种类型的国家主要有法国、荷兰、希腊等。第三,由政府和企业双方共同负担,实行这种类型的国家以美国大部分州、意大利、埃及为代表。例如意大利规定,雇主按工人工资总额的1.6%缴纳保险费,政府负担管理费并给予补助。第四,由企业一方全部负担,印度尼西亚、阿根廷等国实行这种方式。例如阿根廷规定,由建筑业雇主为雇员缴纳工薪总额的4%,被保险人及政府不缴纳费用(阿根廷仅在建筑业推行失业保险)。第五,全部由政府负担,实行这种类型的国家有英国、澳大利亚、智利等。第六,全部由被保险人负担。相比较而言,这六种负担方式中,以三方共同负担方式最为流行,约占实行失业保险制度国家总数的一半。

四、工伤保险基金的筹资

(一)工伤保险基金的筹集原则

1. 无责任原则

无责任原则即职工不缴费、企业单方缴费原则,是指在发生工伤事故后,无论属于谁的责任,企业(雇主)均应依法给予职工经济赔偿。英国的《雇主责任法》最早规定企业主无论对于工伤事故有无责任,均应依法赔偿工人的损失。这以后便成了工伤保险的首要原则,为世界各国所共同遵守。这一原则的根本目的就是保护劳动者,稳定职工队伍,鼓励工人积极劳动和安定社会秩序。

2. 以支定收、收支平衡原则

从我国目前支付的待遇项目和发展趋势来看,工伤保险基金应包括工伤医疗费、长期伤残补偿金、一次性伤残补偿金、护理费、残疾辅助器具费、丧葬费、遗属抚恤金、事故预防费、管理费和储备金等。根据支付项目,并考虑一定的工伤预防、职业康复、工伤保险经办机构的费用,预测出工伤保险的缴费费率。由于工伤保险事故具有突发性、不可预测性,因此,基金必须留有适当储备。

3. 工伤预防、待遇补偿和职业康复相结合原则

工伤保险有两个方面的目的:一是为工伤职工提供保障和补偿,这是其基本目的;二是预防工伤事故,减少职业伤害,这是其有积极意义的目的。应当运用工伤保险的费率杠杆、行政和经济惩戒手段,引导和督促企业加强安全生产管理,防止和减少工伤事故的发生。因此,在市场经济条件下实现工伤保险社会化,必须建立促进事故预防和职业康复机制。工伤保险费的征收应根据行业事故风险和职业危害程度规定差别费率,同时对各个企业进行安全考绩和年度费率浮动,运用经济手段和行政监督手段搞好工伤预防。工伤后的医疗康复、职业康复在工伤保险计划中也应该适当安排。

工伤保险经费由雇主负担,劳动者个人不缴费。以上是基金筹集的共性原则,各国在制定工伤保险制度时,其模式的选择决定了其管理原则和费用计发原则等。

(二)工伤保险基金的来源

下面我们以中国工伤保险基金的来源为例来说明。

1. 缴费单位所缴纳的工伤保险费

缴费单位所缴纳的工伤保险费即按照国家有关部门规定的缴费率和社会平均工资由企业所缴纳的费用。

2. 工伤保险基金的利息收入和投资运营收入

工伤保险基金的利息收入和投资运营收入是指工伤保险基金存入银行和投资于金融资本市场所获得的收入。

3. 上调基金和下拨基金

上调基金是指在建立工伤保险基金调剂制度的地区,下级工伤保险经办机构按照规定的调剂标准和数额,上缴上级工伤保险经办机构作为调剂金的基金,即工伤保险经办机构收到的下级工伤保险经办机构上缴的基金。下拨基金是指下级工伤保险经办机构基金发生困难时,上级工伤保险经办机构向下级工伤保险经办机构拨付的调剂金。

4. 转移性基金收入

转移性基金收入是指按照有关规定在不同的统筹范围内发生职工调动时,由调出地区转移工伤保险关系,形成调入地区工伤保险基金收入,即工伤保险对象跨地区流动而划入的基金。

5. 财政补贴

财政补贴是指工伤保险经办机构在基金发生困难时,财政部门给予的基金补贴。

6. 滞纳金和罚金收入

滞纳金和罚金收入是指用人单位因拖欠工伤保险费而按规定缴纳的惩罚性费用。

7. 其他收入

其他收入是指国内、国际社会和企业、政府等机构的捐赠以及其他不固定收入。

(三)国外工伤保险基金筹集模式

一般地说,工伤保险基金的收入与支出是根据职工工资单或报表进行的,而且每月按期进行。因此,对职工工资进行审核并扣除保险费,是社会保险经办机构主要的日常工作。有几个国家职业伤害保险制度缴费比率是不固定的。例如,印度尼西亚是根据本国不同行业制定不同的缴费比率,泰国是根据"经验比例",即根据前几年事故发生情况制定一个适当的比例。这两种做法都很复杂,而采用工资等级制度缴费办法则使工作程序大为简化。在大多数社会保险部门中,保费的收缴与管理是其最主要的工作。有些企业总会找出种种借口不按期缴纳或少缴纳保险费,这个问题很严重。有些国家已经采取了一些特别的法律程序,如通过收缴滞纳金、法律诉讼等来解决这个问题。归纳起来,国外确定收缴保险费的办法大致有以下三种。

1. 单独(个别)确定法

这种方法又称为功过确定法或经历确定法。这种方法与雇主责任制中的义务性保险缴费额的确定办法最为相似。基本缴费额可以用预测的方式确定,然后再根据雇主的经历进行调整,付款具有追溯效力。个别工伤事故的有关数据和账目要求只针对一个企业。单独确定法会使保险计划受到来自雇主方面的压力,因为这些雇主都希望自己被确定为缴纳最低的保险费额。

2. 集体确定法

集体确定法与单独确定法相似,不同之处在于:确定缴费额时,根据的是相同经济活动中所有企业的经历,而同一类型的企业确定一种费率。

3. 统一确定法

在这种方法中,共担风险的原则得到最全面的体现,所有的雇主都缴纳相同数目的保险费。数据和账目也是针对整个制度而设计的。这种方法是所有方法中最简单的一种,它不仅可以减少行政管理费用,而且还可以与其他统一的社会保险金一起征集。

工伤事故的预防与规划的责任关系也正被人们越来越多地意识到。在单独确定法中,由于雇主的缴费额与工伤事故的发生率密切相关,所以,雇主会采取积极的措施减少工伤事故。在集体确定法和统一确定法中,这种影响要小得多,因此,社会保险部门有时被授权,如果雇主不遵循所规定的保护防范要求,将对这些雇主收取额外的费用,以示惩罚;如果雇主采取的防护措施很有效,或者其企业事故发生率低于其他同类型、同规模的企业,那么,社会保险部门也可以适当降低该企业的保险费缴纳额。

(四)国内工伤保险基金筹集模式

1. 现收现付制

现收现付制是指根据当年所需支付职业伤害补偿费用的金额来筹集资金。这种模式在理论上是最为合理的,并且计算简便,能够体现出其互助互济的功能。可以根据收入和支出的情况进行缴费比例的调整,从而保证当年资金的收支平衡,还可以避免物价波动对资金现值的影响。其缺点是没有把劳动者在劳动时应积累的部分积累起来,而是把这部分积累由下一代负担,容易产生代际矛盾。并且还要经常调整缴费比例,从而为工伤保险管理部门增加了工作量,给国家和企业带来了负担,在被保险人的权利上,缺乏长期的规划。提存的保险金不能生息增值,不利于工伤保险事业的稳定和发展。

2. 部分积累制

部分积累制是以一个阶段为期求得职业伤害补偿费用,保持收支平衡的基金筹资模式。它首先确定平衡期,并以平衡期中间某一年的费率作为整个阶段内的缴费率。其特点是用前半期收大于支的盈余来弥补后半期的不足,从而使整个阶段平衡期内的资金收支达到平衡(一般地说平衡期以 1~10 年较为合适)。

3. 安全积累制

完全积累制是根据历年所发生的职业伤害次数,预测今后数年内享受工伤待遇的各类人员(包括死亡、伤残、遗属)人数和长期内全部待遇给付所需费用的总和,并根据所需费用总额一次性筹足资金,逐年支付以达到总体上的平衡。这种模式的特点是在初期缴费率较高,但是筹资见效快,在以后较长的时期内缴费率则保持相对的稳定。

与现收现付制相比,完全累积制有较强的储蓄功能,可以使工伤保险待遇支付有较强的经济保证,并可以应付较大的伤害事故。另外,完全累积制可以和国家宏观经济政策挂起钩来,通过适当的投资渠道保证基金的保值和增值,同时发挥对国民收入中积累和消费比例的调节作用。

但是完全累积制往往会遇到一些难以克服的困难,容易产生不良后果。一是因为基金积累的时间长,极易受到通货膨胀的影响,难以保证基金的保值,更不用说是增值了。二是这种模式的难点在于能否实现预期的收支平衡。三是对于一个没有积累的国家来说,如此高的缴费率企业不一定能承受得起。

五、生育保险基金的筹资

2019 年初,国务院办公厅印发《关于全面推进生育保险和职工基本医疗保险合并实施的意见》,明确了"保留险种、保障待遇、统一管理、降低成本"的总体思路,要求各地统一基金征缴和管理,确保待遇不变。企业必须按期缴纳生育保险费。对逾期不缴纳生育保险费的企业,按日加收 2‰ 的滞纳金。《中华人民共和国社会保险法》第 86 条规定,用人单位未按时足额缴纳社会保险费的,由社会保险费征收机构责令限期缴纳或者补足保险费,并自欠缴之日起,按日加收万分之五的滞纳金,逾期仍不缴纳保险费的,由有关行政部门处欠缴数额 1 倍以上 3 倍以下的罚款。

生育保险基金的筹集要求与经济发展水平以及国家财政、企事业单位的经济承受能力相适应,在保障生育妇女基本权益的同时,要避免给参保单位带来过重的负担。因此,生育保险基金筹集应遵循以下几点原则:

(一)以支定收,收支平衡

在确定生育保险费率标准时,应考虑以往生育保险的实际支出、生活消费和医疗费的上涨以及单位的承受能力。同时一定要根据生育保险基金的经济实力,合理确定生育保险的偿付标准。收支基本平衡是生育保险基金营运的基本要求,如果生育保险基金出现入不敷出的情况,生育保险制度将难以维持,无力偿付生育津贴和合理的医疗费用,也必将引起社会不安定。

(二)单位负担为主

生育保险费的筹集与医疗保险的单位、个人共同分担不同,其主要是由单位负担,职工个人不缴纳生育保险费。因此,生育保险费率一定要考虑大多数单位尤其是企业单位的经济承受能力。如果费率过高,很多单位不能承担,将影响到单位参保的积极性,其结果是覆盖面窄,生育保险基金数量少,风险承担能力低。相反,缴费率太低,筹集的基金过少,又不能起到有力的保障作用。

(三)保障基本需求

生育保险基金的筹集一定要以满足生育事件所需的基本医疗费用以及生育妇女产假期间的基本生活需要为目标。筹集标准包括生育津贴和医疗费用补偿,前者一般按照本企业上年度职工月平均工资及享受时间计算,后者则以在定点医院生育(包括流产、计划生育手术等)必需的基本药品、诊疗项目和医疗服务设施费用为依据。

(四)不注重基金积累

生育保险基金在筹资上不强调留有很多结余。这是因为生育保险与计划生育政策相衔接,生育的计划性很强,风险的发生情况可以准确预测,如出生率、流产发生率、计划生育手术率等风险指标都是比较准确和稳定的。唯一例外的是生育过程中发生并发症和合并症时医疗费用可能存在一定的风险,但都不如一般疾病风险的不可预测性大。另外,生育保险基金积累过多会造成基金贬值,同时也会增加参保单位的负担。

第四章 社会保险基金管理

第一节 社会保险基金要素

一、社会保险基金的内涵与特征

(一)社会保险基金的内涵

社会保险基金是指社会保险税(费)征收机构依据相关法律法规,通过各种方式征集的、用于社会保险事业开支的专项基金,它是劳动者所创造的价值的一部分。社会保险基金是一项应对自然与社会风险的制度安排,是社会保障制度平稳运行与可持续发展的经济基础,主要用于保障劳动者在丧失劳动力或失去劳动机会时的基本基金需求,为劳动者及其家庭提供基本生活保障。大多数国家的社会保险基金由雇主与雇员共同缴费形成,同时,国家给予税收与利率优惠,以适当的财政资助体现国家、雇主与雇员三方责任共担的原则。

(二)社会保险基金的特征

1. 强制性

社会保险基金的设立、运行和征缴都是国家法律强制执行的。从社会保障基金的筹集角度看,其筹集的标准与比例、筹资的对象与范围、筹集方式等都是由特定的法律法规强制规定的,并由特定组织来执行;从社会保障基金的运营角度来看,政府对其投资的对象、范围、渠道以及投资回报率都有明确规定,其运营只能在法律允许的范围内进行;从国际经验角度来看,国际上有不少国家都将社会保障基金纳入国家财政预算,通过实施特殊的预算管理来规范社会保障基金的运行。

2. 专款专用性

社会保险基金只能用于特定的医疗、疾病、失业、工伤、养老、家庭、残疾、生育、遗属等用途,由于有法律的强制性规定,其使用的范围和标准都较为固定,在实践中,任何部门或者个人都不得以任何形式挪用社会保险基金。

3. 互助共济性

社会保险基金是国家关于风险管理的一项基础性制度安排,互助共济是其天然属性。基于保险合同的射幸性,社会保险基金能够实现健康者与伤病者之间、长寿者与短寿者之间、失能者与健全者之间、在业者与失业者之间、顺境者与困境者之间、雇主之间的互助共济;基于制度的强制性,社会保险基金能够实现不同收入群体、代际、地区之间的互助共济。

4. 稳定性

社会保险基金的征缴、运营投资、支付的对象、范围与比例等都受到国家法律的严格约束与规制,这决定社会保险基金的稳定性。同时,由于社会保险基金的专用性,其对被保险人的支付比例与支付额度都相对确定,基金额度的变化波动较小,社会保险基金的结构稳定。

5. 社会性

根据"大数法则"的基本原理,社会保险的统筹层次越高、统筹面越广,统筹的效率就越高,社会保险基金的互助共济功能就越强。为增强社会保障的互助共济性,社会保险基金的征缴与使用必须面向全社会,在全社会范围内进行。世界各国社会保障的层次和范围都在不断提高,大部分发达国家的社会保险基金已经实现全国范围内的统筹,相对于其他保险基金而言,社会保险基金的社会性更为突出。

二、社会保险基金的主要构成要素

(一)基本养老保险基金

基本养老保险基金亦称退休基金,是各国养老保险制度的主要实现手段,是指为兴办、维护和发展养老保险事业而储备的专项基金,主要用于保障退出社会劳动后的老年人的基本生活。养老保险基金属于专用基金,具有自身的特性。首先是社会性,养老保险作为一种促进社会经济发展和社会稳定的社会政策,以全体社会成员为对象,在基金的筹集、给付及基金资产的营运上具有强烈的社会性,无论是管理过程还是具体环节均体现了社会或政府行为;其次是储蓄性,基本养老保险基金相当一部分是通过个人账户预筹的,特别是积累基金,主要是通过个人账户进行预筹,储蓄起来以备将来支付养老金的资金;最后是互助性,社会养老保险基金的筹集和给付实行一定程度的社会统筹,以实现社会互助,减轻劳动者的养老风险。

(二)基本医疗保险基金

基本医疗保险基金是指通过法律或合同的形式,由参加医疗保险的企事业单位、机关团体或个人在事先确定的比例下,缴纳规定数额的医疗保险费汇集而成的一种专项资金,是国家为保障参保人在患病期间的基本医疗服务需求,由医疗保险经办机构按国家有关规定,在特定的统筹地区内,按一定的比例向劳动者所在单位及劳动者本人征缴的保险费,以及以政府财政拨款的形式集中起来的,有专门机构管理的专款专用的财务资源。因此,医疗保险基金是为具体实施医疗保险制度而特意建立起来、国家为了给社会成员提供基本医疗保障的一项资金。医疗保险基金的有效运营与管理是保障社会人员基本医疗需求、维护医疗保险制度可持续发展的物质基础,对于社会稳定、经济发展具有重要意义。

(三)工伤保险基金

工伤保险基金是我国社会保险基金中的一种专项基金,是通过法定程序建立起来、用于职工职业伤害补偿目的的资金,它是实施工伤保险的基础。工伤保险基金由依法应参加工伤保险的用人单位缴纳的工伤保险费、工伤保险基金的利息和依法应当纳入工伤保险基金的其他资金构成,国家根据不同行业的工伤风险程度确定行业的差别费率,并根据工伤保险费使用、工伤发生率等情况在每个行业内确定若干费率档次。企业、事业单位、社会团体、民办非企业单位、基金会、律师事务所、会计师事务所等组织和有雇工的个体工商户应当依照一定的法律法规参加工伤保险,为本单位全部职工或者雇工缴纳工伤保险费。

(四)失业保险基金

失业保险基金是国家通过立法强制实行的,通过用人单位、职工个人缴费及国家财政补贴等渠道筹集资金建立起来的一种社会保险专项基金,具有强制性、普遍性和互济性。失业保险基金是失业保险制度实施的物质基础,失业人员的失业保险金、医疗补助金、丧葬补助金和抚恤金、职业培训和职业介绍补贴等事业保险待遇都来自失业保险基金。

(五)生育保险基金

生育保险基金是社会保险基金中的一个组成部分,是专门为生育职工支付有关待遇的款项,其主要作用是因为生育而暂时离开工作岗位的女职工支付医疗费用和生育津贴。生育保险基金是由参加统筹的单位缴纳的,职工个人不缴纳生育保险费,它按照"以支定收、收支平衡"的原则筹集资金,基金实行社会统筹。

第二节 社会保险基金运营

一、社会保险基金投资运营的内涵

社会保险基金运营,亦称社会保险基金投资运营,是指为实现社会保险基金的保值、增值,在保证安全的前提下,依照国家有关规定利用社会保险基金结余从事的投资活动。社会保险基金投资运营机制是指以社会保险基金为主而形成的包括基金运营的现状、配套条件、方式、模式以及监管在内的有机联系,其主体是基金投资运营的方式、模式以及监管。实质上就是对收缴上来的社会保险基金进行有效的投资组合,在确保其安全性和流动性的前提下,将基金进行投资运营,获得一定的收益。

社会保险基金的投资运营与其他基金相比,具有很多的特点。社会保险基金对资金的安全性要求较高,其关系到居民的基本生活水平以及社会的和谐稳定,因此,绝不能出现因盲目追求获利而致使基金贬值或有所损失而导致无法支付相关社会保险待遇的情况。同时,社会保险基金受法律明确的约束,社会保险基金意义重大,每个国家都会对其投资运营过程进行立法来控制投资的风险,包括对投资的工具、投资的品种、投资的比例等都有明确的限制。

二、社会保险基金投资运营的意义

社会保险基金通过合理的投资运营获得收益,可以弥补社会保险基金来源不足的问题,减轻企业(雇主)、被保险人、政府的负担;可以抵御市场通货膨胀所带来的风险,有助于减少社会保险基金的不合理积累问题;同时,还可以作为宏观经济的调控手段,促进一个国家或地区的资本市场的发展。

(一)有助于社会保险基金的保值、增值

社会保险基金投资所带来的收益是发展社会保障的物质基础和坚实后盾。积累实质性的保险基金主要依靠保险机构管好、用活已有的保险基金,争取投资盈利。在西方国家,投资收益成为有效社会保险基金积累的最重要来源。在物价水平上升与货币相对贬值的条件下,社会保险基金的购买力要保持稳定,就只有通过基金的投资运营获得收益并将相关收益充实到社会保险基金中去,才能有效应对市场通货膨胀带来的冲击,实现基金的保值、增值,增强社会保险基金的给付能力。

(二)有助于减轻国家、企业、个人的负担

当前,社会保险基金的来源除个人以外还包括各级政府和各类企业,随着社会经济的不断发展、人口老龄化问题的日益严重,人们的医疗、养老等保障需求将会越来越大,社会保险基金的支出压力将会不断增大,这在一定程度上加重了参保者、企业雇主、各级政府的经济负担。如果通过基金的投资运营可以实现基金的保值,社会保险参保人的福利就不会随时间的推移而下降;如果基金的投资运营实现了原始基金的增值,还可以使得参保者的福利水平提高,不仅可以降低参保者与相关雇主的参保负担,还可以有效缓解政府对社会保险财政支出的巨大压力。

(三)有利于完善资本市场,提高资金的使用效率

在发达的市场经济条件下,社会保险基金进入资本市场是资本市场本身发育的必要条件。统计显示,部分发达国家仅养老基金就占资本市场资金的 1/3 以上,可以说没有养老基金的投入,就不可能形成完善的资本市场。由于各种原因,我国的资本市场发展时间短,发育程度低,资金相对匮乏。如能将大部分社会保险基金投入金融或经营性事业,必然加快完善我国资本市场的步伐。此外,社会保险基金的运用,使其投资者成为资本市场的稳定力量和竞争对手,定将打破资本市场保持的原有平衡,给资本市场增添新的竞争活力。这不仅能增加经济增长所必需的资本投入,增大长期资本投入的比例,还有助于投资者实行稳健的投资策略,适时调整投资结构,加强和改善投资管理方法,提高投资质量和效益。

三、社会保险基金投资运营的原则

(一)安全性原则

社会保险基金投资的安全性原则是指保证社会保险基金投资的本金及时、足额地回收,并取得预期的投资收益。对社会保险基金来说,投资安全往往被认为是第一位的。但是,这并不是说社会保险基金投资不能有任何投资风险。一般来说,投资风险与收益相伴而生且呈现很高的正相关关系。预期收益越高,投资要冒的风险就越大;反之,没有风险的投资也是没有收益的,即使有也很少。所谓社会保险基金的安全投资应当是根据基金性质和收益需要预先确

定一种合适的风险与收益标准,在进行投资时,严格以此标准为依据,既不能为了追求过高的收益而冒很大的风险,也不能为了安全不顾收益。

(二)收益性原则

收益性原则也称盈利性原则,通过投资运营获得较高收益是社会保险基金投资的直接目的,因而在安全原则的前提下,追求理想的投资收益是社会保险基金投资的又一重要原则。因为只有满足了这一原则要求,基金才能保值、增值,进而达到增强社会保险基金实力,减轻国家、企业和劳动者个人社会保险费用负担的目的,在计算投资收益时有必要指出,社会保险基金投资经过一个周期后,收回资金大于投入本金,并不意味着该投资取得了适当的收益。由于通货膨胀因素的影响,收回资金在数量上大于本金并不等于真正实现了基金的保值、增值。必须比较同期基金投资收益率与通货膨胀率,当前者大于后者并扣除相应的管理费用后仍有剩余,基金才能真正实现保值、增值,否则,基金仅起到缓解贬值程度的作用。

(三)流动性原则

流动性原则是指为保值、增值而将基金投资的某一项资产,在其不损失原价值的条件下,能够随时可转化为现金的能力。社会保险基金由于给付的需要,要求能够迅速地融通、变现和周转。如果资金由于投资而冻结于某项固定用途无法脱手变现时,不仅无法应付财务的紧急需要,也有违设立基金和提留积累金的宗旨。所以,在投资时应有妥善的规则和精确的计算,考虑社会保险基金收入与支出数量变化的趋势,保障现款的额度和融通的灵活性。

(四)组合性原则

组合性原则即风险分散原则,要求不能把所有投资放在同一个项目或者同一个行业或者同一个地区,而是要考虑多样化的投资方式,形成一个有效的投资组合,这样才能有效地分散投资运营的风险,使社会保险基金的投资运营在总体上、长期性上、稳定性上安全增长。

(五)效益性原则

社会保险是政府社会管理职能的一个方面,属于政府行为,而政府行为具有很强的社会性与公益性,所以社会保险基金投资还应兼顾社会效益。凡能促进经济健康发展,与社会发展、人民利益密切相关的项目都可以考虑投资;反之,关系不大或无关的项目就要少投资或不投资,特别是在发展中国家,社会保险基金的投资最好能和整个国家的经济发展规划与社会发展计划结合起来,使之与国家前进的方向一致。

需要强调的是,诸如安全性、收益性、流通性等社会保险基金基本的投资运营原则,在社会保险基金实际的投资运营中往往很难同时得到满足。社会保险基金的投资运营应该在总体上体现社会保险基金的安全性原则,而在具体的投资项目与投资组合中再灵活体现以上的投资原则,以便在组合的投资收益中,既体现社会保险基金的安全性要求,也体现较高的投资收益与合理的流动性要求,从不同层面实现社会保险基金投资运营的效益性。

四、社会保险基金投资运营的渠道

(一)银行存款

银行存款是一种操作简单,几乎没有风险,但同时投资收益较低的投资渠道。银行储蓄存款多种多样,利率高低不同,同样多的资金选择的存款种类组合不同,其收益和流动性也就不同,因此可根据需要自由选择。但相比其他金融产品,它的收益较低。在物价比较稳定的条件下,这种投资既安全又能保值;在通货膨胀时期,银行实际利率低,甚至是负值,这种投资方式就难以保证基金增值。

(二)投资债券

债券是发行人按照法律程序发行并约定一定期限内还本付息的一种有价证券。它的投资特点是收益稳定,投资风险较小,特别是政府债券,风险极小。正因为如此,各国政府都会对社会保险基金投资债券做出最低限定。按照发行主体不同,债券可以分为国家债券、地方债券、金融债券、公司债券和国际债券。

1. 国家债券

国家债券是指政府根据有借有还的信用原则,为筹集政府资金而发行的债券。由于政府的信誉度高,还本付息的风险小,许多国家鼓励甚至限定对国家债券的购买。国家债券的主要特点有:一是体现了债权债务关系;二是固定利息回报和到期偿还本金;三是波动小,风险度低。因此,国家债券作为低风险的投资品种,一直受到社会保障基金的青睐。

2. 地方债券

地方债券是当地政府为支援所辖地区的经济发展与建设,筹集资金而发行的债券。地方债券的信誉仅次于国家债券。与国家债券相比,地方债券的发行面额较小,利率较低,主要为了吸引中小投资者,最重要的是地方债券免缴所得税,这是地方债券与公司债券的主要区别。

3. 金融债券

金融债券是由银行和非银行金融机构为筹集资金而向社会公开发行的一种债务凭证。其利率低于公司债券而高于地方债券和国家债券,这是因为金融机构的信誉度比国家低,而比一般公司高。

4. 公司债券

公司债券是由股份公司为筹资而发行的,向持有人承诺在指定时间还本付息的一种债务凭证,不同的公司债券的利率不同。依公司的信誉度高低而定。公司债券的信誉比国家债券要低得多,但比股票的保障程度要高许多。

5. 国际债券

根据发行债券货币种类与发行债券市场的不同,国际债券可分为外国债券和欧洲债券。外国债券是以发行市场所在国的货币为面值货币发行的债券;欧洲债券是指一国政府、金融机构、工商企业或国际组织在国外债券市场上以第三国货币为面值发行的债券,欧洲债券发行者多为大公司、各国政府和国际组织,它们一般都有很高的信誉,对投资者来说是比较可靠的。

(三)购买股票

股票是指股份有限公司发行的、表明其股东按其持有的股份享受权益和承担义务的一种金融产品。它具有变现性能良好、流动性较强、收益大,同时风险也十分高的特点。购买股票可以使社会保险基金保值、增值的空间变大,但同时承担的风险也大。由于股票的种类很多,如何确定具体投资方向是对投资者管理水平和金融技巧的考验;受托营运社会保险基金的各类金融机构能否在竞争中发展,在很大程度上取决于它们投资股票是否成功;由于投资股票风险大,许多国家对用社会保险基金购买国内、国外股票都规定了最高限额。

(四)可转换公司债

可转换公司债简称可转债,是一种介于公司债券和普通股之间的混合金融衍生产品,投资者具有在将来某一时间,选择是否按照一定的转换价格将可转债转换为公司普通股票的权利。可转债是一种企业债券,具有获得约定利息、在到期日收回本息的权利,还具有在一定条件下将债转化为股权的权利,因此可转债相对于一般公司债而言,具有多种选择权,而相对于纯粹的普通股而言,又具有一定的收益保证,是一种不可多得的兼顾收益与风险的金融工具。

(五)证券投资基金

证券投资基金是指由基金公司或其他发起人向投资人发行的收益凭证,将大众手中的零散资金集中起来,委托具有专业知识和投资经验的专家进行管理和运作,并由信誉好的金融机构充当所募集资金的信托人或保管人。投资基金由专家帮助理财,能够规避"非系统风险",稳健度高。与其他渠道相比,证券投资基金具有风险小、流动性强、变现性能好、收益高的优势。证券投资基金作为一种投资品种,其风险与收益介于债券与股票之间。由于社会保障基金对投资收益与风险防范的需要,许多国家社会保障基金有相当一部分是通过证券投资基金作为投资工具来分享资本市场的收益。

(六)不动产投资

不动产投资主要是指房地产投资,还包括公共基础设施建设,如水电、能源、交通等。房地产投资是指通过建设、购买等手段获得房地产而取得长期稳定的租金收入。由于租金的定价可消除通货膨胀的影响,房地产与股票一样,被认为是与工资相关联的、待遇确定的社会保险基金的适合投资组合的重要工具之一。

五、社会保险基金投资运营的模式

(一)社会保险基金运营模式理论基础

1. 投资组合理论

所谓投资组合,是指投资者为使其投资多样化以降低投资风险,选择市场上多个可投资项目(又称市场资产组合)进行投资所形成的投资项目的集合。投资组合理论是1952年美国著名经济学家马克维茨率先提出的,该理论认为投资组合的总风险由两类不同性质的风险构成:非系统风险和系统风险。非系统风险是指与投资组合中单个投资项目有关而与整个市场资产组合系统变动趋势无关的那部分风险;系统风险是指与投资组合中单个投资项目无关而与整个市场资产组合系统变动趋势有关的那部分风险。前者通过投资组合内投资项目的增多和多样化可以基本消除,而后者却不能。投资运营活动很重要的一个步骤是运用各种有效的投资分析方法找到风险和收益的最佳配比,也就是力图寻找一个多样化的、有效率的资产组合,使得任何一项或多项资产的组合在一定的风险水平上能够得到最大的预期回报,以便为投资决策提供基本的依据。

将投资组合理论应用于社会保险基金投资运营,要充分考虑其安全第一、收益第二的基本特点。投资的首要原则是保障资金在投资过程中的安全性,同时能够获得相应的收益。在投资工具上,要选择投资安全性较高、具有固定收益的项目,如国家债券;在投资组合上,要提高风险等级在可控范围内的金融工具;在投资比例上,要有合理的比例分配,这需要政府的政策限制。

2. 委托-代理理论

委托-代理理论主要研究委托人如何在利益发生冲突及信息不对称等不利因素的影响下通过调查、分析并制定出对自身最为有利的契约以实现利益的最大化。由于在委托-代理的关系当中,委托人与代理人的目标存在一定的差异,委托人的目标是不断增加自己的收益使财富得到迅速积累,而代理人则是追求自己的工资津贴收入的最大化,以满足自身奢侈消费的需求,同时还需要尽可能多的闲暇时间以利于自我休闲、娱乐。这种目标的分歧必然导致两者之间矛盾和冲突的存在。因此,有效制度的建立就势在必行。既能够实现委托人的利益追求,又能够实现代理人的自身价值。

委托-代理理论对于社会保险基金的投资运营能够起到借鉴作用。政府作为委托人想通过作为代理人的基金信托管理公司,按照前者使社会保险基金保值、增值的意愿及利益目标建立相应的投资模式,进行相关的投资运营活动。作为委托人的政府不直接参与社会保险基金的投资运营,而仅仅从作为代理人的基金信托管理公司获得基金的收益部分,同时按照相关的协议规定支付代理人相应的报酬。正常情况下委托人无法直接了解到代理人进行了何种投资,能得到的只是一些如基金的回报率等信息,因此,委托人的关键在于如何根据这些能够得到的信息来对代理人实施奖励和惩罚,使得代理人能够选择满足委托人要求的最优投资方式。由于社会保险基金的特殊性,其对于基金安全性的要求更是各项工作的重中之重,因此,对于基金信托管理公司利用社会保险基金进行的每一项投资计划都要由政府成立的专门监管机构负责审批和监督,对于风险系数较大的投资行为应当给予否决。

(二)国外社会保险基金投资运营的典型模式

总体来讲,社会保险基金的管理模式主要分为三类,即政府集中管理模式、私营竞争管理模式、混合管理模式。

1. 政府集中管理模式

国家政府利用强制性手段,把进行参保的人员部分收入以费或税的方式集中起来,形成中央基金进行公共集中管理,全国社会保障部门将直接对这部分的资金进行管理和投资运营,进而实现对社会保险基金的投资运营管理。日本的国民年金、新加坡的中央公积金以及中国的社会保险基金都采用了政府集中管理的模式。

1)日本社会保险基金的投资运营

在日本,社会保险基金的发展得益于政府的大力支持。为了保证对社会保险事业的控制和管理,日本政府逐步建立了一套庞大的社会保障组织机构。在中央,由厚生省统一负责社会保障事业管理。厚生省设立独立于其他局的社会保险厅,该厅专管厚生年金、健康保险等收支等级、结算和管理。

日本的基本养老基金的投资运营管理属于典型的政府管理模式,主要由政府部门管理运营,并纳入国家财政投融资体系。日本的养老金大部分用于长期投资和购买国债,小部分(一般为15%)用于比较灵活的投资运营和有利于受保人的福利事业。其主要优点体现在:由于政府统一调配管理养老保险基金,可以使基金的安全性得到保证,同时也有助于防止基金的分散流失;基金的运营计划是由国会决议的,可以防止基金被挪用、占用;统一管理基金使得基金投资与国家的产业政策紧密联系起来,从而可以促进资本市场的完善乃至经济的发展。

2)新加坡社会保险基金的投资运营

新加坡采取统一的中央公积金制度(central provident fund,CPF),通过采取国家强制性的储蓄积累模式(即基金的完全积累模式),进行中央公积金的筹集、管理与支付,其将养老、医疗、住房与教育等多重保障功能集于一身。根据《中央公积金法》的规定,中央公积金被分为四类账户,即普通账户、特殊账户、医疗储蓄账户和退休账户。普通账户内的公积金可用于购买房屋、支付保险、进行投资和教育支出;特殊账户内的公积金用于老年人消费、意外事故支出以及投资一些与退休相关的金融产品;医疗储蓄账户内的公积金可用于住院费用和经批准的医疗保险;退休账户的用途在于,雇员达到55岁时,在退休账户保留足够养老金的前提下,可将普通账户的公积金全部支取。

新加坡的中央公积金投资运营模式是典型的私有公营模式,政府完全掌握中央公积金的支配权与使用权,对中央公积金实行高度封闭式的管理。新加坡政府对中央公积金的投资有着严格的规定,无论是多渠道投资还是组合投资,必须保证中央公积金管理局持有75%的政府发行的有价证券,并在此基础上由其管理的中央公积金的会员可以将自有基金在扣除规定的最低保留存款后进行投资,最高可用额度达到个人缴纳公积金的80%。但是政府对个人部分的公积金的投资有更为严格的限制,仅可以在政府推出的六项投资增值计划中进行选择,具体包括中央公积金基本投资计划、增进投资计划、新加坡巴士有限公司股票计划、非住宅产业计划、教育计划和填补购股计划。

2. 私营竞争管理模式

国家将部分社会保险基金委托给专业的商业金融机构，这些机构在接受政府监管的条件下，对所委托的基金进行投资运营与管理。这些商业金融机构包括基金管理公司、商业银行、信托公司与保险公司等。

智利是采取完全私有化（即市场管理模式）的典型代表国家。智利 1980 年开始实行新的完全积累基金制度，推行养老个人负责制和基金运作市场化，强制建立养老保险个人账户。智利的《养老保险法》规定养老金的管理由私人机构实施，为此建立了专门的新组织——养老基金管理公司（AFP）。AFP 是私营性质的股份制公司，股东可以是法人，也可以是个人，但不能是官方机构。

从智利模式的运行来看，其特点在于：一是养老金管理私营化。智利首开先河地实行了由私营的养老基金管理公司对养老基金进行竞争性经营的管理模式。政府只负责监管制度运行，不再过多地参与制度本身的运行。二是政府监管间接化。尽管智利巨额的"养命钱"交由多个私营的 AFP 来管理，但政府并不做"甩手掌柜"，而是施行严格的、体系化的监管。三是资金运营资本化。智利的 AFP 将其管理的庞大的基金不是作为"储备金"性质的资金来管理，而是作为资本来投资，以期获得较好的回报，使基金保值、增值。四是基金投资限额化。智利对养老金基金的投向有着比较明确的限定，对养老金可投资于何种领域以及不可投资于何种领域有明确规定。

3. 混合管理模式

社会保险基金的投资运营过程中，根据基金的不同类别，既有政府的集中管理，也有私有化的市场管理，德国与美国的社会保险基金的投资运营就采取混合管理模式。

德国的养老保险体制普遍采取三支柱体系，第一支柱采用现收现付方式向全体公民提供最基本的（最低的）养老保险收益。第二支柱则是在第一支柱的基础上，由雇员所在的公司提供职业养老保险计划以提高养老保险收益的水平，保证退休者大体保持退休前的收入水平。第三支柱是个人自愿养老保险计划，也就是个人商业养老保险。这三个支柱支撑起一个完整的养老保险体系。

新的投资公司法对养老保险基金的投资结构做出了一些规定：投资于股票的比例为 21%～75%，具体比例由各养老保险基金计划灵活掌握；投资于房地产的上限为 30%；投资于流动资金的上限为 49%；投资于金融衍生工具则只限于套期保值目的，资产承受倾向风险上限为 30%。另外，养老保险基金投资还受到两条适用于所有基金的要求的限制：投资于一家发行公司的比例不能超过 5%；如果投资于证券的上限为 40% 的话，这一比例可提高到 10%。

上述社会保险基金投资管理模式的产生与发展都与所在国家的制度与现实紧密联系，在多数情况下这些国家的社会保险基金投资收益率都要明显高于同期的银行存款利率，他们在各自社会保险基金投资运营上的一些优秀经验值得思考与借鉴。

六、我国社会保险基金的投资运营

在我国,社会保险基金分为两个层次:一是中央政府掌管的"全国社会保障基金";二是地方政府掌管的"地方社会保险基金"。全国社会保障基金是中央政府单独设立的、用来作为全国各省社会保险基金收支缺口调剂的最后保障。地方社会保险基金则是对应于前述的"省级统筹"或"县(市)级统筹"的社会保险基金,它由各地方政府保管。

根据相关法律规定,全国社会保障基金的境内投资范围包括银行存款、债券、信托贷款、资产证券化产品、股票、证券投资基金、股权投资、股权投资基金等,境外投资范围包括银行存款、银行票据、大额可转让存单等货币市场产品、债券、股票、证券投资基金,以及用于风险管理的掉期、远期等衍生金融工具等。地方管理的社会保险基金的投资以养老保险基金的投资为主,各省、自治区、直辖市的养老基金结余额,可按照相关规定,预留一定支付费用后,确定具体投资额度,委托给国务院授权的机构进行投资运营。养老基金限于境内投资,投资范围包括:银行存款,中央银行票据,同业存单;国债,政策性、开发性银行债券,信用等级在投资级以上的金融债、企业(公司)债、地方政府债券、可转换债(含分离交易可转换债)、短期融资券、中期票据、资产支持证券,债券回购;养老金产品,上市流通的证券投资基金,股票,股权,股指期货,国债期货。其中,投资股票、股票基金、混合基金、股票型养老金产品的比例,合计不得高于养老基金资产净值的30%。

(一)我国社会保险基金投资运营的必要性

1. 日益严重的人口老龄化问题要求社会保险基金实现保值、增值

2020年第七次人口普查数据显示,2020年,大陆地区60岁及以上的老年人口总量为2.64亿人,已占到总人口的18.7%。我国自2000年步入老龄化社会以来的20多年来,老年人口比例增长了8.4个百分点。在"十四五"时期,20世纪60年代第二次出生高峰所形成的更大规模人口队列会相继跨入老年期,使得中国的人口老龄化水平从最近几年短暂的相对缓速的演进状态扭转至增长的"快车道",老年人口年净增量由21世纪的最低值(2021年出现)直接冲上最高值(2023年出现)。

越发严重的老龄化问题加重了我国社会保险基金的收支压力。大量劳动人口的减少意味着社会保险金的缴纳者减少,社会保险的筹措压力变大;同时,随着退休人口的快速增加,以前社会保障中"多人养一人"的优势可能会慢慢消失,社会保险基金的支出压力将进一步加大。国家统计局的数据显示,2020年,我国城镇职工基本养老保险基金第一次出现了支出大于收入、累计结余量相对减少的局面,城镇职工基本养老保险基金的累计结余从2019年的54623.3亿元下降到了2020年的48316.6亿元,下降了6306.7亿元,下降幅度达到11.55%。面对"银色危机",单靠社会保险基金的积累来支付只能是杯水车薪,要适应日益严重的老龄化问题,必须对社会保险基金进行合理、充分的投资运营,实现社会保险基金的保值、增资。

2. 存量巨大的社会保险基金增加了基金保值、增值的压力

城镇职工基本养老保险基金和基本医疗保险基金是我国社会保险基金最重要的两个组成

部分,也是收支占比最大的两种基金。根据国家统计局的数据,2016年,我国的社会保险基金累计结余为66349.7亿元,到2020年这一数字增加到了94378.7亿元,增长幅度达到42.24%;其中医疗保险基金的累计结余近五年都在上涨,从2016年的14964.3亿元上涨到2020年的31500亿元,增长幅度达110.5%;城镇职工基本养老保险基金的累计结余为48316.6亿元,相较于2016年的38580亿元,累计结余上涨了25.24%。庞大的社会保险基金累计结余量如果缺乏合理的投资运营手段,将存在很大的贬值风险,造成社会保险基金的资金流失,详见表4-1。

表4-1 我国社会保险基金收支与结余的基本情况　　　　　　　　　　单位:亿元

基金项目	2020年	2019年	2018年	2017年	2016年
社会保险基金收入	75512.5	83550.4	79254.8	67154.5	53562.7
城镇职工基本养老保险基金收入	44375.7	52918.8	51167.6	43309.6	35057.5
医疗保险基金收入	24846.1	24420.9	21384.4	17931.3	13084.3
社会保险基金支出	78611.8	75346.6	67792.7	57145.6	46888.4
城镇职工基本养老保险基金支出	51301.4	49228	44644.9	38051.5	31853.8
医疗保险基金支出	21032.1	20854.2	17823	14421.8	10767.1
社会保险基金累计结余	94378.7	96977.8	89775.5	77312.1	66349.7
城镇职工基本养老保险累计结余	48316.6	54623.3	50901.3	43884.6	38580.0
医疗保险累计结余	31500.0	27696.7	23440.0	19385.6	14964.3

(二)我国社会保险基金投资运营的现状

1. 投资运营方式更加多元,投资回报率稳步提升

2015年8月,国务院颁布《关于印发基本养老保险基金投资管理办法的通知》国发〔2015〕48号,对我国基本养老保险基金投资运营的方式、范围做了明确规定,基本养老保险基金的投资渠道变得更加多元化。在此之前,我国的基本养老保险基金还无法"入市",投资运营方式仅限于银行存款等渠道,投资运营方式单一,投资回报率较低,严重限制了养老保险基金的保值、增值。随着投资机制的不断健全,投资环境的逐渐成熟,我国社会保险基金的投资运营也取得了不错成效。全国社保基金理事会发布的2020年度社保基金年度报告显示,2020年,我国社保基金投资收益额3786.60亿元,较2019年的2917.18亿元增长近30%,投资收益率15.84%,远高于社保基金自成立以来的年均投资收益率8.51%,高于2019年14.06%的投资收益率,也超过2020年上证指数涨幅(13.87%),创2010年来新高。同时,《全国社会保障基金理事会基本养老保险基金受托运营年度报告(2020年度)》显示,2020年,基本养老保险基金权益投资收益额1135.77亿元,投资收益率10.95%,基本养老保险基金自2016年12月受托运营以来,累计投资收益额达1986.46亿元,年均投资收益率为6.89%。

2. 基本养老保险基金投资规模不大，投资收益有限

2020年，我国所有省份都启动了基本养老保险基金的委托投资工作。《全国社会保障基金理事会基本养老保险基金受托运营年度报告（2020年度）》显示，2020年末，委托省份基本养老保险基金权益为12312.05亿元，这一金额仅占2020年我国基本养老保险基金累计结余（城乡居民养老保险基金9758.6亿元和城镇职工养老保险基金48316.6亿元）的21.2%，基本养老保险基金的入市投资规模依然有限。

（三）提高我国社会保险基金运营效率的措施

1. 利用信息化技术优化业务流程，提升社会保险基金投资运营效率

当前社会保险基金中开展投资运营的主要是基本养老保险基金，面向数字时代，应着力依托数字技术实现养老金革命。通过大数据技术加强数据分析和预测能力，通过数字技术辅助政府相关部门进行决策，促使社会保险基金投资运营更加符合市场投资规律，在保障安全性的前提下提高资金投资收益率。

2. 提升社会保险基金的统筹层次以缩减重复预留资金规模

在我国，作为社会保险基金两个重要组成部分的基本医疗保险基金和基本养老保险基金的社会统筹层次都还较低，大多停留在省级统筹层面，医疗保险基金更是只初步实现市级统筹。由于各地经济发展差异较大，基金收支情况不同，较低的社会保险基金统筹参差不仅不利于基金投资规模的扩大，还会降低经济发达地区社会保险基金投资运营的积极性，所以必须提升社会保险基金的统筹层次，提高社会保险基金投资的规模效益，实现社会保险基金的保值、增值。

3. 优化投资运营流程，提高投资管理能力

在坚持安全性、流动性和收益性有机统一的指导思想下，不断提高基金投资管理能力，在风险可承受范围内尽可能提高收益水平。一是秉持责任投资和长期投资理念，改变过去片面强调基金安全性的投资取向。二是建立基金投资目标体系，提高投资绩效管理能力。三是建立基于风险调整后的投资收益评估系统，提高投资风险管控能力。

4. 加强投资监管和信息披露

针对当前养老保险基金投资管理存在的"内部人控制"问题，必须建立起有效的投资监管机制和信息披露制度，提高受托机构、托管机构和投资管理机构的自我约束力。健全、完善社会保险基金投资运营的监管体系、完善信息披露制度，充分发挥社会的监督功能。

第三节 社会保险基金风险预警管理

一、社会保险基金风险

社会保险基金在运行的过程中，涉及基金筹集、运营和支付等多个环节，同时也涉及基金

管理机构、参保人、经办机构、服务提供机构等多个利益主体。多环节与多利益主体交织在一起，由于各环节之间需要衔接与制衡，各利益主体之间的价值取向、行为方式等也并非同向，加之社会经济环境不断发生变化，这些因素都导致了在基金运行的过程中必然存在风险发生的概率。洞悉社会经济发展的基本趋势，根据社会保险基金的特点去识别、评估、防范潜在的基金风险，保障社会保险基金安全运行，对保障广大参保群体的利益至关重要，对一个国家社会的稳定与和谐至关重要。

(一)社会保险基金风险的内涵

社会保险基金风险是指社会保险基金在筹资、运营、支付等各个环节中，运行过程及结果与预期目标之间存在的负面差异，该负面差异会给基金涉及的相关主体造成利益损害。如在基金筹资的环节，过高的征收比率可能会给参保人造成经济负担，使得基金闲置浪费；在基金的投资运营过程中，由于投资管理不当，会导致基金出现亏损；在基金的支付环节，由于社会经济发展停滞或者人口老龄化等问题，会造成基金的收不抵支。社会保险基金风险贯穿于整个社会保险基金的运行过程中，影响着社会保险基金的安全与稳定，要确保各主体尤其是参保人的利益不受损害，就必须严格做好社会保险基金的风险管理。

(二)社会保险基金风险的特征

社会保险基金风险主要包含以下几个特征：

1. 风险的不确定性

这是风险最基本的特征，主要表现为不确定社会保险基金风险是否会发生、何时会发生、造成损失的严重程度。

2. 风险的复杂性

社会保险基金风险是一个复杂的风险系统，按照一般标准很难分类，它既包括纯粹风险（如道德风险），又包括投机风险（如投资风险）；既包括系统风险（如经济风险、金融市场风险），又包括非系统性风险（如操作风险）；既包括已经有所体现的显性风险（如基金贬值风险），又包括在未来某一时点才会显现的隐性风险（如基金投资风险）。

3. 危害性与负外部性

社会保险基金风险的危害性和负外部性大于一般风险，可能波及亿万参保人，影响社会稳定。在经济全球化背景下，社会保险基金风险的影响不仅局限于风险发生地，甚至可能通过国际金融市场波及其他国家，这种风险延展性加剧了风险危害性，也决定了风险应对的必要性和紧迫性。

(三)社会保险基金风险的分类

依据不同的标准可将社会保险风险进行不同的分类，如从社会保险基金运作过程来看，可分为筹资风险、投资风险、管理风险、给付风险；从金融角度来看，可分为市场风险、信用风险、流动性风险、营运风险、政治风险等；从内因和外因的角度来看，可分为内部风险和外部风险；从风险属性的角度来看，可分为自然风险和人为风险等。本书主要从社会保险基金运作过程的角度出发,综合考虑风险发生的领域及来源,将社会保险基金风险分为道德风险、筹资风险、投资风险、给付风险和流动性风险。

1. 道德风险

道德风险是从事经济活动的人在最大限度地增进自身效用的同时做出的不利于他人的行动,或者当签约一方不完全承担风险后果时所采取的使自身效用最大化的自私行为。以养老保险基金的道德风险为例,养老保险基金道德风险是基金的管理运营主体通过制度规定获得了稀缺性管理权限后,为了自身利益而产生的浪费基金资源、造成基金损失的行为。

2. 筹资风险

筹资风险是指筹集到的资金规模与预期数额不一致,出现筹资过多或者过少的现象,从而影响后续支付的顺利进行并严重损害参保人的权益。如基金参保规模过小、人为隐瞒基金征缴基数、基金的征收工作无法顺利开展等都是基金筹资风险的表现。

3. 投资风险

投资风险是当社会保险基金投资于金融市场时,由于市场供求不平衡引起市场价格(包括金融资产价格和商品价格)变化,造成基金收益偏离预期的风险,主要包括经济周期风险、利率波动风险、非预期性通货膨胀风险和汇率风险。

4. 给付风险

给付风险是指基金在给付的过程中出现程序不顺畅、支付困难和资金短缺的现象。给付风险会导致给付执行混乱、参保人权益受损。产生给付风险的原因复杂多样,并不仅仅与医疗保险基金的管理机构有关,以医疗保险基金的给付风险为例,其给付风险还受患者就医行为、医保支付方式、医疗服务价格、药品政策等因素的影响。

5. 流动性风险

流动性风险又称变现风险,是指社会保险基金变现困难或不能在期望或适当价格上实现变现,甚至需要通过借取外债以弥补现金缺口或低价变现,导致现金流不能满足偿付支出的需求,甚至被迫提前清算投资项目,使账面金额转化为实际损失。社会保险基金的长期投资工具(如不动产投资、基础设施投资和长期债券投资时)选择不当容易引发变现风险。

二、社会保险基金风险预警管理的内涵

风险预警是指某一主体根据其外部环境与内部条件的变化,对未来潜在的风险进行预测和报警。社会保险基金的风险预警管理是指基金管理的相关主体(参保人、基金管理机构、基金投资运营机构、保险服务提供者等)根据基金的外部因素(如社会经济发展、人口结构特征等)与内部条件(如基金收支情况、基金结余等)对社会保险基金未来潜在的风险进行分析、监测和报警的过程。对社会保险基金的风险预警管理并不是一个单一的环节,其贯穿于社会保险基金风险管理的各个环节当中,并有多元主体参与其中。

社会保险基金风险预警管理主要有三大职能:预报职能、矫正职能、免疫职能。预报职能要求对社会保险基金的运营、管理活动进行监测、识别、分析、判断,通过对社会保险基金管理

中某些情况可能引发的风险后果和承受风险的额度进行评估并发出风险预报。矫正职能属于主动性预防控制,主要是及时纠正社会保险基金运行过程中因结构、机制、行为甚至外部环境变化等造成的过失和错误,保障在纷繁复杂的社会环境、经济环境下实现社会保险基金安全性与保值、增值的均衡。免疫职能是指经过一次或多次风险预警过程之后所积累的经验、教训,能对以后社会基金运营管理中遇到的同类型、同性质的风险与危机演化过程进行成功预测和迅速识别。在社会保险基金风险预警机制构建中应该以预报为导向,以矫正为手段,以免疫为目的。

三、社会保险基金风险预警管理的原则

(一)客观公正原则

客观公正原则强调在风险管理的过程中必须严格按照科学的标准,实事求是、客观合理地确定考核评估结果。社会保险基金的风险管理主体应当真实地反映、描述风险事实,不能主观臆断、捏造事实。客观公正原则是社会保险基金风险管理工作落实的重要保证,是最基本的原则。

(二)系统性原则

社保基金风险管理应该贯穿全程,实现全覆盖,确保社保基金在运行的各个环节都能够得到细致入微的监管。风险管理的主体范围要全面,包含所有涉及的部门及下属单位、市场企业、职工个人、伤残弱势群体等众多主体;客体要涵盖各项业务和事项,包括养老、医疗、失业、工伤、生育等各项业务,以及社会保险经办机构业务办理环节、收支管理、日常会计核算等;风险管理的过程要渗透到决策、执行和监督所有过程。全面覆盖各方主体、客体、各环节的各种风险。

(三)事前管理原则

事前管理原则无论是在风险管理理论还是社会保险基金风险管理理论中,都占据着重要地位,将社会保险基金立足于预警防控,而非事后算账。社会保险基金风险一旦发生,严重的会导致社会保险基金的流失,这样尽管进行了纠错式管理,也只能对已经产生的损失进行补救。事前管理就是在风险还没有产生的时候就对风险的各方面内容加以预测,比如可能发生的时间、程度等,基于预防做出相应措施加以判断。

(四)制衡原则

制衡原则强调在实践的过程中各主体之间要相互监督、彼此牵制,最终实现利益平衡。相互制衡是建立和实施社会保险基金风险管理的核心理念,社会保险基金风险管理的机构设置及权责分配,应能做到相互制约与监督,主要体现为机构不相容、岗位不兼顾,减少滥用职权和串通舞弊的机会,将社保基金管理控制在合理范围内。

四、社会保险基金风险预警管理的流程

结合全面风险管理的一般步骤,可以将社会保险基金的风险预警管理划分为四个基本流

程。首先是定位基金风险管理的目标,其次是对基金的风险进行识别,然后是评估社会保险基金的风险,最后是实现社会保险基金的风险控制,四个流程依次递进并循环往复,如图4-1所示。

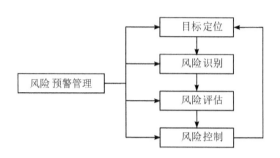

图4-1 社会保险基金风险预警管理流程

(一)目标定位

目标定位是全面风险预警管理的起点,应根据组织的风险容忍度、风险偏好和风险管理能力分别定位战略目标、经营目标、报告目标与合规目标。

(二)风险识别

风险识别是指根据特定对象所处的环境及其具体运行过程,运用各种系统的方法,连续、系统地分析各环节中可能存在的风险,并分析引发风险的因素和原因,这是社会保险基金风险管理的第二步,只有将风险识别和分析之后,才能为防范与化解风险打下坚实基础。风险识别既可以根据经验进行感知判断,又可以依据客观资料进行科学分析。常见的风险识别方法有生产流程分析、专家调查列举、风险树分解方法。

(三)风险评估

风险评估是指借助科学的方法定性或者定量测评指定风险所带来的影响或者损失的可能性,一般在风险发生之前或者发生之中进行。风险评估是对社会保险基金进行风险预警管理的承上启下的关键环节,它既是对风险识别的深化,也是风险处理的基础。常见的方法有风险因素导向分析法、模糊综合评价法、内部控制评价法、风险率风险评价法等。

(四)风险控制

风险控制是指根据风险评估的结果,通过采取一些具体的技术手段来防止社会保险基金风险的发生以及一旦发生风险,使损失结果最小化。具体的应对措施包括承受风险、降低风险、回避风险或分担风险。

五、社会保险基金风险预警管理的内容

(一)基金的收支平衡

"收支平衡,略有结余"是社会保险基金运行的最基本原则,也是社会保险基金风险预警最为关注的内容。对社会保险基金收支平衡情况的监测与预警可以从以下预警指标入手:①基

金入库率(实际入库金额/应征收金额、实际入库金额/全年预算收入)与时间进度(已用时间月数/12);②基金支付率(实际支出金额/全年预算支出、实际支出金额/实际收入金额)与时间进度(已用时间月数/12);③基金参保率(实际参保人数/应参保人数);④基金余额与基金结余率(基金结余额/实际收入总额)等,在风险预警管理的过程中要将各指标综合起来考察,同时重点监测社会保险基金结余率这一指标,将其细化成年度、季度、月度三项。

(二)基金的投资运营

社会保险基金投资运营的风险预警管理是社会保险基金风险管理的重要内容之一。随着金融市场、基金投资机制等的不断健全与完善,进入市场投资运营的社会保险基金会越来越多,投资运营的方式也会越发多元化,这无形中增加了社会保险基金风险预警的难度。基金投资运营的风险管理涉及多个环节,如基金投资规模的确定、基金投资机构与基金投资方式的选择、基金盈亏限度的设置等都是风险预警管理的重要内容。以基金投资规模的确定为例,在确定基金投资规模的过程中,充分的风险预警管理要求既要考虑基金的收支结余,也要考虑投资效益的最大化,要找到两者的平衡点,做到既不过分保守也不过分激进。

(三)政策与民意

社会保险基金是福利惠民事业,关系到社会广大民众的切身利益,要求基金管理者在制定政策时必须兼顾各方利益,以广大民众的利益为核心来规范各项制度。广大民众对社会保险基金相关政策的反响与认同度是基金风险预警的一项重要内容,需要设置民意警戒线,当民众对某一社会保险政策反应激烈时,就应该启动调研程序,顺应民意,修改完善相关制度。

第四节 社会保险基金测算案例

本书以 A 省城镇职工基本养老保险基金的收支规模预测为案例,详细阐述社会保险基金中养老保险基金的测算过程与主要方法。

一、总体思路

养老保险基金规模的测算分为基金收入测算和基金支出收入测算两部分。

基金收入根据资金来源不同,可划分为基金征缴收入和财政补贴收入,其中基金征缴收入为重点测算内容。基金征缴收入的测算,需要对当年缴费人数和人均缴费水平进行分析预测。财政补贴收入可根据历史数据进行测算。基金支出根据资金去向不同,可划分为基本养老保险基金待遇支出、丧葬抚恤支出和调整待遇支出,其中基本养老保险基金待遇支出为重点测算内容。基本养老保险基金待遇支出的测算,需要对当年养老金领取人数和人均养老金领取水平进行分析预测。丧葬抚恤支出、调整待遇支出可根据历史数据进行测算。养老保险基金测算总体思路见图 4-2(注:基本养老保险基金待遇支出即俗称的养老金支出,故本节的养老金领取人数即指基本养老保险基金领取人数,人均养老金领取水平即指基本养老保险基金人均领取水平)。

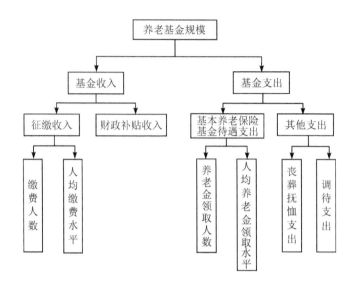

图 4-2 养老保险基金测算总体思路结构图

二、城镇职工基本养老保险基金收入测算

城镇职工基本养老保险基金收入测算总体思路如下面公式所示：

城镇职工基本养老保险基金收入＝城镇职工基本养老保险基金征缴收入＋财政补贴收入

＝∑分年龄段缴费人数×人均缴费水平＋财政补贴收入

(一)城镇职工基本养老保险基金征缴收入测算

城镇职工基本养老保险基金征缴收入的测算包括两方面内容：一方面是分年龄段缴费人数测算，另一方面是人均缴费水平测算。

1.城镇职工基本养老保险基金分年龄段缴费人数测算

城镇职工基本养老保险基金分年龄段缴费人数受到人口年龄结构、历史缴费人数的影响，因此根据各年龄段人口缴费特点，将缴费人群(16—60岁劳动人口)划分为3个年龄段：16—30岁人群、31—45岁人群、46—60岁人群。三个年龄段缴费人数的测算方法不同，其中16—30岁及46—60岁分年龄段缴费人数的测算考虑未来人口数量及缴费人数占比，31—45岁分年龄段缴费人数测算主要考虑上一年缴费人数及死亡率水平。

运用2016年A省城镇职工基本养老保险基金缴费总人数预测值和实际值对预测精度进行检验，2016年A省城镇职工基本养老保险基金缴费总人数预测值为4074807人，实际值为4081500人，相对预测误差比为0.16%，预测误差比小于1%，预测结果较为准确。运用该方法对2016—2025年A省城镇职工基本养老保险基金缴费总人数进行预测，经对不同年龄段缴费人数进行汇总，2016—2025年A省城镇职工基本养老保险基金分年龄段缴费人数及总人数预测结果见表4-2。

表 4-2　2016—2025 年 A 省城镇职工基本养老保险基金分年龄段缴费人数及总人数预测结果

年份	缴费总人数	16—30 岁缴费人数	31—44 岁缴费人数	45—60 岁缴费人数
2016	4074807	1324721	1699717	1050369
2017	4135197	1318907	1741852	1074438
2018	4178161	1281062	1808064	1089035
2019	4209956	1232894	1880226	1096836
2020	4235338	1147012	1985037	1103288
2021	4238208	1039225	2099347	1099636
2022	4239513	965782	2178585	1095146
2023	4205323	892101	2251991	1061230
2024	4170497	808182	2331800	1030515
2025	4144172	738552	2399227	1006394

总体来看,2016—2025 年 A 省城镇职工基本养老保险基金缴费人数先增后减,2016—2022 年 A 省城镇职工基本养老保险基金缴费总人数逐年上升,2023—2025 年 A 省城镇职工基本养老保险基金缴费总人数逐年下降;分年龄段来看,16—30 岁城镇职工基本养老保险基金缴费人数逐年降低,31—44 岁城镇职工基本养老保险基金缴费人数逐年增加,45—60 岁城镇职工基本养老保险基金缴费人数略有波动,2016—2020 年缴费人数逐年上升,2020 年后缴费人数逐年减少,见图 4-3。

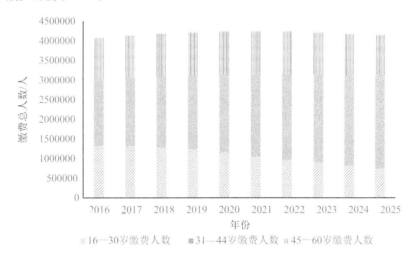

图 4-3　2016—2025 年 A 省城镇职工基本养老保险基金分年龄段缴费人数预测情况

2. 城镇职工基本养老保险基金人均缴费水平测算

人均缴费水平测算的基本思路是:在上一年人均缴费水平基础上,考虑各年人均缴费水平增长率。测算公式为

第 s 年人均缴费水平 = 第 $(s-1)$ 年人均缴费水平 × (1 + 人均缴费水平增长率)

由于城镇职工基本养老保险基金人均缴费水平 = 职工缴费工资 × 缴费率,政策规定缴费

率基本稳定,所以这里假定人均缴费水平增长率等于职工缴费工资增长率,而职工缴费工资增长率会受到GDP增长率的影响。因此本研究采用二次求导的思想,考虑GDP增长率的影响,利用2011—2015年A省职工缴费工资数据,预测人均缴费水平增长率。城镇职工基本养老保险基金人均缴费水平测算流程见图4-4。

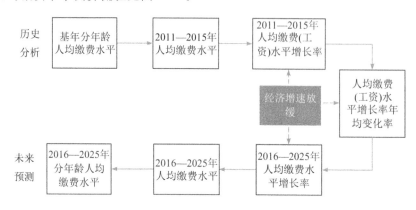

图4-4 城镇职工基本养老保险基金人均缴费水平测算流程

运用2016年A省城镇职工基本养老保险基金人均缴费水平预测值和实际值对预测精度进行检验,2016年A省城镇职工基本养老保险基金人均缴费水平预测值为11529.63元,实际值为11564.44元,相对预测误差比为0.30%,预测误差比小于1%,预测结果较为准确。运用该方法对2016—2025年A省城镇职工基本养老保险基金人均缴费水平进行预测。

预测结果显示,2016—2025年A省城镇职工基本养老保险基金人均缴费水平逐年上升,由2016年的11529.63元增长至2025年的24025.84元,平均增长率为8.7%。人均缴费水平增长率逐年下降,由2016年的10.49%下降至2025年的7.11%。2016—2025年A省城镇职工基本养老保险基金人均缴费水平及增长率预测结果见表4-3。

表4-3 2016—2025年A省城镇职工基本养老保险基金人均缴费水平及增长率预测结果

年份	人均缴费水平增长率/%	人均缴费水平/元
2016	10.49	11529.63
2017	10.05	12687.93
2018	9.62	13908.68
2019	9.21	15190.27
2020	8.82	16530.74
2021	8.45	17927.80
2022	8.09	19378.84
2023	7.75	20880.98
2024	7.42	22431.09
2025	7.11	24025.84

3. 城镇职工基本养老保险基金征缴收入测算

运用 2016 年 A 省城镇职工基本养老保险基金征缴收入预测值和实际值对预测精度进行检验,2016 年 A 省城镇职工基本养老保险基金征缴收入预测值为 469.8102 亿元,实际值为 472.0028 亿元,相对预测误差比为 0.47%,预测误差比小于 1%,预测结果较为准确。运用该方法对 2016—2025 年 A 省城镇职工基本养老保险基金征缴收入进行预测。

预测结果显示,2016—2025 年 A 省城镇职工基本养老保险基金征缴收入逐年上升,由 2016 年的 469.8102 亿元增长到 2025 年的 995.6721 亿元。2016—2025 年 A 省城镇职工基本养老保险基金征缴收入增长率逐年下降,由 2016 年的 13.59% 下降至 2025 年的 6.43%。2016—2025 年 A 省城镇职工基本养老保险基金征缴收入预测结果见表 4-4。

表 4-4　2016—2025 年 A 省城镇职工基本养老保险基金征缴收入预测结果

年份	基金征缴收入/亿元	基金征缴收入增长率/%
2016	469.8102	13.59
2017	524.6709	11.68
2018	581.1270	10.76
2019	639.5037	10.05
2020	700.1327	9.48
2021	759.8175	8.52
2022	821.5684	8.13
2023	878.1127	6.88
2024	935.4879	6.53
2025	995.6721	6.43

(二)城镇职工基本养老保险基金财政补贴收入测算

根据政策规定,城镇职工基本养老保险基金财政补贴收入等于在上年财政补贴收入的基础上,再加本年度较上年基金支出增加额的 40%。测算公式如下:

当年财政补贴收入=上年财政补贴收入+(当年基金支出-上年基金支出)×40%

运用 2016 年 A 省城镇职工基本养老保险基金财政补贴收入预测值和实际值对预测精度进行检验,2016 年 A 省城镇职工基本养老保险基金财政补贴收入预测值为 141.0523 亿元,实际值为 139.0863 亿元,相对预测误差比为 1.41%,预测误差比小于 2%,预测误差在可接受范围内。运用该方法对 2016—2025 年 A 省城镇职工基本养老保险基金财政补贴收入进行预测。

预测结果显示,2016—2025 年 A 省城镇职工基本养老保险基金财政补贴收入逐年上升,由 2016 年的 141.0523 亿元增长至 2025 年的 177.3711 亿元,政府财政补贴收入增长率自 2017 年起逐年下降,由 2017 年 4.87% 下降至 2025 年的 1.41%。2016—2025 年 A 省城镇职工基本养老保险基金预测结果见表 4-5。

表4-5　2016—2025年A省城镇职工基本养老保险基金财政补贴收入预测结果

年份	政府财政补贴收入/亿元	政府财政补贴收入增长率/%
2016	141.0523	2.09
2017	147.9282	4.87
2018	153.5462	3.80
2019	158.2962	3.09
2020	162.4108	2.60
2021	166.0401	2.23
2022	169.2867	1.96
2023	172.2236	1.73
2024	174.9047	1.56
2025	177.3711	1.41

(三)城镇职工基本养老保险基金总收入测算

城镇职工基本养老保险基金总收入主要由城镇职工基本养老保险基金征缴收入和财政补贴收入构成。

运用2016年A省城镇职工基本养老保险基金总收入预测值和实际值对预测精度进行检验,2016年A省城镇职工基本养老保险基金总收入预测值为610.8625亿元,实际值为611.0891亿元,相对预测误差比为0.04%,预测误差比小于1%,预测结果较为准确。运用该方法对2016—2025年A省城镇职工基本养老保险基金总收入进行预测。

预测结果显示,2016—2025年A省城镇职工基本养老保险基金总收入逐年上升,由2016年的610.8625亿元增长至2025年的1173.0433亿元,基金总收入增长率逐年下降,由2017年的10.11%下降至2025年的5.64%。2016—2025年A省城镇职工基本养老保险基金总收入预测结果见表4-6。

表4-6　2016—2025年A省城镇职工基本养老保险基金总收入预测结果

年份	基金总收入/亿元	基金总收入增长率/%
2016	610.8625	8.40
2017	672.5991	10.11
2018	734.6733	9.23
2019	797.7999	8.59
2020	862.5435	8.12
2021	925.8576	7.34
2022	990.8551	7.02
2023	1050.3362	6.00
2024	1110.3927	5.72
2025	1173.0433	5.64

三、城镇职工基本养老保险基金支出测算

城镇职工基本养老保险基金支出测算总体思路如下面的公式所示：

城镇职工基本养老保险基金支出＝ 城镇职工基本养老保险基金待遇支出＋丧葬抚恤支出＋调整待遇支出

$$= \sum 分年龄段养老金领取人数 \times 人均养老金领取水平 + 丧葬抚恤支出 + 调整待遇支出$$

（一）城镇职工基本养老保险基金待遇支出测算

城镇职工基本养老保险基金待遇支出的测算包括两部分内容：一方面是分年龄段养老金领取人数测算，另一方面是人均养老金领取水平测算。

1. 城镇职工基本养老保险基金分年龄段领取人数测算

城镇职工基本养老保险基金分年龄段领取人数受到人口年龄结构及历史养老金领取人数影响。养老金领取人数可分为两个年龄段：45—59 岁人群、60 岁以上人群。两个年龄段养老金领取人数的测算方法不同，其中 45—59 岁养老金领取人数的测算考虑未来人口数量及领取人数占比，60 岁以上养老金领取人数的测算主要考虑上一年养老金领取人数及死亡率水平。

比较 2016 年 A 省城镇职工基本养老保险基金领取人数预测值与养老金领取实际人数，进行预测精确度检验。2016 年 A 省城镇职工基本养老保险基金领取人数预测值为 193.1326 万人，实际值为 193.4200 万人，相对预测误差比为 0.14%，预测误差比小于 1%，预测结果较为准确。运用该方法对 2016—2025 年 A 省城镇职工基本养老保险基金领取人数进行预测，2016—2025 年 A 省城镇职工基本养老保险基金分年龄段领取人数及领取总人数测算结果见表 4-7。

表 4-7 2016—2025 年 A 省城镇职工基本养老保险基金分年龄段领取人数及领取总人数预测结果

年份	养老金领取人数	45—59 岁养老金领取人数	60 岁以上养老金领取人数
2016	1931326	646650	1284675
2017	1967260	659327	1307934
2018	2006220	681790	1324430
2019	2040390	708466	1331924
2020	2069932	721802	1348130
2021	2098624	754397	1344227
2022	2129194	763615	1365579
2023	2156090	751493	1404597
2024	2177510	750725	1426785
2025	2195770	750291	1445479

2. 城镇职工基本养老保险基金人均领取水平测算

人均养老金领取水平测算的基本思路是：在基年养老金领取水平基础上，考虑各年养老金领取水平增长率。测算公式为

第 s 年养老金领取水平＝第 $(s-1)$ 年养老金领取水平×(1＋养老金领取水平增长率)

根据 2010—2015 年 A 省数据分析,城镇职工基本养老保险基金人均领取水平调整与 GDP 增长率、社会平均工资增长率和居民消费价格指数(CPI)增长率相关,但不是简单的线性相关关系。因此,本书借鉴国际经验,运用养老金指数化增长预测方法,综合考虑 GDP 增长率、社会平均工资增长率和 CPI 增长率对城镇职工基本养老保险基金领取水平的影响,对各影响因素设定权重系数。测算公式为

人均养老金增长率＝GDP 增长率×30%＋社会平均工资增长率×30%＋CPI 增长率×40%

通过预测 A 省 GDP 增长率、社会平均工资增长率、CPI 增长率等影响因素,运用指数化计算公式,在基年数据基础上,预测 2016—2025 年 A 省城镇职工基本养老保险基金人均领取水平增长率。2016—2025 年 A 省城镇职工基本养老保险基金人均领取水平(即职工养老金人均领取水平)测算流程见图 4-5。

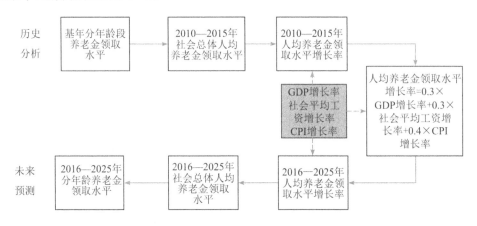

图 4-5 2016—2025 年 A 省职工养老金人均领取水平测算流程

运用 2016 年 A 省职工养老金人均领取水平预测值与实际值,对预测模型精确度进行检验可得,2016 年 A 省职工养老金人均领取水平预测值为 31492.92 元,实际值为 31260.00 元,相对预测误差比为 0.74%,预测误差小于 1%,预测结果较为准确。运用以上方法对 2016—2025 年 A 省职工养老金人均领取水平进行预测。

预测结果显示,2016—2025 年 A 省职工养老金人均领取水平逐年上升,由 2016 年的 31492.92 元增长至 2025 年的 50921.22 元;职工养老金人均领取水平的增长率逐年下降,由 2016 年的 5.882% 下降至 2025 年的 3.212%。2016—2025 年 A 省职工养老金人均领取水平测算结果见表 4-8。

表 4-8 2016—2025 年 A 省职工养老金人均领取水平测算结果

年份	GDP 增长率/%	社会平均工资增长率/%	CPI 增长率/%	人均养老金领取水平增长率/%	人均养老金领取水平/元
2016	7.51	8.75	2.51	5.882	31492.92
2017	6.66	8.35	2.43	5.475	33697.29
2018	5.91	7.98	2.35	5.107	35868.09

续表

年份	GDP增长率/%	社会平均工资增长率/%	CPI增长率/%	人均养老金领取水平增长率/%	人均养老金领取水平/元
2019	5.24	7.61	2.27	4.763	38041.17
2020	4.65	7.27	2.19	4.452	40179.85
2021	4.12	6.94	2.11	4.162	42307.65
2022	3.66	6.63	2.03	3.899	44455.02
2023	3.24	6.33	1.95	3.651	46667.47
2024	2.88	6.04	1.87	3.424	48850.46
2025	2.55	5.77	1.79	3.212	50921.22

3. 城镇职工基本养老保险基金待遇支出测算

运用2016年A省城镇职工基本养老保险基金待遇支出预测值与实际值，对预测模型精确度进行检验可得，2016年A省城镇职工基本养老保险基金待遇支出预测值为608.2309亿元，实际值为604.6407亿元，相对预测误差比为0.59%，预测误差小于1%，预测结果较为准确。运用以上方法对2016—2025年A省城镇职工基本养老保险基金待遇支出进行预测。

预测结果显示，2016—2025年A省城镇职工基本养老保险基金待遇支出逐年上升，由2016年的608.2309亿元增长到2025年的1118.1127亿元，城镇职工基本养老保险基金待遇支出增长率逐年下降，由2016年的9.59%下降至2025年的5.11%，预测结果见表4-9。

表4-9 2016—2025年A省城镇职工基本养老保险基金待遇支出预测结果

年份	养老保险基金待遇支出/亿元	养老保险基金待遇支出增长率/%
2016	608.2309	9.59
2017	662.9135	8.99
2018	719.593	8.55
2019	776.188	7.86
2020	831.6955	7.15
2021	887.8786	6.76
2022	946.5338	6.61
2023	1006.1925	6.30
2024	1063.7235	5.72
2025	1118.1127	5.11

(二)城镇职工基本养老保险基金丧葬抚恤支出测算

根据政策规定，城镇职工基本养老保险基金丧葬抚恤支出主要用于离休、退休、退职人员死亡丧葬补助费用及其供养直系亲属的抚恤和生活补助费用，可根据历史发展趋势进行预测。

利用 2010—2015 年 A 省城镇职工基本养老保险基金丧葬抚恤支出数据,构建灰色预测模型,对 2016—2025 年 A 省城镇职工基本养老保险基金丧葬抚恤支出进行预测。运用 2016 年 A 省城镇职工基本养老保险基金丧葬抚恤支出预测值与实际值,对预测模型精确度进行检验可得,2016 年 A 省城镇职工基本养老保险基金丧葬抚恤支出预测值为 22.2771 亿元,实际值为 22.0860 亿元,相对预测误差比为 0.86%,预测误差小于 1%,预测结果较为准确。运用以上方法对 2016—2025 年 A 省城镇职工基本养老保险基金丧葬抚恤支出进行预测。

预测结果显示,A 省城镇职工基本养老保险基金丧葬抚恤支出由 2016 年的 22.2771 亿元增长至 2025 年的 60.0068 亿元,丧葬抚恤支出年均增长率为 11.64%(2016 年除外),2016—2025 年 A 省城镇职工基本养老保险基金丧葬抚恤支出预测结果见表 4-10。

表 4-10 2016—2025 年 A 省城镇职工基本养老保险基金丧葬抚恤支出预测结果

年份	丧葬抚恤支出/亿元	丧葬抚恤支出增长率/%
2016	22.2771	9.71
2017	24.8699	11.64
2018	27.7645	11.64
2019	30.9960	11.64
2020	34.6036	11.64
2021	38.6311	11.64
2022	43.1273	11.64
2023	48.1469	11.64
2024	53.7507	11.64
2025	60.0068	11.64

(三)城镇职工基本养老保险基金调整待遇支出测算

城镇职工基本养老保险基金调整待遇支出可根据历史发展趋势进行预测。利用 2010—2015 年 A 省城镇职工基本养老保险基金调整待遇支出数据,构建一元线性回归预测模型,对 2016—2025 年调整待遇支出进行预测。

运用 2016 年 A 省城镇职工基本养老保险基金调整待遇支出预测值与实际值,对预测模型精确度进行检验可得,2016 年 A 省城镇职工基本养老保险基金调整待遇支出预测值为 2.5544 亿元,实际值为 2.6280 亿元,相对预测误差比为 2.80%,预测误差小于 5%,预测结果在可接受范围之内。运用以上方法对 2016—2025 年 A 省城镇职工基本养老保险基金调整待遇支出进行预测。

预测结果显示,A 省城镇职工基本养老保险基金调整待遇支出逐年上升,由 2016 年的 2.5544 亿元增长至 2025 年的 3.2570 亿元,调整待遇支出年均增长率为 2.74%(2016 年除外),2016—2025 年 A 省城镇职工基本养老保险基金调整待遇支出预测结果见表 4-11。

表4-11 2016—2025年A省城镇职工基本养老保险基金调整待遇支出预测结果

年份	调整待遇支出/亿元	调整待遇支出增长率/%
2016	2.5544	0.65
2017	2.6243	2.74
2018	2.6961	2.74
2019	2.7699	2.74
2020	2.8457	2.74
2021	2.9236	2.74
2022	3.0036	2.74
2023	3.0858	2.74
2024	3.1703	2.74
2025	3.2570	2.74

(四)城镇职工基本养老保险基金总支出测算

城镇职工基本养老保险基金总支出主要由城镇职工基本养老保险基金待遇支出、丧葬抚恤支出和调整待遇支出构成。

运用2016年A省城镇职工基本养老保险基金总支出预测值与实际值,对预测模型精确度进行检验可得,2016年A省城镇职工基本养老保险基金总支出预测值为633.0624亿元,实际值为636.7974亿元,相对预测误差比为0.59%,预测误差小于1%,预测结果较为准确。运用以上方法对2016—2025年A省城镇职工基本养老保险基金总支出进行预测。

预测结果显示,2016—2025年A省城镇职工基本养老保险基金总支出逐年上升,由2016年的633.0624亿元增长至2025年的1181.3765亿元,基金总支出增长率逐年下降,由2016年的9.55%下降至2025年的5.42%。2016—2025年A省职工养老保险基金总支出预测结果见表4-12。

表4-12 2016—2025年A省城镇职工基本养老保险基金总支出预测结果

年份	基金总支出/亿元	基金总支出增长率/%
2016	633.0624	9.55
2017	690.4077	9.06
2018	750.0536	8.64
2019	809.9539	7.99
2020	869.1448	7.31
2021	929.4333	6.94
2022	992.6648	6.80
2023	1057.4252	6.52
2024	1120.6445	5.98
2025	1181.3765	5.42

四、城镇职工基本养老保险基金结余测算

根据上述城镇职工基本养老保险基金总收入及基金总支出预测结果,计算2016—2025年

A省城镇职工基本养老保险基金当期结余及累计结余规模。预测结果显示,2016—2025年A省城镇职工基本养老保险基金总收入低于基金总支出,当期结余均为负值,基金当期收支缺口有所波动,年均基金当期收支缺口为10.52亿元;由于基金当期收不抵支,累计结余逐年减少,累计结余由2016年的407.446亿元减少至2025年324.4424亿。2016—2025年A省城镇职工基本养老保险基金结余预测结果见表4-13。

表4-13 2016—2025年A省城镇职工基本养老保险基金结余预测结果

单位:亿元

年份	基金总收入	基金总支出	当期结余	累计结余(不加利息收益)
2016	610.8625	633.0624	-22.1999	407.4461
2017	672.5991	690.4077	-17.8086	389.6374
2018	734.6733	750.0536	-15.3803	374.2571
2019	797.7999	809.9539	-12.1541	362.1031
2020	862.5435	869.1448	-6.6013	355.5018
2021	925.8576	929.4333	-3.5757	351.9261
2022	990.8551	992.6648	-1.8097	350.1164
2023	1050.3362	1057.4252	-7.0891	343.0274
2024	1110.3927	1120.6445	-10.2518	332.7756
2025	1173.0433	1181.3765	-8.3332	324.4424

需要注意的是,由于2014—2016年A省城镇职工基本养老保险基金结余发展波动情况较大,2015年较2014年相比出现负增长,增长率为-0.19%,2016年较2015年基金结余大幅上涨,增长率为14.12%。基金收支当期结余和累计结余预测情况对比见图4-6、图4-7。根据2010—2015年A省城镇职工基本养老保险基金结余发展趋势预测2016—2025年A省城镇职工基本养老保险基金结余情况为图4-6、4-7中虚线部分,根据2010—2016年A省城镇职工基本养老保险基金结余发展趋势预测2016—2025年A省城镇职工基本养老保险基金结余情况为图4-6、4-7中实线部分,两种预测结果差异较大。

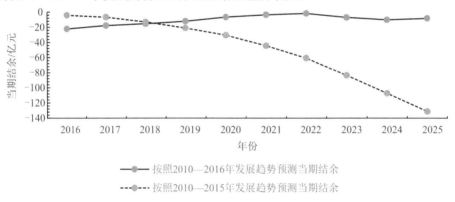

图4-6 2016—2025年A省城镇职工基本养老保险基金收支当期结余预测情况

图 4-7 2016—2025 年 A 省城镇职工基本养老保险基金收支累计结余预测情况

第五章 社会保险经办

第一节 社会保险经办机构

一、社会保险经办机构的内涵与外延

广义上,社会保险经办机构是指经法律、法规授权,由国家或社会对社会保险实行行政性、事业性管理的职能机构。我国设立社会保障行政管理部门专门管理养老保险、医疗保险、工伤保险、失业保险、生育保险等社会保险事务,它是贯彻落实国家社会保险政策的责任人。狭义上,社会保险经办机构是提供社会保险管理与服务的机构,负责社会保险登记、参保人员权益记录、社会保险待遇支付、提供保险咨询服务等工作。根据《中华人民共和国社会保险法》第七十二条,我国在统筹地区设立社会保险经办机构。社会保险经办机构根据工作需要,经所在地的社会保险行政部门和机构编制管理机关批准,可以在本统筹地区设立分支机构和服务网点。社会保险经办机构的人员经费和经办社会保险发生的基本运行费用、管理费用,由同级财政按照国家规定予以保障。

我国社会保险经办机构分为中央、省(自治区、直辖市)、市、县(区)四级机构,在乡、镇和城镇中的社区设立社会保险工作站。其中中央的社会保险经办机构(即人力资源和社会保障部社会保险事业管理中心)并不承担具体社会保险经办业务,主要是对地方社会保险经办机构进行业务指导,地方社会保险经办机构具体办理社会保险业务。

二、社会保险经办机构的法律定位

社会保险经办机构体制和立法定位决定着社会保险体系运行得是否顺畅,从而也决定着《中华人民共和国社会保险法》的实施效果。然而,我国以前的相关立法对于社会保险经办机构的法律定位尤其是社会保险经办机构性质和职能的法律定位并不明确,《中华人民共和国社会保险法》中也并未完全解决这一问题,现实生活中人们对于社会保险经办机构性质和职能的理解和看法也并不统一,关于社会保险经办机构的法律定位主要呈现以下三种观点。

(一)法律定位定性为行政主体

该观点认为社会保险经办机构的经办管理行为是在行使政府的行政组织管理权。其承担的职责是执行国家社会保险的政策法规,承担各项社会保险业务的具体经办工作。《中华人民

共和国社会保险法》将中央级别社会保险经办机构定位为"承担行政职能"的事业单位,但是未在法律上界定地方经办机构的地位。为了稳定干部队伍,调动经办人员的工作积极性,近半数以上的地方经办机构都参照公务员法管理,且根据《中华人民共和国社会保险法》的相关规定,绝大多数机构的经办费用由同级财政全额拨款。在目前参公管理的事业单位的定位下,经办机构在人员配备上多为行政管理干部,缺少具备精算、医学、审计知识的专业人才。

(二)法律定位定性为公共服务机构

该观点认为社会保险经办机构是独立于社会保险各级行政主管机构的一种公共事务部门,对参保单位、参保个人进行参保登记、资格审核、基金的收缴、稽核和管理、社会保险关系的转移接续、社会保险待遇的支付、社会保险费征缴以及对整个社会保险基金管理和对参保单位和个人提供各项社会化服务,将社会保险的相关制度递送给办事群众。

(三)采取中庸观点

该观点认为社会保险经办机构是以服务为主,但同时又具有部分管理职能的行政事业单位,是既具备行政管理的相关职能又承担着公共事务职责的行政事业单位。

三、社会保险经办机构的职能

《中华人民共和国社会保险法》中明确规定了社会保险经办机构的日常职能,具体包括以下十项。

(一)社会保险登记

根据《中华人民共和国社会保险法》第8条,社会保险经办机构提供社会保险服务,负责社会保险登记。《中华人民共和国社会保险法》第57条规定:"用人单位应当自成立之日起三十日内凭营业执照、登记证书或者单位印章,向当地社会保险经办机构申请办理社会保险登记。社会保险经办机构应当自收到申请之日起十五日内予以审核,发给社会保险登记证件。用人单位的社会保险登记事项发生变更或者用人单位依法终止的,应当自变更或者终止之日起三十日内,到社会保险经办机构办理变更或者注销社会保险登记。工商行政管理部门、民政部门和机构编制管理机关应当及时向社会保险经办机构通报用人单位的成立、终止情况,公安机关应当及时向社会保险经办机构通报个人的出生、死亡以及户口登记、迁移、注销等情况。"

(二)社会保险稽核

《中华人民共和国社会保险法》第58条第1款规定:"用人单位应当自用工之日起三十日内为其职工向社会保险经办机构申请办理社会保险登记。未办理社会保险登记的,由社会保险经办机构核定其应当缴纳的社会保险费。"

(三)社会保险个人权益记录

《中华人民共和国社会保险法》第74条第3款规定:"社会保险经办机构应当及时、完整、准确地记录参加社会保险的个人缴费和用人单位为其缴费,以及享受社会保险待遇等个人权益记录,定期将个人权益记录单免费寄送本人。"

(四)社会保险待遇支付

《中华人民共和国社会保险法》第73条第2款规定:"社会保险经办机构应当按时足额支付社会保险待遇。"

(五)社会保险咨询

《中华人民共和国社会保险法》第74条第4款规定:"用人单位和个人可以免费向社会保险经办机构查询、核对其缴费和享受社会保险待遇记录,要求社会保险经办机构提供社会保险咨询等相关服务。"

(六)公布和汇报社会保险基金相关情况

《中华人民共和国社会保险法》第70条规定:"社会保险经办机构应当定期向社会公布参加社会保险情况以及社会保险基金的收入、支出、结余和收益情况。"

(七)社会保险建档

《中华人民共和国社会保险法》第74条第2款规定:"社会保险经办机构应当及时为用人单位建立档案,完整、准确地记录参加社会保险的人员、缴费等社会保险数据,妥善保管登记、申报的原始凭证和支付结算的会计凭证。"

(八)受理有关社会保险的举报投诉

《中华人民共和国社会保险法》第82条规定:"任何组织或者个人有权对违反社会保险法律、法规的行为进行举报、投诉。社会保险行政部门、卫生行政部门、社会保险经办机构、社会保险费征收机构和财政部门、审计机关对属于本部门、本机构职责范围的举报、投诉,应当依法处理;对不属于本部门、本机构职责范围的,应当书面通知并移交有权处理的部门、机构处理。有权处理的部门、机构应当及时处理,不得推诿。"

(九)社会保险经办机构内部管理

《中华人民共和国社会保险法》第73条第1款规定:"社会保险经办机构应当建立健全业务、财务、安全和风险管理制度。"

(十)社会保险基金管理

社会保险基金是为了实现参保人的社会保险待遇,按照国家法律、法规,由缴费单位,或缴费单位及缴费个人按缴费基数的一定比例缴纳及通过其他方法筹集的专项资金。社会保险经办机构在法定范围内处理社会保险基金的收支、管理和运营并承担社会化管理服务工作。《中华人民共和国社会保险法》第8条对社会保险经办机构的职责进行了规定:"社会保险经办机构提供社会保险服务,负责社会保险登记、个人权益记录、社会保险待遇支付等工作。"

四、社会保险经办机构的特征

社会保险经办机构承担的是政府管理和服务的职能,因此具有以下特征。

(一)法定性

法定性是指社会保险经办机构的管理职能和地位是依法确定的,其机构由政府设置,行使相应的行政职能。社会保险经办机构依据法律法规行驶自己的权利,履行相关的义务。

(二)公共性

公共性是指管理组织身份的公共性。社会保险经办机构作为国家社会保险政策的执行机构,同样具有公共性,并体现为职能的公共服务性、人员行为的公务性、组织宗旨的公益性。社会保险经办机构负责的是公共物品的处理,这也是其公共性的体现。

(三)非营利性

《中华人民共和国社会保险法》第3条规定了我国社会保险制度的改革与发展的基本方针,社会保险是国家强制建立、面向全体公民的保障性制度。党的二十大明确了未来五年我国发展的主要目标任务,其中包括"多层次社会保障体系更加健全",并对健全社会保障体系做出战略部署,提出加快健全覆盖全民、统筹城乡、公平统一、安全规范、可持续的多层次社会保障体系。

(四)权威性

权威性是指社会保险经办机构在依法履行职责的过程中,依据参保者状态依法合规所做的决定,在没有被提请行政复议的条件下全部有效,均具有权威性。当社会保险经办机构所做的决定有差错时或在被提请行政复议的条件下,由社会保险经办机构自身依法纠错并重新做出正确决定,该决定同样具有权威性。

(五)信用性

信用性是指运行担保的国家信用性。从机制上看,社会保险经办机构负债运行,是广大参保者的债务人,必须以国家信用为依托;若没有国家信用作担保,难以建立制度权威。反之,其管理效能也直接牵涉国家信用。

(六)独立性

独立性是指管理组织系统的独立性,既独立于企事业单位以外,又与行政机关有相对区隔,或是完全独立,或是相对独立,且业务、队伍自成系统。这与社会保险经办机构的法律定位也有关。

(七)专业性

专业性是指机构设置的专业性,社会保险经办机构是专业分工的产物,其管理组织只有经过专业化的设置,才能有可靠的专业资质基础。经办管理是专业性极强的服务行业,其专业知识密集,学科门类多,专业技能多,专业管理工具多。

(八)信息化

社会保险经办机构创新发展的必由之路就是信息化。现代信息技术在提高信息采集、传输和处理效率的同时,也增强了社会保险经办机构的管理与服务效能,使得社保经办流程更加透明化、专业化、公平化。通过信息资源的开发和有效利用,能够进一步提升社会保险经办机构信息化能力水平,实现经办管理工作的科学化、专业化。

第二节 社会保险经办管理模式

一、国内外社会保险经办管理模式

(一)国外社会保险经办管理模式

国际上,德国最先制定和实施社会保险法。随后,很多国家也建立了社会保险制度管理模式主要有以下三种。

1. 政府直接管理模式

该模式的特点是政府统管所有社会保险事务,直接负责社会保险的征收、管理、发放等。政府不仅负责社会保障法规的颁布、政策的制定,还对社会保障运行过程实施监督,社会保障的具体业务由政府进行管理。这种管理模式具有强制性和普遍性的特点,因此有许多国家采取这种管理模式,其中包括美国、英国、爱尔兰、加拿大、澳大利亚、新西兰、日本、新加坡、马来西亚、印度、肯尼亚等。

2. 社会自治管理模式

该模式的特点是社会机构承担社会保险管理服务,各种具有法人地位的社会保险管理机构独立管理和自主经营社会保险基金,政府承担立法和监督职能,并通过国家预算形式进行必要补充。政府和非营利组织共同管理社会保障事务。政府主要负责颁布法规、制定政策和进行监督。政府成立一个统一的协调机构,负责协调全国社会保障事务,并指定一个或若干个中央政府部门实施全面统一监督。该模式带有浓烈的历史传承味道,以德国、法国等欧洲大陆国家为代表。法国社会保障基金监管的突出特点是行政管理与基金运营相分离,各尽其职。其社会保障日常管理由政府组织承担,政府对社会保障进行强有力的干预和控制,但社会保障费的征收和管理由社会保障和家庭津贴征收联盟负责,该联盟是具有公共职能的私营机构。

3. 商业化市场运作管理模式

该模式的特点是国家立法强制性实施个人全额缴费,并计入个人账户;社会保险基金管理私营化,基金征缴、个人账户管理、基金投资运营和待遇发放等职能由依法设立的专门基金管理理公司承担,政府对基金投资的全过程起监管作用并承担最终风险。新加坡社会保障的管理和实施由中央公积金局负责。以国家立法为前提,并在劳工部制定基本方针政策的基础上,中央公积金局负责日常管理工作,包括具体政策的制定,以及对一切事务性的工作进行具体操作。中央公积金局是一个独立的半官方机构,采用现代公司结构——董事会领导下的总经理负责制。董事会主席和总经理由劳工部任命。

从全球来看,各种社会保险管理模式都存在其优点和缺点,因此社会保险管理服务模式并不统一。每一个成功的社会保险管理模式都是各国根据其具体国情和发展目标来制定的。从管理服务工作角度来看,各国社会保险管理模式有三个共同特点:一是政府主导社会保险工作,设立专门机构,配备职业化队伍承办具体业务,其决策、执行和监督职能相分离;二是社会保险经办机构具有相同职责,承办社会保险事务,负责社会保险基金的筹集、管理和运营,负责保险待遇的支付工作;三是在政府直接管理社会保险模式中,社会保险经办机构多实行垂直管理,形成从中央到地方的统一专门工作网络。

(二)我国社会保险经办管理模式

我国社会保险经办管理模式受到各地区发展水平等影响,加之社会保险改革探索多"自下而上"进行,因此社会保险经办各地起步时间不同,发展有快有慢,致使社会保险经办管理模式呈现区域性的多样化特点。

1. 从管理权限划分

1)垂直管理

这种模式的核心是省级社会保险经办机构领导负责制,统管全省社会保险管理服务工作,负责全省社会保险经办机构统一调度、人员统一管理、经费统一划拨事宜。全省社会保险机构的人、财、物均由省社会保险经办部门统筹安排、统一管理。保险基金实行统收统支,全省实现了社会保险经办程序的系统化、规范化。目前,上海和天津两个直辖市实现了社会保险经办机构垂直管理,吉林、陕西和黑龙江等省实现了养老保险经办机构垂直管理。上海市在优化业务流程与规范经办管理方面进行了具有一定前瞻性、系统性的改革。按照"一级管理、二级经办、三级服务"的模式,通过市级中央数据库连接全市各经办网点,按时准确反映参保单位和个人缴费、待遇发放及咨询服务情况。

2)属地管理

这种模式的特点是分散管理、权力分散、呈扁平化治理结构。属地管理模式是指省、市、县每级均设置了行政管理机构、经办机构和监督机构,上一层次对下一层次主要是政策法规的领导和业务指导,不存在直接的行政隶属关系。即省一级管事、管人,不管经费或管事、管基金、不管人和经费。社会保险经办机构人员、经费由当地政府和社会保障行政部门负责管理,业务工作接受上级社会保险经办机构的指导。目前,我国大部分地区社会保险经办机构实行属地管理。

2. 从机构设置和职责分工划分

1)集中统一经办管理模式

这种模式的核心是将各项社会保险业务全部集中在一个管理体系中,省、市、县三级分别设立一个社会保险经办机构,五项保险实行统一参保登记。统一核定缴费基数,统一征收各项费用,统一检查稽核,统一实行待遇的社会化发放,统一建设资源共享的信息系统。

2)分类单一经办管理模式

这种模式的核心是按照险种或者按照业务管理环节设立多个社会保险经办机构,分别负责相关的社会保险管理服务工作。

3)统分结合经办管理模式

这种模式的核心是把特性相近或者联系比较密切的险种合并,实行相对集中的管理。即养老保险设立一个机构,不再按参保人群分设机构;医疗、工伤和生育保险设立一个机构,失业保险设立一个机构。

(三)社会保险经办管理信息化建设的意义

信息化是社会保险经办机构建设的必然走向,它支撑着整个现代社保经办体系,渗透社保经办管理工作的各个层面和环节。信息、物资、能源构成了现代社会发展的三大支柱,对社会经济和社保经办业务的发展意义重大。

1. 有利于优化社保经办流程

社会保险经办机构信息化的基础是系统论的科学方法和严谨科学的计算机系统管理,规范的业务管理流程和手段对经办业务的规范化必然有促进作用,具体表现在:优化业务流程,减少重复劳动,提高工作效率和服务质量;通过合理的办事流程设计来规范办事程序,做到各个环节相互制约且环环相扣,形成良好的办事秩序;通过严格而合理的权责和业务管理范围设置来规范管理权限;通过系统对操作流程的详细记录可以有效地进行监督管理。

2. 有利于提高经办工作效率和降低管理成本

社保经办工作涉及基金征缴、账户管理、财务管理、待遇核定、费用结算等,考虑到庞大的人口基数,这些管理工作基础数据庞大,而精确到个人的管理要求意味着精细而繁杂的大量计算,再加上信息存储时间跨度大,因此人工处理完全无法满足现代社保管理的需求。因此,通过信息化来实现社保经办工作势在必行,一方面可以提高工作效率,另一方面可以降低人工成本。

3. 有利于决策科学化和管理透明化

实行信息化管理服务,参保人员可以通过网络管理了解社保政策、查询个人账户情况、办理具体业务,使得整个社会保险经办在公众监督之下,更加透明化。同时,计算机管理系统可以根据各种科学方法对各项社会保险基金的收支平衡、费率调整、基金调剂等情况进行数据分析和测算,可以做到同时对比多种方案的利弊。此外,通过社保统计分析,可以了解参保人对社保政策法规的履行情况,了解社保基金的收支情况,并把这些信息反馈给国家社保决策机构,以调整相关政策、修订法规,从而实现准确测算、科学决策。

4. 有利于提升社保经办管理人员队伍综合素质

社保经办信息化对社保经办工作的模式、人力资源配置和具体工作方法都有着根本性的影响。在信息化社会中,对社保经办管理人员队伍的基本素质和业务技能结构提出新的要求,在适应信息化发展的过程中不断学习和掌握新的信息技术和业务技能,从而不断提升综合素质。

5. 有利于社保经办体系的协调运作和提高效益

通过社会保险信息化技术的支持,可以有效地将庞大的社会保险经办体系的各项数据和信息实现对接和共享,一方面可以节约大量资源,保证社保经办体系的协调运作,另一方面有利于社会保险经办体系整体效益的充分发挥。

二、社会保险经办管理模式信息化系统

社会保险经办机构在内部要加强联系、形成网络，在外部要外延沟通、达成互联，以做到信息共享，保证整体组织的高效运转。社会保险经办机构进行信息化建设的目标就是提升社会保险经办机构的公共管理和服务能力。因此，社会保险经办机构信息化是保持社保管理活力的必然选择，也是衡量社保管理与服务工作能力的标杆。

(一)内涵与外延

社会保险经办机构信息化是指以信息化网络、通信技术以及大数据、云计算等新兴技术为基础，依托国家人力资源和社会保障部制定的信息化发展战略、技术标准以及开发的相关信息系统，构建社会保险经办管理和服务的集成平台，实现各级经办机构信息流与业务流的同步运行、同步运转、同向运动，实现经办管理工作的科学化、专业化。通过信息化能力的评价，可以使上级经办机构获知下级经办机构的信息行为和信息化使用效益，同时通过信息资源的开发和有效利用，进一步提升社会保险经办机构信息化能力水平。社会保险机构信息化能力的形成是一个过程，包括管理理念具体化、信息系统规划、硬件建设、网络搭建、人才培训、系统升级、监督反馈、效益评估等过程。

信息化是社会保险经办机构变革性创新的必由之路。现代信息技术在提高信息的采集、传输和处理效率的同时，也使得社会保险经办机构的人员架构、业务架构和职能架构产生根本性的改变，给社保经办管理手段带来了变革性的创新。信息化能增强社保经办管理与服务的监督功能，使得社保经办流程更加透明化与公平化。从监督关系上看，信息化使得上下级经办机构之间、本级经办机构内部各部门之间以及经办机构与参保人员之间的沟通与监督更加顺畅、正规。从监督流程上看，信息化可以实现事先、事中、事后三方面的控制和监督，社会保险经办机构可以事先建立相对完善的标准化操作流程和严格的授权控制，使得社保经办流程程序化、规范化。

社会保险经办机构的管理和运行模式是社保机构信息化的基础，而信息网络技术本身仅仅是实现这些管理和运行模式的手段。社会保险机构信息化是一门发展的科学，随着新的实现手段和新的管理运行模式的发展而发展。社会保险机构信息化是通过技术集成实现信息能力一体化的过程，其核心在于信息系统集成和数据共享、共用，即通过XML(可拓展标识语言)技术实现社保数据集成，通过云计算等技术实现便民、高效的信息服务，通过数据挖掘、大数据等技术实现社保信息管理和为决策参考服务。社会保险机构信息化能力是一个系统能力，社会保险机构信息化建设是一个人机结合的多层次的系统工程，是将管理和运行模式、经办机构领导和工作人员的理念、领导决策、群众反馈等进行系统统筹的过程。

(二)社会保险经办管理信息化系统的发展

2000年4月，为推进国家社会保险经办信息系统标准化和规范化的进程，劳动和保障部牵头组织开发了社会保险管理信息系统核心平台一版，这个系统结构呈现了面向客户端/服务器的特征。在组织实施过程中比较注重系统的本地化工作，通过设计统一的信息结构标准，进

一步规范社保经办业务流程,很快就得到了地方社会保险经办机构的认同和推广应用,也得到了前台技术开发商的大力支持。截至 2001 年底,通过以点带面和试点推广等措施,全国大约有 100 个城市开始实施启用核心平台一版,标志着我国社会保险经办信息化应用进入一个大统一阶段。

2002 年 1 月,为适应新业务和新技术发展的需求,由社会保险核心平台研究院牵头组织开发社会保险管理信息系统核心平台二版。经过一年半的更新和测试,2003 年 7 月社会保险管理信息系统核心平台二版开始投入实施阶段,这个平台的结构是基于标准规范的 C/C/S 三层体系架构,应用对象主要面向于省级和地市级城市社会保险经办机构,功能涵盖了经办业务、基金管理、统计查询和决策支持等,并开通了 12333 电话咨询和网站在线服务,构建了国家、省、市三级网络、数据中心和资源库,扩大了社会保险经办业务的覆盖面。

2006 年 12 月,随着社会保险经办政策的不断变化,以及金保工程实施广度和深度的不断拓展,劳动和保障部结合新的业务需求和新兴信息技术,对社保核心平台业务体系和技术框架进行升级改造,社保核心平台三版已正式投入使用。社保核心平台三版是一个面向地级市社会保险业务管理的社保集成平台,从业务上吸纳了最新政策法规、优化了社保经办新流程,从技术框架和交互界面上应用了 XML 技术和信息集成技术,实现数据交换和系统本地化的跨越发展,从系统功能上集成了 7 个核心业务系统、3 个业务管控系统、技术支撑系统、安全系统和接口系统。

2019 年 9 月 15 日,全国统一的社会保险公共服务总门户——国家社会保险公共服务平台正式上线。全国统一的社会保险公共服务平台由国家社会保险公共服务平台和地方社会保险公共服务平台组成,地方平台包括实体窗口和信息平台。国家社会保险公共服务平台统筹建设公共服务门户,与国家政务服务平台对接,实现公共服务入口、运行调度监控、数据交换共享和业务推送支撑等功能,负责跨地区、跨部门、跨层级社会保险服务数据的汇聚共享和业务协同,为各地区信息交互提供通道和支撑。逐步实现数据向国家社会保险公共服务平台集中,创新引领数据应用,支撑宏观政策决策,经办数字化转型和业务创新发展。而地方社会保险公共服务平台是全国统一的社会保险公共服务平台的具体办事平台,主要依托省、市、县以及乡镇(街道)、村(社区)基层服务平台的实体窗口和信息平台办理业务、提供服务。线下实现"一门式""一窗式"服务;线上逐步通过省级集中统一的信息平台,提供"一网式"服务。纵向推进数据向上集中,服务向下延伸,实现"同城通办""异地可办";横向拓宽服务渠道,做好地方信息平台与政府政务服务平台、城乡社区综合服务平台的有效对接。

三、国内外信息化发展趋势

(一)国外信息化发展趋势

以经济合作与发展组织(organization for economic co-operation and development,OECD)国家为例,其在依托现代信息技术,在社会保险管理服务的业务拓展和办事效率方面值得我们借鉴。总体而言,国外社会保险经办机构信息化发展状况如下。

1. 加拿大社会保险综合服务网

加拿大开发了呈辐射状的全国联网服务网络,以负责国家社会保险项目的政府机构-人力资源开发部为中心建立了100个卫星分支机构,服务系统包括5000个类似银行自动服务程序的信息服务终端,全国被保险人群均可进入这些终端获取社会保险信息或得到加拿大职位空缺等其他信息服务,帮助求职者了解有关职业的学习机会和找到合适的雇主,21个中心交换电话服务网提供24小时服务,为用户提供职业保险和公共养老金项目的咨询服务。

2. 英国简化保险福利申请程序

英国社会保险部(clinical decision support system,CDSS)通过建立电话申请养老金、抚恤金程序,由社会保险工作部工作人员记录下来,然后输入档案,副本送达申请人签名后返回社会保险部,电话申请程序将表格填写错误率由40%下降到2%。它还设计出单一的、综合性电话档案代替过去申请不同保险福利要填写不同表格的做法,这种新型的客户集合档案包括被保险人的一般信息,当用户需要咨询服务或提出其他申请时,很快就能得到答复,避免了重复收集用户信息的做法,简化了办公程序。

3. 美国社会保险服务绩效反馈系统

美国社会保险管理局在改革行政管理系统的同时,开发绩效评定办法,确保对实现提高社会保险服务质量、降低管理成本的目标进行跟踪评估,作为社会保险管理理念的重要组成部分。例如,通过民意调查评估被保险人对社会保险服务的满意程度,包括服务礼貌程度、通信服务的清晰程度、被保险人第一次使用免费电话时5分钟内接通电话系统的百分比、第一次按时领到相关保险福利金的百分比、提出申请15日领到相关保险福利金的百分比等,这些调查结果成为向国会递交年度报告的一部分。

4. 乌拉圭社会保险管理现代化

乌拉圭社会保险银行是一个以社会保险受益人为中心的社会保险机构,以提高服务水平为宗旨,对乌拉圭的社会保险制度行政管理系统进行了彻底的现代化改革。在全国范围内建立了计算机网络信息传递系统,使地方、地区机构和设在首都蒙得维亚的总部之间的通信畅通无阻,大大提高了社会保险银行编辑、传达信息和有效管理社会保险基金的缴纳与偿付能力,促使社会保险的征缴面提高到95%以上,新的电话系统使社会保险银行与外界的交流每月应答10万个电话以上。乌拉圭社会保险银行还建立了养老金计划系统,可以将养老金直接划到受益人所在的金融机构,银行从确保保费缴纳率计算保险精算金额,到发放社会保险金的整个程序大大进行了简化。

(二)社会保险经办管理信息化发展方向

加快推进社会保险信息化建设、完善社会保障机制是加快我国电子政务工程建设的需要,也是全面满足人民群众需求的需要。我国要加大力度健全信息服务网络,实现计算机技术标准的统一。

在应用软件层面,应该统一使用依据人力资源和社会保障部制定的信息化统一标准所开发的社会保险信息核心平台,在进行软件本地化开发的时候,要做到基本信息内容的统一化、信息处理方式的统一化、界面风格的统一化、操作方法以及流程的统一化。在硬件设备与网络层面,应该按照人力资源和社会保障部的统一标准,实现各类硬件设备的统一化,实现每一个网络接口的统一化,实现数据信息传输手段的统一化,实现信息管理安全标准的统一化,逐步构建覆盖全国的信息网络服务平台,切实保证社会保险信息系统的时效性运行。同时,也要为支持各县区开展业务管理留下一定的余地,实现社会保险系统与医院信息管理系统、金融机构(银行)信息管理系统、各类单位(参保单位)信息管理系统的有效对接,最终使得每一名参保人员、定点医院、药店、各类型的社会服务机构、保险资金的社会化发放机构等的各类信息实现网络化、自动化、智能化采集与管理,使全部参保人员都可以在网络上实现信息查询,让广大人民群众得到最大的实惠。

第三节　社会保险经办体系发展趋势

一、社会保险经办体系发展历程

改革开放以来,我国社会保险经办体系经历了从初步构建到快速发展、逐步优化的过程,社会保险经办服务社会化水平不断提高。我国已基本建成从中央到地方、从城镇到乡村完整的社会保险经办服务网络,社会保险经办机构在专业化、标准化、信息化建设方面取得了长足进步,为我国社会保险事业的改革与发展做出了巨大贡献。

(一)初创时期

1951年国务院颁布《中华人民共和国劳动保险条例》,该条例明确指出中华总工会及各企业的基层工会组织是管理企业保险基金征集、保管和调剂工作的专业机构,这是我国社会保险经办体系发展的起点。1969年,财政部颁布《关于国营企业财务工作中几项制度的改革意见》,规定国营企业一律停止提取劳动保险金,企业的劳保开支改在营业外列支,企业养老保险基金不再统一筹集,各企业按照各自的需要筹集养老金费用,社会保险变成了企业保险,社会保险经办体系的发展进入停滞期。1978年,我国开始实行改革开放,社会保险制度也随之进行变革。1986年,国民经济和社会发展第七个五年计划提出"改革社会保障管理体制",标志着社会保险经办管理体制改革拉开了序幕。1986年7月,国务院颁布的《国营企业实行劳动合同制暂行规定》明确提出,"劳动合同制工人退休养老金由当地劳动行政主管部门所属的社会保险专门机构管理"。1987年,劳动人事部发布《关于设立各级退休费用统筹管理委员会的通知》,提出设立对退休费用统一管理的各级退休费用统筹管理委员会。至此,我国社会保险经办体系的发展方向得以确定,社会保险经办管理工作逐步由企业管理向社会化管理转变。

(二)规范化发展时期

20世纪90年代中后期以来,随着国企改革的深入和社会主义市场经济体制的确立,社会保障制度的改革与建设步伐明显加快,社会保险经办体系框架得以构建。1991年,国务院颁布《关于企业职工养老保险制度改革的决定》,明确社会保险管理机构的性质,即"非营利性的事业单位,经办基本养老保险和企业补充养老保险的具体业务,并受养老保险基金委员会委托,管理养老保险基金"。1993年,《中共中央关于建立社会主义市场经济体制若干问题的决定》提出我国社会保障改革的原则,要求社会保障基金经营与社会保障行政管理相分离。我国官方文件中有关"社会保险经办机构"的正式表述,最早见于1993年《国务院批转国家体改委关于一九九三年经济体制改革要点的通知》。1993年12月,劳动部成立了社会保险事业管理局,负责指导全国社会保险经办工作,这标志着我国建立起从中央到地方的社会保险经办工作体系。1994年通过的《中华人民共和国劳动法》从立法上明确了社会保险经办机构的法律地位和具体职能,这对于我国社会保险经办体系框架的构建具有标志性意义。1996年,社会保险事业管理局由经费自理改为经费全额拨款,体现了国家加快建设社会保险经办体系的决心。1997年,劳动部发布《关于印发社会保险业务管理程序的通知》,这标志着我国社会保险业务管理开始向规范化方向发展。1999年,国务院发布《社会保险费征缴暂行条例》,规范社会保险费的征缴工作,明确社会保险的征缴管理和监督检查等具体内容,将社保经费列入预算。2000年,劳动部社会保险事业管理局、民政部农村社会养老保险管理中心、卫生部全国公费医疗管理中心、人事部中央国家机关及其在京事业单位社会保险管理中心合并组建成立劳动和保障部社会保险事业管理中心,我国社会保险经办体系基本框架初步形成,进入规范化发展阶段。

(三)快速发展时期

党的十六大以来,我国社会保险经办体系进入快速发展时期。这一时期,国家开始重视社会保险经办能力建设,主要体现在两方面:一方面,国家开始构建社会保险经办服务网络。2002年,按照国家部署,社会保险管理服务体系由县以上中心城镇向基层延伸,在全国所有城市的街道和大部分社区建立了劳动保障工作平台。2009年,随着新型农村社会养老保险制度的建立,为适应城乡社会保险全覆盖的需要,社会保险经办管理进一步向乡镇和成建制行政村延伸,形成了完整的服务网络。另一方面,国家不断完善社会保险经办体制机制,开始重视社会保险经办的规范化、信息化、专业化工作建设。这一阶段,国家颁布出台了多部政策文件,不断完善和规范社会保险经办体系。例如:2004年,劳动和保障部社会保险事业管理中心发布《社会保险主要业务工作年度考核试行办法》;2005年,劳动和保障部发布《关于开展全国社会保险经办机构人员培训工作的通知》;2007年,劳动和保障部发布《关于印发加强社会保险经办能力建设意见的通知》。

(四)完善时期

2010年以来,我国社会保险事业处于蓬勃发展阶段,社会保险经办体系也随之不断发展完善。社会保险事业的发展对经办体系提出了更高的要求。2010年,全国人民代表大会常务委员会颁布《中华人民共和国社会保险法》,对社会保险经办机构的权责及社会保险基金的管理做出规定,社会保险事业发展步入法制化轨道。自2010年后,人力资源和社会保障部先后印发了《关于贯彻实施社会保险服务总则和社会保障服务中心设施设备要求国家标准的通知》《社会保险视觉识别系统》《关于加强社会保险精算工作的意见》《关于开展窗口单位改进作风专项行动的通知》等多部文件。总体上,这一阶段社保经办服务体系的目标是逐步实现依法经办、标准化经办、信息化经办和规范经办管理体制。2018年,中共中央发布《深化党和国家机构改革方案》,统一了社会保险费的征收主体,基本养老保险费、基本医疗保险费、失业保险费等各项社会保险费交由税务部门统一征收。2019年,全国所有地市实现签发应用全国统一标准的电子社保卡;同年,全国统一的社会保险公共服务总门户——国家社会保险公共服务平台正式上线,标志着我国社会保险服务向数字化、智能化、便捷化迈出了重要一步。2022年1月1日,企业职工基本养老保险全国统筹正式实施,推动养老保险制度改革进入系统集成、协同高效的阶段。2022年1月4日,全国第一张实时电子记账凭证诞生,实现基金"一本账"管理。同时,人力资源和社会保障部建立了业务中台的"大管控"模式,养老保险数据实现全国集中管理。2023年8月16日,李强总理签署第765号国务院令,公布《社会保险经办条例》,自2023年12月1日起施行,这标志着社保经办工作的法治化、规范化、精细化迈上新台阶,有利于提升社会保障治理效能,更好顺应人民对高品质生活的期待。

二、社会保险经办体系现状

随着社会保险事业的发展,我国社会保险经办服务的工作量与业务范围不断扩大。一方面,社会保险经办服务事业取得了显著成就,社会保险经办服务的效能和信息化、标准化水平得到了明显提升;另一方面,社会保险经办服务体系仍存在一些不足之处,需要加以改善。

(一)社会保险经办体系建设的成就

1. 社会保险经办服务网络初步建成

经过多年的发展,我国社会保险经办服务体系已基本形成以各级社会保险经办机构为主体、以银行等定点服务机构为依托、以基层服务为辅助、以信息技术为支撑的服务网络。在组织机构方面,我国已经构建起中央、省、市、县四级社会保险经办机构,并依托社区和村民委员会等基层自治组织设立了社会保障事务所,从中央到地方社会保险经办组织体系和服务网络初步建成。其中,社会保险事业管理中心为顶层机构,负责对地方社保经办机构的业务指导,制定总体规划、拟定经办标准、编制基金预决算草案等工作,不承担具体社会保险经办业务。而省级、市级、县(区)级社保经办机构的主要职责是执行社会保险政策、承办社会保险事务、管理社会保险基金、提供社会保险服务;以"金保工程"为载体,为参保人和企业提供保险登记、保险建档、权益记录、缴费申报等方面的服务,同时通过服务"外包"的形式与银行、邮政、信息技术公司等营利性组织合作,为参保者提供账户管理、信息技术支持等服务。作为社会保险经办体系基层服务网络的社区(村委会)社会保障事务所,其负责咨询、宣传、资格认证等工作。就经办系统的规模而言,各级社会经办服务机构的发展得到了相应管理部门的大力支持,人员编制数量和经办服务经费增加较快。

2. 社会保险经办服务成效显著

随着各项社会保险制度的快速发展,社会保险经办机构积极开展保险扩面工作,各项社会保险的参保人数快速增加。其中,基本医疗保险与基本养老保险参保人数增加最为明显,分别从2011年的47343万人、28391万人增加至2021年的136424万人、102872万人,增长幅度非常明显。社会保险经办效率和服务质量不断提升,群众满意度也在逐渐上升。

3. 经办机构的信息化服务水平不断提升

(1)我国社会保险信息化建设初具规模。自2002年"金保工程"建设以来,我国建立了中央、省、市三级网络,大部分省级单位实现了与中央社会保险数据中心的网络连接,各地级市也基本实现了与省级社会保险数据中心的联网,信息网络的应用范围逐步扩大,提升了基金管理的规范化和制度化水平,减少了基金经办过程中的人为干预。

(2)社保卡信息化不断完善,"一卡通"应用场景更为多元。截至2023年末,我国社保卡持卡人数达13.79亿人,其中9.62亿人同时领用了手机中的电子社保卡,同时社保卡将结合智慧城市和数字社会发展,进一步拓展在政务服务、交通出行、文化旅游、就医购药等民生服务领域的"一卡通"应用。

(3)咨询服务范围不断扩大,服务水平进一步提升。例如,"12333"电话咨询服务实现了地级城市全覆盖。目前,规范化、信息化、专业化的社会保险公共服务平台已经正式上线,经办服务效率得到了很大提升。

4. 社会保险经办服务标准化建设取得长足发展

随着社会保险基本制度框架逐步形成,国家加大了建设社会保险经办服务标准化的力度。2005年,《国务院关于完善企业职工基本养老保险制度的决定》首次将技术标准理念引入社会保险经办管理中。随后,《社会保障服务中心设施要求》《社会保险业务档案管理规范》等多部规范性文件陆续出台。截至2017年底,我国社会保险领域已颁布32项国家标准和行业标准,全国75%以上的经办机构统一了业务术语和服务流程,63%以上的经办机构的经办大厅实现了功能区域划分,56个社会保险标准化"先行城市"试点启动建设。2023年,人力资源和社会保障部发布《关于进一步健全人力资源社会保障基本公共服务标准体系全面推行标准化的意见》,提出以标准化推动基本公共服务均等化和人力资源社会保障事业高质量发展,社会保险经办服务的标准化体系建设得到了进一步发展。

(二)社会保险经办体系建设的不足

1. 经办机构基础保障能力不足

随着城市化的发展和老龄化进程的加快,社会保险基金的收支规模与保险业务范围不断扩大,社会保险的经办难度有所增加,社会保险经办服务的工作量成倍增长。相比之下,经办机构人员编制紧张且缺少技术型人才,经办人员的服务负荷比不断攀升。由于社会保险经办机构人员编制控制严格,一些地区的基层经办机构不得不采取雇用临时工的方式开展社会保险服务。由于经办机构的人手不足,经办服务质量往往难以保障。根据现有规定,社会保险经办机构所需经费列入财政预算,社会保险经办机构从社会保险基金中提取经办费用是被禁止的,然而,由于经办业务量激增,现行的财政拨款额难以保障经办机构的正常运营。因此,部分基层经办机构违规挪用社会保险基金的现象屡有发生,不利于基金管理的规范化发展,同时,社会保险的经办经费来源于地方财政,这极大地制约了社会保险经办管理向垂直化方向发展。

2. 社会保险经办服务供给渠道单一

当前,我国社会保险经办主要采用政府直接管理的模式,经办服务管理工作主要由参公或财政全额拨款的事业单位负责。社会保险经办服务机构直接提供服务保证了社保政策得以严格被执行,对我国社会保险的改革与发展起到了重要的推动作用,然而,直接供给模式也存在着提高服务效率内在动力不足的弊端。随着经办管理工作的压力和挑战不断增加,单一化的服务供给渠道是经办管理的质量和效率难以提升的一个原因。虽然经办机构将一部分经办业务外包给银行、邮局、信息技术公司等,但是,总体上社会保险经办服务供给中的社会力量参与不足,且未形成统一的规范化服务购买标准。在推动政府各部门简政放权的大背景下,社会保险经办服务还需要探索更加多样化的供给方式。

3. 社会保险经办服务体系标准化建设尚不完善

信息化是建设现代化社会保险经办体系的重要支撑,对于提升经办管理能力具有重要作用。当前,我国社保信息化建设尚处于起步阶段,虽然"金保工程"、社会保障卡的发放与功能优化等社保信息化工作不断推进并取得了较大成果,但信息化建设的水平和覆盖面均无法完全满足社会保险经办业务的需要,主要存在四个方面问题。一是全国社保信息化建设存在分散化建设、管理问题。与基本养老保险和医疗保险统筹层次较低的现状相对应,社会保险信息化系统的建设与管理集中于较低的经办层次,数据的标准和格式不一致造成信息化建设过程中的区域分割,为跨区域保险关系的转移接续带来不便。二是全国信息化建设不平衡。受经济发展水平的制约,城市社会保险经办服务机构信息化建设水平明显高于乡村,东中部社会保险经办信息化水平明显高于西部地区。三是社会保险经办体系与政府其他部门的信息共享未实现、网络互联互通不畅。四是社会保险信息系统建设存在安全隐患,主要体现在软件开发与维护方面。在经办信息化建设起步阶段,信息系统的开发与运用往往同时进行,对外部计算机商业公司的过分依赖导致社保核心数据存在安全隐患。

三、我国社会保险经办体系的发展趋势

(一)社会保险经办系统信息化建设水平逐步加深

信息化建设是社会保险经办机构能力建设的关键环节,高质量的社会保险经办服务体系需要加强信息化建设。一是要努力推动信息系统向更高层次集中。为了适应以基本养老保险为代表的社会保险统筹层次逐步提高的要求,应当全面推进信息系统一体化建设的进程,由国家牵头对经办信息系统进行统一开发,以解决各地社保信息化系统分散化所导致的数据接口不统一的问题。二是在网络技术飞速发展的当下,应积极推动"互联网+"与社会保险经办工作融合,引领社会保险经办工作转型升级,全面推行网上查询、申报、缴费、资格认证等"电子社保"新模式。三是要加快建立部门之间的信息交流平台,不断扩大数据共享范围,以提升经办部门的信息处理能力。四是要加快推进"金保工程"向乡镇、社区延伸,构建覆盖基层社会保险经办服务机构的多级网络信息系统,提升乡村地区的经办信息化服务水平,使社会保险经办机构"记录一生、保障一生、服务一生"的经办目标得到全程化的信息支持。五是要提高对社保大

数据的分析应用能力,通过大数据更好地管理社保基金。

(二)社会保险经办机构的保障能力不断增强

随着社会保险经办管理工作量的快速增加,在现行经办条件下单纯地依靠财政资金支付经办管理费的模式难以持续。从开源角度看,借鉴国外经验从社会保险基金中列支经办经费是一种可行的思路。考虑到《中华人民共和国社会保险法》规定"社会保险经办机构人员经费和经办社会保险发生的基本运行费、管理费由同级财政按照规定予以保障",为了减少改革阻力和制度混乱,建议人员工资仍由财政负责,而其他经办管理经费则从社会保险基金中列支,如经办机构的信息化网络建设费用。经办信息化水平的提升会相应地减少对经办人员数量的需要,能提高经办的效率与质量,长期而言能减少社会保险经办的管理成本。从节流角度看,随着社会保险制度逐步统一和经办手段更加多样化,我们应当积极整合社会保险经办机构,提高办公场所的利用效率,避免重复建设。最后,应当构建经办机构人员编制、经费与业务量联动增长机制,适度地增加编制额,以提高对人员与经费的保障能力。

(三)社会保险经办机构购买服务的途径不断完善

在市场经济体制逐步完善的背景下,社会保险经办机构应积极探索经办管理服务供给的新途径,改变单一由经办机构提供服务的模式。例如,探索外包类模式在社会保险经办服务管理中的应用,将部分社会保险经办机构的非核心业务交由第三方组织承办,以实现经办机构的公共目标与社会力量专业化优势互补。在经办服务外包的过程中,应当明确经办服务的责任主体是经办机构,要合理地划定购买服务的范围,通过建立监督咨询机制保障服务购买的质量,同时,应当注意经办机构购买服务的潜在风险,避免竞争性购买带来的服务质量下降问题,以及单一性购买导致的购买成本难以控制和形成固定化的附属雇佣关系等问题。

(四)社会保险经办体系建设标准化

标准化建设是社会保险经办服务体系建设的重点。2009年国家成立全国社会保险标准化技术委员会,负责社会保险经办服务、管理和评价等领域的标准化工作,各地也在不断地探索社会保险经办服务的标准化建设,并在经办标准化方面取得了一定的成绩。2023年人力资源和社会保障部印发的《数字人社建设行动实施方案》提出,要深入推进社保经办数字化转型,而社保标准化是数字化转型的基础,这说明在新的发展阶段标准化建设仍然是社会保险经办服务体系建设的重点。当前我国社会保险领域已颁布多部国家和行业标准,但社会保险经办服务体系在机构设置、信息化系统建设、业务操作流程、经办服务质量标准判定及档案管理等方面依然存在较为明显的标准化缺失的问题。一方面,国家社会保险经办服务标准化的指导文件尚不全面;另一方面,更重要的是,当前颁布的标准化文件均为推荐性标准,其对地方经办机构缺乏有效的约束力,导致产生基层社会保险经办单位对文件贯彻执行不到位的问题。

因此,我们应当重视如何有效地推行经办服务标准化,可从两方面入手。一是构建标准化建设激励机制,对于标准化建设突出的经办服务点可考虑适当地增加管理经费,同时将标准化建设成绩纳入经办机构人员绩效考核体系中。二是针对经办标准设计与实际业务发展需要相互脱节的问题,可选择合适的基层经办机构作为试点,在试运行中不断地总结经验,以此提高标准化指标与实际业务的契合度。

第六章 社会保险监督

第一节 社会保险监督体系

社会保险监督是社会保险体系的有机组成部分,加强对社会保险的监督管理,是社会保险体系正常运行的前提条件,对实现社会保险的功能具有重要意义。我国社会保险监督是由内部监督和外部监督组成的全方位、多元化监督体系(见图 6-1)。内部监督包括基金征缴关口监督、基金支出关口监督、基金管理关口监督,外部监督包括人大监督、行政监督、社会监督、司法监督。社会保险监督贯穿于社会保险业务经办的全过程,是对社会保险经办规程的检查。社会保险监督常用的方法有检查核对法、抽查法、面询法、网上社会保险监督法等。通过监督可以对经办操作进行实时监控审查,及时发现经办过程中的疑点,依据相关资料追查经办操作的依法性、合规性。

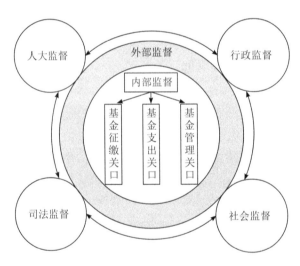

图 6-1 社会保险监督体系

一、内部监督

社会保险内部监督是指社会保险经办机构内部监督部门对社会保险经办管理及操作情况的合规性、准确性进行检查,防范经办风险的业务活动。依据社会保险经办、业务环节,内部监督的主要内容有社会保险登记监督、缴费申报核定监督、养老保险待遇支付监督、医疗保险待遇支付监督、失业保险待遇支付监督、工伤保险待遇支付监督、生育保险待遇支付监督、财务管理监督。一般情况下,社会保险内部监督程序主要分为准备、实施、审理、终结四个阶段。

(一)基金征缴关口

基金征缴关口的内部监督要求社会保险经办机构认真核定参保对象、缴费基数和缴费比例等,不断健全社会保险费用征缴机制,确保社会保险基金应收尽收。同时,要依法按时足额征收各项社会保险费,用人单位未按时足额缴纳社会保险费的,要告知单位限期缴纳或补足社会保险费用,否则将严格按照社会保险法规定加收滞纳金。征收的社会保险费用全部存入收入户,并及时上缴上级部门基金收入归集户。

(二)基金支出关口

基金支出关口的内部监督要求严格按照各项社会保险待遇支付政策,加强对社会保险基金支出工作的内部审计。要求社会保险经办机构严格审核支付条件和程序,规避多支、错支风险,并积极完善支付流程,所有支付进行线上支付,做到每笔支付有痕迹、能跟踪,以确保基金的安全运行。若发现贪污、截留、挤占、套取、挪用社会保险基金的行为,要按干部职工管理权限及时移送纪检监察机关调查处理。

(三)基金管理关口

基金管理关口的内部监督要求社会保险经办机构严格实行社会保险基金收支两条线管理,按险种单独建账,分账核算,专款专用。会计科目设置使用要规范,会计处理应当及时准确,并保证业务流与基金流相匹配。岗位人员配置要合理,按照不相容岗位相分离原则,分别设立财务管理、业务经办、信息管理、内审稽核等岗位。财务人员应当具备专业的技术水平,并按照不相容岗位相分离原则,分设会计、出纳、管理等工作岗位,确保人员分工明确,职能交叉制约。要严格落实按月对账制度,坚持社会保险财务与业务、会计与出纳、社会保险与税务、财政、银行按月对账制度,做到账账、账证、账表、账实相符。要严格管理印章、票据、密钥,财务印章、专用票据应当由专人保管,个人名章、网银密钥由本人保管,待遇发放所需印鉴和网银密钥要做到分人保管、相互监督。严格执行社会保险基金计息和保值、增值规定,加强与银行的沟通协调,保证各险种收入户、支出户、财政专户的活期存款利率和定期转存利率能够执行优惠利率。

二、外部监督

社会保险外部监督是指由社会保险经办机构外部机构或个人对社会保险制度进行监督和检查,确保社会保险基金合法、合规使用,保障参保人权益的行为。外部监督对于社会保险制度的运行具有重要意义,是确保社会保险制度合法、合规运行,保障参保人权益,提高社会保险制度公信力,保障社会经济秩序,促进社会公平正义的重要手段。

(一)人大监督

人大监督是国家法定授权的监督,是最高层级的监督。各级人大对社会保险基金的监督是保证社会保险基金安全完整的重要方式,也是人民行使监督权的集中体现。作为国家的最高权力机关和立法机关,全国人民代表大会及实行社会保险统筹的地方人民代表大会应加强对包括社会保险基金在内的整个社会保障基金的立法监督。其基本职能是:向本级人大及人大常委会提议制定包括社会保险基金在内的有关劳动和社会保障的法律、地方法规;对劳动和社会保障法规、规章、地方规章进行立法审查;对社会保障预算的编制和执行进行监督;对整个社会保障基金的运行情况进行检查;督促政府审计部门加强对社会保险基金的审计工作并向社会及时公开社会保险基金审计报告;受理有关社会保险基金的投诉和举报;等等。社会保险基金主动接受人大监督,置于"阳光"下,不仅有助于社会保险基金更安全、更规范地运行,而且强化了政府对社会保险基金的"兜底"责任。

(二)行政监督

行政监督是社会保险基金监督的重要内容。行政主管部门监督为主、行政专项监督为辅的行政监督体系是我国目前社会保险基金行政监督体制的基本架构。各级劳动保障行政部门负责对本行政区域内养老保险基金、医疗保险基金、失业保险基金、工伤保险基金、生育保险基金以及通过其他合法方式筹集的社会保障专项资金的行政监督工作。人力资源社会保障行政部门依法履行下列社会保险基金行政监督职责:一是检查社会保险基金收支、管理情况;二是受理有关社会保险基金违法违规行为的举报问题;三是依法查处社会保险基金违法违规问题;四是宣传社会保险基金监督法律、法规、规章和政策;五是法律、法规规定的其他事项。

行政监督部门有权查阅、记录、复制被监督单位与社会保险基金有关的会计凭证、会计账簿、财务会计报告、业务档案,以及其他与社会保险基金收支、管理有关的数据、资料,有权查询被监督单位社会保险信息系统的用户管理、权限控制、数据管理等情况。有权询问与监督事项有关的单位和个人,要求其对与监督事项有关的问题进行说明、提供有关佐证。有权对隐匿、伪造、变造或者故意销毁会计凭证、会计账簿、财务会计报告以及其他与社会保险基金收支、管理有关资料的行为予以制止并责令改正;有权对可能被转移、隐匿或者灭失的资料予以封存。

(三)司法监督

社会保险基金的管理与运营中,司法审计部门作为监督的一个子系统,最具有独立性,因为它与社会保障部门不存在直接的关系,仅仅是依法行使审计监督的权力。审计监督是一种法律效力较强的外部监督,主要包括当地审与上级审,它是审计监督在内外互相制衡方面的体现,其目的是保证社会保险基金的安全与完整,充分发挥社会保险基金的经济效益与社会效益。

司法监督的主要内容有:一是对社会保险基金预决算进行审计监督。其中,决算审计监督的内容是:经批准的社会保险基金预算和财务收支计划是否严格执行,有无超预算、超计划问题;预算和财务收支计划的调整是否按法定程序报经审批;年度决算和财务报告及有关的会计报表、会计账簿、会计凭证是否真实合法,并报经财政部门或上级主管部门审批;等等。二是对社会保险基金内部控制制度的审计监督,包括内部控制制度的建立、健全和有效程度。其内容为:财务管理的规章、制度是否健全;财务和内部审计机构是否健全,能否有效地发挥核算监督和控制作用。三是对社会保险基金收支涉及的一系列内容的审计监督,包括对社会保险基金的核定收缴、对付、上解、储存、拨付、调剂、使用,到基金的运营、保值、增值等状态进行全面的审计监督。四是对社会保险机构财务收支的一系列内容的审计监督。社会保险基金资产是独立于社会保险经办机构、社会保险基金投资管理人和托管人的资产。因此,应对社会保险基金与社会保险经办机构的财务分别建账、分别核算。五是对参加统筹的用人单位与社会保险有关事项的审计,包括参加社会保险在职职工和享受社会保险待遇的人数及花名册的真实性;享受各项社会保险人员条件、待遇的合法性;等等。

(四)社会监督

社会监督是社会保险监督的有效补充,使其在"阳光下运行",对社会保险基金的收缴、管理和使用进行监管和约束。社会保险基金的社会监督主要是指各级政府社会保险监督委员会的监督和社会保险基金监管机构开设的举报电话、受理来信来访等监督形式。社会保险经办机构应当按季度向社会保险监督委员会汇报社会保险基金的收支、管理和投资运营情况。社会组织和舆论机构必须具有相对的独立性,不能依附于政府,在实施社会保险基金社会监督时应该以施加压力、游说、提供咨询意见和信息情报等方式来影响政府决策和社会保险政策法案的制定。为了保障社会保险基金社会监督权利的实现,国家权力机关必须提供支持机制,加强社会保险信访机构和举报机构的建设,并及时处理相关检举和控告,加大处罚力度,防范社会保险基金违法情况的发生。

社会保险基金涉及亿万劳动者的切身利益,不仅工会、企业团体、社会舆论对社会保险基金应享有监督批评权,广大参保劳动者也应享有监督批评权。但从总体上看,在中央、地方政府的各个层次上,还没有普遍建立起社会保障的社会监督机构,已有的社会监督机构所能发挥的监督功能十分薄弱,形同虚设。首先,社会保险基金立法应当明确规定社会团体对社会保障基金经办机构的法定监督权,并对社会团体参与监督的方式、途径做出具体的规定,以形成社会团体监督的网络。其次,明确规定用人单位和参保劳动者有权就社会保险基金的征缴、管理、投资和支付享有查询、调查、批评、检举、控告和要求赔偿的权利。最后,赋予新闻媒体对社会保险基金进行监督的权利,充分发挥新闻舆论对社会保险基金运行的监督作用。

延伸阅读

社会保险舆情管控的必要性

随着国家社会保险事业的不断完善和强力推进,公众越来越关注自己的社会保险权益,尤其是通过网络媒体、软件工具等途径来咨询求助的人员更是与日俱增。每当国家新出台一个社会保险政策,在大众媒体和相关部门还没有宣传时,就会迅速引起老百姓的反应或评论,大家会通过互联网传播对于该政策的认知,并在态度、情感上有行为倾向。因此,面对全新的网络平台与社会保险舆论环境,在正确认识网络舆论的特点、把握传播规律的基础上,我们要健全网络舆情预警机制,积极疏导,有效化解,采取积极应对措施对社会保险舆情进行必要的管控和引导。

首先坚持处理突发事件要有大局意识。应对网络突发事件不能与现实问题脱钩,解决问题第一位,舆论引导第二位。公众到网上诉求,本意并不是为了让事情乱传、讹传,而是想深入、及时、准确地了解政策,解决好、维护好自己的利益。因此不能简单地通过删帖、沉帖等方式消除网上的不良言论,而是要积极引导,及时从网上舆论趋势发现现实中的问题并予以解决。在顺利解决了现实中的问题后,更要及时到网上发布有利的消息,通过公司新闻、新闻发布会等形式开诚布公地向公众告知办理的结果。正确、及时处理每一个参保人员的权益,要充分、全面考虑到其他人员的利益和整个地区的利益平衡。

其次,要健全网络舆情预警机制。紧紧把握"发现在早,处置在小"的原则。社会保险中心为了切实提高网络舆情的监控和应对能力,及时、准确地掌握并发布有关信息,掌握、引导舆论的主动权,最大限度地避免网络舆情对企业发展的负面影响,指定专人负责对网络舆情进行预警监测。及时对舆情监控平台采集到的负面网络舆情信息进行人工判读,对负面舆情做出准确判断。这种机制对于及时处理参保人员的问题,争取时间、争取主动引导具有重要的意义和作用。在网络舆情监测预警环节,技术层面已经不存在问题。但从根本上讲,要警惕"技术决定论"的自我安慰,不能存有那种反正出事了有技术部门处理的心态,着重从制度建设上解决现实问题。

再次,要注重对舆论参与对象的引导。从公众参与主体来看,普通成员和意见领袖对舆论传播的作用是不同的。意见领袖是指在人际传播网络中经常为他人提供信息,同时对他人施加影响的"活跃分子",他们在大众传播效果的形成过程中起着重要的中介或过滤作用,如加工与解释、扩散与传播等,由他们将信息扩散给受众,形成信息传递的两级传播。因此,在对舆论参与对象的引导中,要对不同的对象采取不同的策略。对于普通大众,则应该态度端正,及时进行对话。

最后,要注重对网络议题的引导。社会保障与每一个人的生、老、病、死息息相关,哪一个方面处理不得当都会给个人身心及企业的稳定发展造成不同程度、不同层面的伤害,因此社会保险部门要很谨慎地对待每一个参保单位和参保个人的每一个问题。同时,在社会保险网络舆论引导中除注意把握传播过程、参与主体外,还要根据议题的特点和焦点,因势利导。治本之策是真诚、切实、及时地解决现实突发事件本身,最大限度地平息民众的不满,分散其关注度。对于暂时无法妥善解决的事件,则要开诚布公地向民众进行解释,以尊重民意的态度和积极行动的姿态来取得民众的谅解和支持,再适时把注意力引导到其他关系民众利益的议题上。这也有利于提高企业的公信力和社会凝聚力。

第二节 社会保险监督内容

一、社会保险监督的目的

社会保险监督的目的主要有以下几方面:

(1)维护国家社会保险政策的贯彻执行,保障社会保险的正常运行,预防社会保险管理的各种风险。

(2)及时分析、综合反映和评价社会保险管理、运行状态与预期标准的偏差,及时分析研究偏差产生的原因及可能带来的损害,为政府制定和实施社会保险管理政策提供可靠的信息和依据。

(3)通过社会保险监督能有效地制止和纠正违法、违规行为,增强社会保险管理运营机构的自我约束力。

二、社会保险监督的原则

(一)法制性原则

社会保险基金行政监督是在法律、法规基础上政府管理社会保险基金的一种形式。法律赋予监管机构法律地位、权威和职责。监督机构必须依照法律、法规独立行使行政监督权力,不受其他部门和个人的干预,以确保监督的严肃性、强制性、权威性和有效性。

(二)有效性原则

作为一项监督制度,最主要的是要考虑该制度制定后可能的实际效果,也就是说制度制定的出发点应当是能否真正起到监督作用,从而提高被监督者自觉履行职责的比率。所以,制定监督制度必须首先以有效性为基本目标和基本守则,如果缺失了这一点,任何制度都不可能起到监督的作用。

(三)公正性原则

监督机构应实事求是,以客观事实为依据,以法律、法规为准绳,综合运用行政、经济和法律手段,对经办机构及有关机构的基金管理行为予以监督检查,公正地履行监督职能。监督机构按照公开原则,提高执法的透明度,对监督主体、对象、目的、手段和程序进行统一规范,使被监督者充分了解自己的权利、责任和义务,自觉地依照法规和政策管理基金。

(四)全面性原则

从经济学和社会学常识可以得知,无论是人还是组织,通常都会自觉地趋利避害。对于被监管者而言,它一定会倾向于规避法律、逃避责任,想尽办法使自己尽可能少支出而多收入,使自己获得最大限度的利益。基于这样的判定,监督制度也必须要自成体系,形成一个完整的监督链条,在每一个环节都要做到有据可查、有法可依,任何一个小的环节的疏漏和缺失都可能会导致整个监督体系的失效或者使监督效果大打折扣。因此,在制度设计环节必须遵循全面性原则,确保每一个环节都有监督、都能监督,否则是不能起到监督作用的。

(五)经济性原则

监督是有成本的,它可以表现为经济成本、资源成本和政治成本,在这一点上大家是有共识的。然而对于怎样实现监督的经济性,恐怕少有人进行过研究,或者说从制度制定时就要考虑制度的监督成本和收益的核算问题。如果监督的成本远远大于因此而获得的收益,那么,这种监督是低效甚至无效的,应当考虑采用其他的方法来解决问题。因此,无论是在制度设计伊始还是在制度执行过程中,都必须时时进行经济测算,使制度的执行成本远远低于收益,唯有如此,才能真正发挥监督的作用,提高监督效率,节约社会资源,增进监管者与被监管者的互利互惠。

(六)谨慎性原则

监督机构应按照基金流动性、安全性、效益性三大原则合理设置有关监督指标,进行评价和预测,最大限度地控制风险,促进管理运营机构自我约束基金的运作行为。监督机构必须进行谨慎监管,谨慎地定论与处理,做到宽严适度,创造一个良好的监督管理环境。

三、社会保险监督的特点

(一)权力分工与制约

对权力进行分离并加以制约,是政策监控机制有效运行的保证。制约是为了防止发生权力过于集中和膨胀、权力不受监督和制约、滥用职权和产生腐败、破坏民主集中制等问题。社会保障政策监控的效率源于政事分开,应将社会保障立法、执法和监督相分离,各个环节相互协调、相互分工、相互制约,以提高监督效率。

(二)法制化和独立化

法制化和独立化是完善我国社会保障政策监控机制的基本方向。社会保障监控必须以法律为依据,应当通过法律规定赋予监控机构一定的法律地位、职责和权力,使监控机构不受其他部门和个人的干涉,能够独立、规范地行使监控权力,从而使监控更具独立性、权威性、强制性和有效性。

(三)日常监督与中长期预警监控相结合

社会保障政策监控机制包括日常监控和预警监控。社会保障政策监控机制不仅要注重微观的日常监控,而且还应当注重长期的、宏观的预警监控,以防止社会保障危机的出现。

(四)充分把握社会保险的动态性

充分把握社会保险的动态性即关注与社会保险密切相关的宏观因素。社会保险作为一种制度安排和一个有着复杂内容的系统工程,离不开所处的社会、经济、政治乃至人文环境。由国内外的经验教训可知,不管在当时的历史条件下,社会保险政策的制定是多么合理,运行是多么规范,监管是多么有效,但随着社会经济及与社会保险相关因素的不断发展变化,社会保险政策依然可能导致不良后果。因此,对于社会保险的动态性和政策的影响性必须充分把握,关注与社会保险密切相关的各种宏观因素,如人口老龄化的状况、国内经济发展状况、社会保险管理的有效性、社会保险立法的健全程度、世界经济形势的变化、对失业率的控制水平等。

社会保险监督的目的、原则与特点如图 6-2 所示。

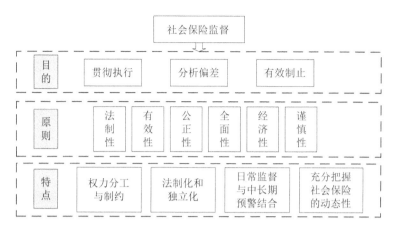

图6-2 社会保险监督的目的、原则与特点

四、社会保险监督的对象

社会保险监督是指由国家行政管理部门、专职监督部门以及利害关系者对社会保险管理者的管理过程及结果进行评审、鉴定,以保证社会保险管理符合国家有关政策、法规,并最大限度地保障被保险人的利益。社会保险监督的对象主要包括两大主体:一是对用人单位和个人遵守社会保险法律、法规情况的监督。二是对社会保险基金管理机构的监督。

对用人单位和个人的监督主要包括对缴费行为和待遇申领的监督。对缴费行为的监督是指有无少报参保人数、少报工资总额、故意少缴或不缴费;有无通过虚构个人信息、劳动关系,使用伪造、变造或者盗用他人可用于证明身份的证件,提供虚假证明材料等手段虚构社会保险参保条件、违规补缴。对待遇申领的监督是指有无通过虚假待遇资格认证等方式,骗取社会保险待遇;有无其他以欺诈、伪造证明材料等手段骗取社会保险待遇。

对社会保险基金管理机构的监督主要包括对基金征缴、基金支出和结余基金的监督。对基金征缴的监督是指经办机构征缴的保险费是否及时、足额缴入收入户管理,有无不入账,是否搞体外循环或被挤占挪用;收入户资金是否按规定及时、足额转入财政专户;等等。对基金支出的监督是指经办机构是否按规定的项目、范围和标准支出基金,有无多支、少支或不支,有无挪用支出户基金;受益人有无骗取保险金行为;等等。对结余基金的监督是指有无挤占挪用基金、动用基金的行为;结余基金收益状况,是否合理安排存期以追求收益最大化;是否按规定及时足额拨入支出户;等等。

第三节 社会保险监督方式

一、按监督者与被监督者的相对时间划分

按照监督者与被监督者的相对时间划分,监督方式可分为事前监督、事中监督和事后监督。

(一)事前监督

事前监督是指在某种公共行政管理活动开展之前,监督部门围绕公共行政管理主体的行政行为进行的监督检查,也就是对基金的筹集严格监督。对企业少报、漏报企业职工工资总额、少报参保人数和拖欠社会保险基金的现象,要加大治理力度。

(二)事中监督

事中监督是指行政法制监督主体根据本地区、本部门的实际需要,依法对行政机关及其工作人员正在进行的行政执法行为实施的监督检查,也就是提高基金存储的管理水平。劳动社会保障部门、财政部门和税务征缴机关要严格按照有关规定填制原始凭证,并及时、准确地传递凭证及有关资料,加强基础数据的管理,确保社会保险基金数据真实准确,提高基金运行的分析水平。

(三)事后监督

事后监督是指在某种公共行政管理活动结束之后监督部门所进行的监督,也就是社会保险经办机构对社会保险金的发放项目、标准和发放对象要严格审核。

社会保险监督中要坚持坚持事前监督、事中监督和事后监督相结合,以事前监督为主。从理论与实践来看,防范与化解风险的关键总是在风险事件发生的初期,大部分风险因素可在此阶段化解,这个环节搞好了,可以说就掌握了控制风险的主动权。事前监督的重点是政策制度的建设和操作程序的科学设计。事中监督的重点则是检验政策、制度是否准确。事后监督往往带有补救性质,但经常是损失一旦发生,就难以全部挽回。

延伸阅读

如何建立全方位医疗保险法制监管体系?

目前,社会保险法主要是在事后监管方面进行了规定,而对医疗保险的事前、事中监管尚未提及。监管体系的不健全导致即使事后对违法者进行了严厉处罚,医疗保险监管秩序仍受到了破坏,依旧不能从源头上减少甚至杜绝违法、违规现象的发生。因此,医疗保险法制监管需要完善监管手段衔接,逐步建立事前、事中、事后相衔接的全方位医疗保险监管体系。

在事前监管方面,由于医学的专业性和信息的不对称,医生往往成为医疗服务消费的主导者,因此,要减少过度医疗、控制医疗费用的过快增长,就要从源头上管好医生手中这支"笔"。医疗保险医师制度是医疗保险对医疗服务费用监管从医院到医生的前置延伸,对进一步规范医生处方行为、压缩过度医疗的存在空间意义重大。除对医师的医疗服务行为进行监管外,强化对定点医疗机构和定点零售药店的监督管理,严格执行定点医疗机构和定点零售药店的准入和退出机制,适度提高准入门槛,及时取消不符合条件的定点医疗机构和定点零售药店协议资格,做到事前严把关口。

在事中监管方面,通过信息化建设与法制衔接,建立和完善定点医疗机构执业医师信息系统,对定点医疗机构及其执业医师在提供医疗服务过程中发生的医疗保险医疗费用进行实时监管,规范定点医疗机构执业医师的医疗服务行为。另外,完善医疗保险实时监控系统,发挥大数据分析、趋势分析和违规指数分析优势,依托违规指数预警和趋势监控功能,创新开展网警巡查工作模式。全面优化短信提醒、约谈函询、立案调查、跟踪监控等执法程序,督促定点医药机构规范诊疗行为,自觉远离违规警戒线,不碰违法高压线,将监管方向由事后向事中追溯延伸。

在事后监管方面,首先,要针对当下破坏医疗保险秩序的重点问题,包括过度医疗、违规开具大处方等,视情节轻重给予警告、罚款、吊销执业证书等行政处罚,情节严重者追究刑事责任。其次,对定点医疗机构和定点零售药店可考虑增加处罚种类,如对出现骗保两次以上的医疗机构,不仅要取消其医疗保险服务资质,营业执照也要吊销。此外,可以建立违法失信行为记录归集公示制度,通过政府有关部门网站及时向社会公布协议医疗机构和协议药店的违法失信行为及相关处理结果,发挥社会诚信体系的作用。最后,加大对违规就医者的查处力度,为了增加处罚的有效性和威慑性,还可考虑将套取医疗保险资金达到一定数额者列入黑名单,降低其报销比例或冻结其社会保险卡的结算功能。

二、按监督者与被监督者的相对空间划分

按照监督者与被监督者的相对空间划分,监督方式可分为现场监督和非现场监督。

(一)现场监督

现场监督是指监督机构派人到被监督单位对基金管理水平、基金资产质量、基金收益水平、基金流动性等进行全面检查或专项检查。监督机构通过检查、比较,详尽地掌握有关基金运作的控制程序和相关信息,对其内部控制和管理水平以及基金流动性、安全性和效益性进行深入、细致的了解,发现一些财务报表和业务资料中很难发现的隐蔽性问题,并对有关机构的资产财务状况和遵守法规政策情况做出客观的评价。

现场监督包括行政上级对下级的巡查监督和同级巡查监督。上级对下级的巡查监督即省、州(市)两级行政部门基金监督机构每年将对下级社会保险经办机构的巡查监督列入年度工作计划,根据实际情况适时进行巡查监督。同级巡查监督即各级行政部门基金监督机构负责对本级社会保险经办机构进行巡查监督。

现场监督依照下列程序进行:首先根据年度监督计划和工作需要确定监督项目及监督内容,制订监督方案,并在实施监督3个工作日前通知被监督单位;如果提前通知可能会影响监督结果,也可以现场下达监督通知。其次监督被监督单位社会保险基金相关凭证账簿,查阅与监督事项有关的文件、资料、档案、数据,向被监督单位和有关个人调查取证,听取被监督单位有关社会保险基金收支、管理使用情况的汇报。最后根据监督结果,形成监督报告,送被监督单位征求意见。被监督单位如有异议,应当在接到监督报告10个工作日内提出书面意见。逾期未提出书面意见的,视同无异议。现场监督对于实现基金监督工作日常化、常态化的管理目标,有效维护基金安全完整具有重要意义。

对现场监督检查中发现的社会保险基金管理中存在的问题,依法可不予行政处理的,责令其限期整改;对社会保险基金管理中存在的违纪、违规问题,按有关规定应给予行政处理的,按有关规定执行;对违反社会保险基金管理规定的有关责任人员的处理,监督机构可向有关部门提出处理意见;对一些重大问题,需由政府或上级劳动保障行政部门进行处理的,应写出报告并提出处理意见。

(二)非现场监督

非现场监督是指劳动保障行政部门社会保险基金监督机构(以下简称监督机构)对手工报送或网络传输的有关数据资料进行检查分析,掌握被监督单位社会保险基金管理和制度运行

状况,及时发现问题,采取防范措施的一种远程监督。

非现场监督依照下列程序进行:首先,根据监督计划及工作需要,确定非现场监督目的及监督内容,通知被监督单位按照规定的范围、格式及时限报送数据、资料;或者从信息系统提取社会保险基金管理使用相关数据。其次,审核被监督单位报送和提取的数据、资料,数据、资料不符合要求的,被监督单位应当补报或者重新报送。最后,比对分析数据、资料,对发现的疑点问题要求被监督单位核查说明;对存在的重大问题,需实施现场核实;评估社会保险基金收支、管理状况及存在的问题,形成监督报告。对报送和提取的数据、资料,行政部门应当做好存储和使用管理,保证数据安全。开展非现场监督,有利于提高监督工作质量和水平,对完善社会保险基金监管体系具有重要意义。

非现场监督是现场监督的基础,也是基金监督的重要方式。监督机构通过报表分析,对经办机构和有关机构管理运营基金的活动进行全面、动态的监控,了解基金管理的状况、存在问题和风险因素,发现异常情况及时采取防范和纠正措施。对非现场监督检查中发现的社会保险基金管理中存在的问题,依法可不予行政处理的责令其限期整改;对社会保险基金非现场监督中发现的问题,需要进一步检查的,应当实施现场监督检查。

三、按被监督者工作的时间特点和工作的重要性划分

按照被监督者工作的时间特点和工作的重要性划分,监督模式可分为日常监督和投资监督。

(一)日常监督

多数国家由社会保障主管部门来承担社会保险基金的监督职能,如英国的社会保障部、新加坡的劳动部等。有的国家成立了专门的监督委员会来履行监督职责,如法国的全国保险监督委员会。一般的监督方式有:定期检查社会保险机构的运营活动,审核运营报告;就某些问题进行专门调查;接收有关社会保障方面的投诉或申诉。一般来说,政府财政部门也要对社会保障基金进行专业监督,在一些国家,雇主、雇员代表也参与社会保险基金的监督,不少国家还聘请外部的精算、审计专家对社会保险基金的运营管理进行监督,促使基金管理机构、运营机构进一步改进服务、提高效率,同时做到防微杜渐。

(二)投资监管

为保证基金运营的安全性,各国采取了不同的投资监督办法:①控制投资总量:要求基金留有足够的准备金。②规定投资方向:对资金的投向和各种投资工具的投资比例进行限制,对社会保险基金向高风险的金融工具的投资规定最高比例限制。③投资人的资格限制:严格限制基金投资决策人员的资格条件,规定只有具备相关专业知识的人员方可担任。④限定收益率:规定收益率的最低值或一定百分比,甚至通过一些优惠措施来保证社会保险基金的基本收益率。如新加坡的公积金法令规定,利率标准以当地四大银行12个月的定期存款和月底储蓄利率的平均值确定,但必须保证会员获得的利息不低于2.5%,利息收入还可免交所得税。

第四节 社会保险监督发展

社会保险是社会保障制度运行的重要基础,是人民群众生活保障和伤病救治的资金来源,

收好、管好、用好这笔钱,事关党中央、国务院保障和改善民生政策的贯彻落实,是各级政府和有关部门的重要任务。按照中央关于强化基金监管、维护基金安全、实现保值增值的要求,社会保险监督工作要向更加有据、有力、有效的方向发展。

一、向更加有据的方向发展

建立健全基金监督法律法规体系,提高执法能力。基金监督是一项执法性很强的工作,必须实现依法监督。目前,我国的社会保障事业已进入一个新的发展期,要尽快出台社会保险法,其中要对基金监督做出专门规定。在此基础上,制定出台社会保险基金监督条例等法规,争取在未来几年内,逐步形成以社会保险法为基础、社会保险基金监督条例和部门规章相配套的监管法律体系,切实做到有法可依,提高监督执法的效力。

(一)完善分权式监督模式

(1)明晰社会保险基金监督管理部门的岗位职责,严格遵循不相容职务相互分离的原则。以往社会保险基金监督不合理很大一部分原因是因为岗位职责的不明确,出现相互推诿责任等问题。因此,必须严格执行不相容职务相互分离的原则,应建立经办、审核、复核、审批的岗位制约机制;聘用人员、外部人员不得有特殊业务办理权限和复核审批权限;规定高风险岗位任用正式人员并连续任职期限,确保社会保险基层经办机构工作的顺利实施,保证不发生系统性风险。

(2)保证管理部门具备独立性,避免受到其他部门及人员的影响,进而可能会削弱监督职能。例如,要求成员具备专业素养,可通过专业知识宣教的方式,提升人员的专业水平。适当增加基金监管部门的权力,并强调部门的独立性,促使其积极做好社会保险基金监督管理工作。

(3)制订配套的岗位工作绩效考核体制,针对岗位职责的实施情况进行全面的评价。是否存在违规操作等行为,一旦发现风险应给予一定程度的惩罚,而对于表现较好、工作职责落实较佳的岗位人员应对其实施有效的奖励措施。切实实现对岗位人员的鼓励和督促作用,真正将各个岗位的职责发挥出来。

(二)强化监督执法机制

针对当前对社会保险基金违法违纪行为执法力度不够的情况,借鉴国外的有益经验,应加大对违反社会保险基金管理和使用行为的惩罚力度,严格执法。加强法律规范本身的强制性,尽快建立相关的社会保险法律责任制度,对拒不缴纳法定的社会保险费,拒不履行支付社会保险基金义务,不正当使用社会保险基金,贪污、挪用、侵占社会保险基金的行为人,应当依法追究其行政责任、民事责任和刑事责任。为确保社会保险基金的安全,应制裁挪用、挤占社会保险基金的违法行为,建议全国人民代表大会常务委员会制定和通过关于制裁挪用、挤占社会保险基金的违法犯罪行为的补充规定。

无论是内部监督还是外部监督,其监督效能除了体现发现问题、解决问题之外,还必须对犯错误的人或者组织给予一定的惩戒,以达到惩罚和警示的双重目的。违法和违规者应当为自己的不法行为承担相应的法律责任,接受法律的制裁;而对于其他从业者而言,则要从此事件中得到相应的教育,引以为戒,避免以后犯类似的错误。因此,罚则不仅仅是写在制度中就可以了,关键是要在出现问题时坚决地予以贯彻执行,通过这样一种"公示"的方式向社会传递"执法必严、违法必究"的信息,树立法律的权威,从而达到警示的目的。一项只有摆设价值的罚则,显然没有任何威慑力,因此,提升监督制度权威的唯一方式就是不折不扣地执行罚则。

二、向更加有力的方向发展

向更加有力的方向发展就是要改进监督手段,创新工作思路和方式,加快信息化建设,运用现代手段,建立适应社会保险基金运行特点,事前预警、事中监控、事后监督相结合的工作模式,使非现场监督和现场监督有机结合,做到实时监测、动态监管。要进一步落实实情报告制度,查处有意隐瞒、有情不报的渎职行为。在基金监督部门认真履行行政监督职责的同时,充分发挥其他相关部门的专门监督、群众及舆论的社会监督作用,坚决纠正损害人民群众社会保障权益的各种问题,形成人人重视基金安全、关心基金安全、维护基金安全的社会氛围。

(一)完善信息监管制度

建立严格的信息披露制度,增强社会保险基金营运的透明度,使社会保险基金管理者、投资者等各方获得充分的信息,是强化社会保险基金监管的重要举措。完善网络监督检查制度,制定社会保险基金网络监督工作规则,充分利用信息技术手段开展现场监督,进一步提升监督质量和效率。建立基金风险控制模型,实施网上监控,定期进行指标分析,如资金征缴面是否达到规定要求、资金结余额是否保证三个月的支付、不符合规定用途的大额资金支付、内部控制制度运行上的重大缺陷等都要及时预警,提醒政府和有关部门做出快速反应。

充分发挥计算机信息网络的管理作用,利用计算机网络进行适时监管。通过各种措施对基金实施全面、动态、实时监管,防范化解基金管理风险,确保社会保险基金的安全完整。信息化管理在社会保险基金监督与统计工作中的应用优势主要体现在几方面:构建高质量的工作时间数字模型,保证工作精度;对信息的收集主要借助数字化的方式进行;落实全文检索功能;确保数据的应用途径是跨平台的;让具体操作实现数字化,减少由于人为因素造成的疏漏;财务审核工作要实现对各种监督管理系统之间的紧密配合。

(二)完善各部门协同机制

建立社会保险基金行政监督的内部协同机制,构建联通各个相关部门的协同监督网络。完善各部门协同机制,一是税务部门要将税务年审与社会保险年审相结合、税务稽查与社会保险稽核相结合、工商年审与社会保险年审相结合,对不参加社会保险、瞒报参保人数、少缴漏缴和拖欠社会保险费的单位和企业,税务机关、工商部门不予年审。税务机关、工商部门共同介入,加大执法力度,加大清欠力度,确保扩面征缴。二是与民政、公安、卫健等部门协同监督,建立殡葬、户籍、医疗数据共享比对机制,定期将疑似丧失领取社会保险待遇的数据比对结果通知参保单位核实,根据核实情况进行相应处理,确保社会保险基金安全。探索现场检查与数据分析相结合的监督检查方式,开展现场检查前利用大数据分析,提前筛查退休审批、重复领取、死亡冒领等各类疑点信息,为现场检查工作提供数据支持,确保检查过程中能及时发现风险点,避免可能出现的基金安全风险。

(三)引入第三方审计制度

第三方审计已成为政府创新管理方式的重要措施。从各地实践来看,第三方参与审计,对当前社保基金监督来说是一种非常有益且有效的力量补充,符合政府当前通过购买服务方式提高政府管理效能的社会治理趋势。作为加强社会保险基金监督的手段之一,今后一段时间,人社部门行政监督机构仍然要进一步推动第三方审计工作的科学化、规范化,分析、研究第三方审计机制的效益评价方法,通过政府购买服务进一步完善社会保险基金监督体系建设,有力维护基金安全,保障社会保险事业健康发展。

要明确责任,按照"谁委托、谁负责"的原则确定第三方审计工作责任主体,由委托人组织聘请有资质的会计师事务所等机构,对社会保险基金的管理使用和投资运营等情况进行社会保险基金第三方审计。同时,建立健全社会保险基金第三方审计机制。第三方审计以社会保险经办机构为核心,延伸审计至其他社会保险基金管理相关部门、基金存放机构、社会保险服务机构、社会保障基层平台和用人单位等。要建立年度审计和专项审计相结合、第三方审计和行政监督检查相衔接的审计工作机制,以社会保险基金财务管理和经办机构内部控制为切入点,提高审计的针对性。要健全分级审计机制,同级经办机构审计应延伸到其基层服务平台,提高审计的权威性和相对独立性。

三、向更加有效的方向发展

向更加有效的方向发展就是要研究社会保险基金保值、增值的办法。我国养老保险实行部分积累的制度,其他险种也出现基金结余快速增长的趋势,基金保值、增值的压力越来越大。各方面普遍认识到,积累型的社会保险基金,必须进行投资运营,否则就会贬值,贬值也是风险,同样会影响基金安全。基金监督工作要在进一步加强企业年金基金监管的基础上,研究以做实养老保险个人账户基金为重点的投资管理办法,探索保值、增值的有效途径,使社会保险基金实现安全与效益并举。

(一)建立专门的投资监管机构

我国社会保险基金长期以来面临的一个重要问题就是投资渠道较为单一,加上长期的货币影响造成的通货膨胀,因此仅靠银行存款和国债的购入来获取社会保险基金的利润是远远不够的。随着投资意识的增加,近几年开始,我国的社会保险基金也开始涉及股票、基金等投资,但是我国当前的资本主义市场发展不够成熟,社会保险基金的系统性不如发达国家资本市场,风险也因此大大增加,导致社会保险基金的投入所获得的收益远低于预期收益率,对比国外的社会保险基金投资回报率,我国还需要进一步发展。

由于我国的社会保险基金投资手段较少,投资渠道较少,因此国家缺乏系统的社会保险基金投资管理机构。完善的社会保险投资系统需要投资管理机构的管理,要求各个部门能够各司其职,明确自身责任,因此国家、省、市建立起科学的社会保险基金投资监管机构是十分必要的。社会保险基金投资需要聘请专门的投资管理人才来根据社会保险基金的特点和职责来制订专门的投资管理计划,严格按照国家法律规定的各项要求来对社会保险基金进行系统管理,在保证安全性的基础上,最大限度地提高社会保险基金的投资收益,促进社会保险基金的增值。只有做好社会保险基金的投资监管,做好财务工作,本着"精打细算、尽力生财、量力用财"的原则,做好社会保险基金的重点管理,健全成本目标管理制度,除了要严格控制开支成本外,还要加强会计核算,保证社会保险基金投资管理财务的公开、透明,让老百姓安心、放心。

(二)加强危机预警监控

社会保险预警监控机制是社会保险政策监控体系的重要组成部分。科学、灵敏的社会保险预警监控系统包括:设置合理的社会保险预警指标,建立迅捷的信息资料收集与传导机制,开展人口老龄化、失业规模、社会保险支出的中、长期趋势预测,定期发布社会保险政策运行情况的有关信息等。社会保险预警监控的实质是评判社会保险政策安全运行的稳定性程度,其作用是超前预控、预警防患。处于转型期的中国社会保险政策面临着许多潜在的危机和风险因素,如人口老龄化的加速,人口增长方式的转变,对社会保障的需求与日俱增;城市化进程加快,增加了社会保障压力;就业结构的改变对社会保障政策提出了新的挑战等。因此,从长远和宏观角度来看,加强社会保障危机预警监控尤其重要,特别要加强对由于财政危机引发的社会保障危机的预警。

社会保险发展趋势如图6-3所示。

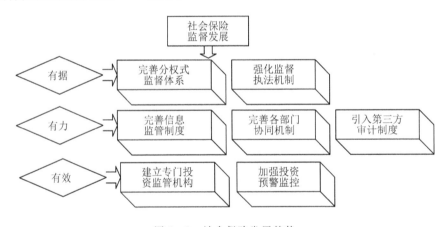

图6-3 社会保险发展趋势

延伸阅读

我国养老基金风险预警指标体系探讨

养老基金风险预警系统是由各种反映养老基金风险警情、警兆、警源及变动趋势的组织形式、指标体系和预测方法构成的有机整体。其作用主要是以养老基金管理及运营相关资料为依据,以信息技术为基础,采用一系列科学的预警方法技术、指标体系、预警模型和预警信号系统,对养老基金管理及运营全过程进行监督,对检测获得的各类信息发布警示,从而促使相关

部门及时采取措施防范危机的发生。养老基金风险预警系统主要针对养老基金风险进行预警,而养老基金风险大小可以用一系列管理和运营指标来度量。因此,养老基金风险评估系统最基本的要素是确定预警指标,从而建立一套能够准确反映养老基金存在风险的指标体系,这是保证风险征兆能够及时被发现的关键。

养老基金风险预警指标体系是指一系列相互关联、相互依存的养老基金预警指标所构成的指标群,该指标应具有科学性、实用性、潜在性和可行性等特征。指标体系的设立为建立系统模型提供科学的量化指标,为建立预警预报系统提供了充足的理论依据,它是养老保险基金风险定量分析研究的基础。养老基金风险指标体系主要分为管理风险指标体系、投资运营风险指标体系和社会保险基金管理过程中的违法犯罪风险指标体系。

(1)管理风险指标体系。养老基金管理风险是指养老保险基金从收缴到支付的管理过程中,由于管理环节多,管理层次低、管理主体多和管理效率低等原因而产生的风险。在此过程中,影响养老基金安全的各个指标组成的体系即为基金的管理风险指标体系,具体包括养老基金征缴风险指标体系、养老基金支付风险指标体系、养老基金财务会计风险指标体系。

(2)投资运营风险指标体系。目前在养老基金运营层面,养老基金主要以协议存款的形式存入大型商业银行或者用于购买国债,部分用于进行长期项目投资,收益不高。随着养老基金投资范围的扩大,养老保险基金开始进军金融债券、开放式基金,甚至股票,这有利于提高养老基金使用收益。由于我国资本市场发展缓慢且滞后,资本市场内部存在的结构失衡、监管不力、非市场化等缺陷造成养老基金投资风险增大,对基金安全形成极大危害。这些风险指标就构成了基金投资运营指标体系。

(3)违法犯罪风险指标体系(亦称道德风险指标体系)。它主要包括基金冒领率和基金偷缴/漏缴率。养老基金被冒领主要基于被保险人(包括企业和劳动者个人)道德风险问题。由于我国养老基金管理制度的不规范、信息不统一以及寻租行为的存在,我国养老基金"隐形损失"越来越严重,主要表现为冒领养老金、企业内部不规范的提前退休、逃费和企业逆选择。养老基金偷缴/漏缴率的计算方法是偷缴/漏缴额比上应收统筹养老基金总额。现阶段,我国很多企业在缴纳养老保险费时,瞒报少缴,造成基金征缴水平下降。另外,在一些实行养老保险费税务征缴的地区,由于税务部门与社会保险部门的衔接不够,征缴信息不能共享,从而造成偷、逃、漏缴保险费现象的发生。

随着人口老龄化时代的到来,我国基本养老保险基金筹资模式由现收现付制转为部分积累制。养老基金收支模式转变的核心是保持基金长期收支平衡,以满足我国退休人口基本生活需要。近年来由于各种因素的影响以及养老基金管理过程中存在的管理及投资漏洞,养老基金面临着收支不平衡的问题,收不抵支的现象越来越严重。因此,建立一个能够时刻监控养老基金安全运行的预警系统,对社会养老保险制度的实施具有前瞻性、预见性,对保持养老基金支付能力、保障社会养老保险事业健康发展具有重要意义。

第七章 社会保险法律责任

第一节 社会保险立法现状

各个国家都建立了基本养老保险、基本医疗保险、工伤保险、失业保险、生育保险等社会保险制度,以保障公民在年老、疾病、工伤、失业、生育等情况下依法从国家和社会获得物质帮助的权利。

为了规范社会保险关系,维护公民参加社会保险和享受社会保险待遇的合法权益,使公民共享发展成果,促进社会和谐稳定,根据宪法,我国制定了《中华人民共和国社会保险法》。

《中华人民共和国社会保险法》由中华人民共和国第十一届全国人民代表大会常务委员会第十七次会议于 2010 年 10 月 28 日通过,并自 2011 年 7 月 1 日起施行。

现行的《中华人民共和国社会保险法》根据 2018 年 12 月 29 日第十三届全国人民代表大会常务委员会第七次会议《关于修改〈中华人民共和国社会保险法〉的决定》修正。

《中华人民共和国社会保险法》主要包括总则、基本养老保险、基本医疗保险、工伤保险、失业保险、生育保险、社会保险费征缴、社会保险基金、社会保险经办、社会保险监督、法律责任及附则,共十二章九十八条,是对我国社会保险制度的框架性、原则性、指导性规定,也是我国社会保险制度的基本法律依据。

此外,自 2012 年 7 月 1 日起施行的《中华人民共和国军人保险法》由中华人民共和国第十一届全国人民代表大会常务委员会第二十六次会议于 2012 年 4 月 27 日通过,是为规范军人保险关系,维护军人合法权益,促进国防和军队建设制定的法律,仅适用于军人,主要包括总则、军人伤亡保险、退役养老保险、退役医疗保险、随军未就业的军人配偶保险、军人保险基金、保险经办与监督、法律责任以及附则,共九章五十一条。

上述两部法律是我国的社会保险制度最根本的法律依据,为我国社会保险制度建设提供了参考。

第二节 社会保险法律主体及内容

一、社会保险的法律主体

法律主体是指活跃在法律之中,享有权利、负有义务和承担责任的人。此处所说的"人"主要是指自然人。在特定情况下,可以将法人等"人合组织"类推为法律主体。

至于法律主体是否在享有权利的同时就应当承担义务或者责任,学术界有不同的看法。普遍的认识是,权利与义务具有一致性,没有无义务的权利,也没有无权利的义务。但也有学者认为,享有权利而不承担义务,或者仅承担义务而不享有权利的人,也应当是法律上的主体。

从人生存于法律之中而言,的确找不到一个仅享有权利而不承担义务的人;但是,从特定的权利角度而言,享有权利是否就一定伴随着某种特定的义务和责任,这倒也未必。例如个人享有隐私权,这种"自我封闭式"的权利就不一定非得对应某种特定的义务。

延伸阅读

医疗保险法律主体

医疗保险涉及多方主体,因而产生了多对主体之间的权利、义务关系。与其他社会保险法律关系相比,医疗保险法律关系具有多重性和复杂性,既涉及国家与公民的关系,又涉及社会组织与劳动者间的劳动关系,还涉及卫生事业管理中的行政关系、医疗机构与个体患者间的医患关系。

医疗保险法律关系的主体包括政府、医疗保险机构、医疗服务机构、被保险人,在我国城镇职工基本医疗保险中,还包括用人单位。多对主体之间的权利、义务关系构成了医疗保险法律关系的内容,特别是医疗保险机构、医疗服务机构与被保险人三者之间的法律关系构成医疗保险法律关系的基本内容。

一、政府

政府承担的医疗保险法上的义务来源于宪法中国家对生存权的保障。作为法定权而存在的现代生存权以国家为基本义务主体,不少国家的宪法明确规定了国家要保障公民生存权的内容,大多数国家通过制定相关法律制度(医疗保险等)、设立医疗保健机构、提供医疗帮助和救助等方式履行自己的义务。

政府在医疗保险中通常负有以下义务:①为医疗保险提供制度性框架,并通过制定法律和政策,为医疗保险的运行提供依据;②监督医疗保险的运行,确保医疗保险在规定的轨道上健康发展;③提供社会医疗救助,发展公共卫生事业,为医疗保险制度提供良好的基础与配套;④必要时对医疗保险给予相应的财政支持,以及对医疗服务与医药产品进行计划调节。

值得注意的是,政府在医疗保险法律关系中的主体地位十分特殊,政府未尽到自己在医疗保险中的义务,其行为是否可诉,即政府能否因为尽到医疗保险中的义务而被起诉,我国司法实践中尚无先例。

二、医疗保险机构

医疗保险机构是具体经办医疗保险事务并管理医疗保险基金的机构,它必须借助医疗机构才能为参保人员提供医疗服务。

三、医疗服务机构

我国医疗保险制度中的医疗服务机构被称为定点医疗机构,是指通过劳动保障行政部门资格审查,与社会保险经办机构签订合同,为基本医疗保险参保人员提供医疗服务并承担相应责任的医疗机构,包括医院与药店。

四、被保险人

被保险人既是享受医疗服务的权利主体,也是承担缴纳医疗保险费的义务主体。由于医疗服务提供与费用支付之间存在脱节,如何在三者关系中寻求最优的模式,是医疗保险制度的重要任务。

五、用人单位

在我国城镇职工基本医疗保险制度中,用人单位只负有强制性的缴费义务。而在城镇居民基本医疗保险制度中,用人单位并不作为主体而存在。

二、社会保险的基本内容

(一)基本养老保险

基本养老保险亦称国家基本养老保险,它是按国家统一政策规定强制实施的为保障广大离退休人员基本生活需要的一种养老保险制度,是国家根据法律、法规的规定,强制建立和实施的一种社会保险制度。在这一制度下,用人单位和劳动者必须依法缴纳基本养老保险费,在劳动者达到国家规定的退休年龄或因其他原因而退出劳动岗位后,国家依法向其支付养老金等待遇,从而保障其基本生活。在我国,20世纪90年代之前,企业职工实行的是单一的养老保险制度。1991年,《国务院关于企业职工养老保险制度改革的决定》中明确提出:"随着经济的发展,逐步建立起基本养老保险与企业补充养老保险和职工个人储蓄性养老保险相结合的制度。"从此,我国逐步建立起多层次的养老保险体系。在这种多层次养老保险体系中,基本养老保险可称为第一层次,也是最高层次。

《中华人民共和国社会保险法》第二章第十一条还规定了基本养老保险基金的组成部分:"本养老保险实行社会统筹与个人账户相结合。基本养老保险基金由用人单位和个人缴费以及政府补贴等组成。"在缴费标准方面,用人单位应当按照国家规定的本单位职工工资总额的比例缴纳基本养老保险费,记入基本养老保险统筹基金;职工应当按照国家规定的本人工资的比例缴纳基本养老保险费,记入个人账户;无雇工的个体工商户、未在用人单位参加基本养老保险的非全日制从业人员以及其他灵活就业人员参加基本养老保险的,应当按照国家规定缴纳基本养老保险费,分别记入基本养老保险统筹基金和个人账户;国有企业、事业单位职工参加基本养老保险前,视同缴费年限期间应当缴纳的基本养老保险费由政府承担。此外,基本养老保险基金出现支付不足时,政府给予补贴,而个人账户不得提前支取,记账利率不得低于银行定期存款利率,免征利息税。个人死亡的,个人账户余额可以继承。

《中华人民共和国社会保险法》还对基本养老金的组成、缴费方式、领取方式等方面做出了规定。第二章第十五条指出:"基本养老金由统筹养老金和个人账户养老金组成。基本养老金根据个人累计缴费年限、缴费工资、当地职工平均工资、个人账户金额、城镇人口平均预期寿命等因素确定。"对于不同类型的参保人,参加基本养老保险的个人,达到法定退休年龄时累计缴费满十五年的,按月领取基本养老金;参加基本养老保险的个人,达到法定退休年龄时累计缴费不足十五年的,可以缴费至满十五年,按月领取基本养老金;也可以转入新型农村社会养老保险或者城镇居民社会养老保险,按照国务院规定享受相应的养老保险待遇;参加基本养老保险的个人,因病或者非因工死亡的,其遗属可以领取丧葬补助金和抚恤金;在未达到法定退休年龄时因病或者非因工致残完全丧失劳动能力的,可以领取病残津贴。所需资金从基本养老保险基金中支付。同时,国家建立基本养老金正常调整机制。根据职工平均工资增长、物价上涨情况,适时提高基本养老保险待遇水平。个人跨统筹地区就业的,其基本养老保险关系随本人转移,缴费年限累计计算。个人达到法定退休年龄时,基本养老金分段计算、统一支付。具体办法由国务院规定。

同时,对于新型农村社会养老保险制度,《中华人民共和国社会保险法》第二章第二十条规定:"国家建立和完善新型农村社会养老保险制度,新型农村社会养老保险实行个人缴费、集体补助和政府补贴相结合。"新型农村社会养老保险待遇由基础养老金和个人账户养老金组成,参加新型农村社会养老保险的农村居民,符合国家规定条件的,按月领取新型农村社会养老保险待遇。此外,国家还需建立和完善城镇居民社会养老保险制度,省、自治区、直辖市人民政府根据实际情况,可以将城镇居民社会养老保险和新型农村社会养老保险合并实施。目前,全国各省区市已经全部实现了城镇居民社会养老保险和新型农村社会养老保险的合并实施。

(二)基本医疗保险

1998年12月,国务院发布《关于建立城镇职工基本医疗保险制度的决定》(国发〔1998〕44号),要求在全国范围内建立以城镇职工基本医疗保险制度为核心的多层次的医疗保障体系。该决定指出,医疗保险制度改革的主要任务是建立城镇职工基本医疗保险制度,即适应社会主义市场经济体制,根据财政、企业和个人承受能力,建立保障职工基本医疗需求的社会医疗保险制度。建立城镇职工基本医疗保险制度的原则是:基本医疗保险的水平要与社会主义初级阶段生产力发展水平相适应;城镇所有用人单位及其职工都要参加基本医疗保险,实行属地管理;基本医疗保险费用由用人单位和职工双方共同负担;基本医疗保险基金实行社会统筹和个人账户相结合的政策。基本医疗保险是为补偿劳动者因疾病风险造成的经济损失而建立的一项社会保险制度。通过用人单位和个人缴费,建立医疗保险基金,参保人员患病就诊发生医疗费用后,由医疗保险经办机构给予一定的经济补偿,以避免或减轻劳动者因患病、治疗等所带来的经济风险。"十三五"期间,中国建成了世界上规模最大的社会保障体系,基本医疗保险覆盖超过13亿人。

针对职工基本医疗保险、新型农村合作医疗制度、城镇居民基本医疗保险制度的参保人群、管理办法、缴费方法、待遇标准等,《中华人民共和国社会保险法》均有具体规定。针对职工医疗保险,第三章第二十三、二十七规定:"职工应当参加职工基本医疗保险,由用人单位和职工按照国家规定共同缴纳基本医疗保险费,无雇工的个体工商户、未在用人单位参加职工基本医疗保险的非全日制从业人员以及其他灵活就业人员可以参加职工基本医疗保险,由个人按照国家规定缴纳基本医疗保险费;参加职工基本医疗保险的个人,达到法定退休年龄时累计缴费达到国家规定年限的,退休后不再缴纳基本医疗保险费,按照国家规定享受基本医疗保险待遇;未达到国家规定年限的,可以缴费至国家规定年限。"针对新型农村合作医疗制度,第三章

第二十四条规定:"国家建立和完善新型农村合作医疗制度。新型农村合作医疗的管理办法,由国务院规定。"针对城镇居民基本医疗保险制度,第三章第二十七条规定:"国家建立和完善城镇居民基本医疗保险制度,城镇居民基本医疗保险实行个人缴费和政府补贴相结合,享受最低生活保障的人、丧失劳动能力的残疾人、低收入家庭六十周岁以上的老年人和未成年人等所需个人缴费部分,由政府给予补贴。"此外,职工基本医疗保险、新型农村合作医疗和城镇居民基本医疗保险的待遇标准按照国家规定执行。

针对基本医疗保险基金的报销范围,第三章第二十八条规定:"符合基本医疗保险药品目录、诊疗项目、医疗服务设施标准以及急诊、抢救的医疗费用,按照国家规定从基本医疗保险基金中支付。"而在基本医疗保险基金的支付方式方面,第三章第二十九条规定:"参保人员医疗费用中应当由基本医疗保险基金支付的部分,由社会保险经办机构与医疗机构、药品经营单位直接结算。社会保险行政部门和卫生行政部门应当建立异地就医医疗费用结算制度,方便参保人员享受基本医疗保险待遇。"此外,第三章第三十条规定了以下四种医疗费用不纳入基本医疗保险基金支付范围:应当从工伤保险基金中支付的;应当由第三人负担的;应当由公共卫生负担的;在境外就医的。而医疗费用依法应当由第三人负担,第三人不支付或者无法确定第三人的,由基本医疗保险基金先行支付。基本医疗保险基金先行支付后,有权向第三人追偿。

同时,第三章第三十一条规定了不同机构的职责范围:"社会保险经办机构根据管理服务的需要,可以与医疗机构、药品经营单位签订服务协议,规范医疗服务行为。医疗机构应当为参保人员提供合理、必要的医疗服务。"此外,针对个人跨统筹地区就业的,其基本医疗保险关系随本人转移,缴费年限累计计算。

(三)工伤保险

工伤保险,又称职业伤害保险,是通过社会统筹的办法,集中用人单位缴纳的工伤保险费,建立工伤保险基金,对劳动者在生产经营活动中遭受意外伤害或职业病,并由此造成死亡、暂时或永久丧失劳动能力时,给予劳动者及其实用性法定的医疗救治以及必要的经济补偿的一种社会保障制度。这种补偿既包括医疗、康复所需费用,也包括保障基本生活的费用。

对于不同行业的费率,《中华人民共和国社会保险法》第四章第三十四条做出了如下规定:"国家根据不同行业的工伤风险程度确定行业的差别费率,并根据使用工伤保险基金、工伤发生率等情况在每个行业内确定费率档次。行业差别费率和行业内费率档次由国务院社会保险行政部门制定,报国务院批准后公布施行。社会保险经办机构根据用人单位使用工伤保险基金、工伤发生率和所属行业费率档次等情况,确定用人单位缴费费率。"同时,用人单位应当按照本单位职工工资总额,根据社会保险经办机构确定的费率缴纳工伤保险费。而职工因工作原因受到事故伤害或者患职业病,且经工伤认定的,享受工伤保险待遇;其中,经劳动能力鉴定丧失劳动能力的,享受伤残待遇。工伤认定和劳动能力鉴定应当简捷、方便。

同时,对于不同种类工伤支付方式,《中华人民共和国社会保险法》也有规定。第四章第三十八条规定:"因工伤发生的下列费用,按照国家规定从工伤保险基金中支付:治疗工伤的医疗费用和康复费用;住院伙食补助费;到统筹地区以外就医的交通食宿费;安装配置伤残辅助器具所需费用;生活不能自理的,经劳动能力鉴定委员会确认的生活护理费;一次性伤残补助金和一至四级伤残职工按月领取的伤残津贴；终止或者解除劳动合同时，应当享受的一次性医疗补助金；因工死亡的，其遗属领取的丧葬补助金、供养亲属抚恤金和因工死亡补助金；劳动能力鉴定费。"第四章第三十九条规定："因工伤发生的下列费用，按照国家规定由用人单位支付：治疗工伤期间的工资福利；五级、六级伤残职工按月领取的伤残津贴；终止或者解除劳动合同时，应当享受的一次性伤残就业补助金。"而对于故意犯罪、醉酒或者吸毒、自残或者自杀、法律和行政法规规定的其他情形这四种情况，不予认定工伤。

对于不同的情况，《中华人民共和国社会保险法》也做出了不同规定。首先，工伤职工符合领取基本养老金条件的，停发伤残津贴，享受基本养老保险待遇。基本养老保险待遇低于伤残津贴的，从工伤保险基金中补足差额。其次，职工所在用人单位未依法缴纳工伤保险费，发生工伤事故的，由用人单位支付工伤保险待遇。用人单位不支付的，从工伤保险基金中先行支付。而从工伤保险基金中先行支付的工伤保险待遇应当由用人单位偿还。用人单位不偿还的，社会保险经办机构可以依照本法第六十三条的规定追偿。同时，由于第三人的原因造成工伤，第三人不支付工伤医疗费用或者无法确定第三人的，由工伤保险基金先行支付。工伤保险基金先行支付后，有权向第三人追偿。

此外，第四章第四十三条规定："工伤职工有下列情形之一的，停止享受工伤保险待遇：丧失享受待遇条件的；拒不接受劳动能力鉴定的；拒绝治疗的。"

(四)失业保险

失业保险是指国家通过立法强制实行的，由用人单位、职工个人缴费及国家财政补贴等渠道筹集资金建立失业保险基金，对因失业而暂时中断生活来源的劳动者提供物质帮助以保障其基本生活，并通过专业训练、职业介绍等手段为其再就业创造条件的制度。失业保险是社会保障体系的重要组成部分，是社会保险的主要项目之一。根据《中华人民共和国社会保险法》等有关规定，从2016年5月1日起，将阶段性降低失业保险。

根据第五章第四十五条的规定："失业人员符合下列条件的，从失业保险基金中领取失业保险金：失业前用人单位和本人已经缴纳失业保险费满一年的；非因本人意愿中断就业的；已经进行失业登记，并有求职要求的。"同时，失业人员失业前用人单位和本人累计缴费满一年不足五年的，领取失业保险金的期限最长为十二个月；累计缴费满五年不足十年的，领取失业保险金的期限最长为十八个月；累计缴费十年以上的，领取失业保险金的期限最长为二十四个月。重新就业后，再次失业的，缴费时间重新计算，领取失业保险金的期限与前次失业应当领取而尚未领取的失业保险金的期限合并计算，最长不超过二十四个月。

而对于停止领取失业保险金的情况，第五章第五十一条做出了如下规定："失业人员在领取失业保险金期间有下列情形之一的，停止领取失业保险金，并同时停止享受其他失业保险待遇：重新就业的；应征服兵役的；移居境外的；享受基本养老保险待遇的；无正当理由，拒不接受当地人民政府指定部门或者机构介绍的适当工作或者提供的培训的。"

对于用人单位，第五章第五十条做出了如下规定："用人单位应当及时为失业人员出具终止或者解除劳动关系的证明，并将失业人员的名单自终止或者解除劳动关系之日起十五日内告知社会保险经办机构。失业人员应当持本单位为其出具的终止或者解除劳动关系的证明，及时到指定的公共就业服务机构办理失业登记。失业人员凭失业登记证明和个人身份证明,到社会保险经办机构办理领取失业保险金的手续。失业保险金领取期限自办理失业登记之日起计算。"

此外,失业人员在领取失业保险金期间,参加职工基本医疗保险,享受基本医疗保险待遇。失业人员应当缴纳的基本医疗保险费从失业保险基金中支付,个人不缴纳基本医疗保险费。而当失业人员在领取失业保险金期间死亡时,参照当地对在职职工死亡的规定,向其遗属发给一次性丧葬补助金和抚恤金。所需资金从失业保险基金中支付。个人死亡同时符合领取基本养老保险丧葬补助金、工伤保险丧葬补助金和失业保险丧葬补助金条件的,其遗属只能选择领取其中的一项。

同时,职工跨统筹地区就业的,其失业保险关系随本人转移,缴费年限累计计算,失业保险金的标准,由省、自治区、直辖市人民政府确定,不得低于城市居民最低生活保障标准。

(五)生育保险

生育保险,是国家通过立法,在怀孕和分娩的妇女劳动者暂时中断劳动时,由国家和社会提供医疗服务、生育津贴和产假的一种社会保险制度,国家或社会对生育的职工给予必要的经济补偿和医疗保健的社会保险制度。我国生育保险待遇主要包括两项,一是生育津贴,二是生育医疗待遇。

在用人单位已经缴纳生育保险费的,其职工享受生育保险待遇;职工未就业配偶按照国家规定享受生育医疗费用待遇。所需资金从生育保险基金中支付。生育保险待遇包括生育医疗费用和生育津贴。

根据第六章第五十五条的规定,职工有下列情形之一的,可以按照国家规定享受生育津贴:女职工生育享受产假;享受计划生育手术休假;法律、法规规定的其他情形。

此外,生育津贴按照职工所在用人单位上年度职工月平均工资计发。生育医疗费用包括下列各项:生育的医疗费用;计划生育的医疗费用;法律、法规规定的其他项目费用。

第三节 社会保险执法体系

社会保险执法体系是指具有不同职权的国家行政机关或行政机关授权的执法组织,为执行《中华人民共和国社会保险法》而构成的相互配合、相互分工的有机联系的系统。根据《中华人民共和国社会保险法》的规定,社会保险执法体系主要在社会保险费征缴、社会保险基金管理、社会保险经办、社会保险监督四方面发挥作用,参与机构主要包括用人单位以及市场监管部门、民政部等政府部门。

一、社会保险费征缴体系

(一)用人单位

对于用人单位,《中华人民共和国社会保险法》主要规定了其在登记、申报、缴费等方面的职责。

(1)用人单位应当自成立之日起三十日内凭营业执照、登记证书或者单位印章,向当地社会保险经办机构申请办理社会保险登记。用人单位的社会保险登记事项发生变更或者用人单位依法终止的,应当自变更或者终止之日起三十日内,到社会保险经办机构办理变更或者注销社会保险登记。

(2)在登记缴费方面,用人单位还应当自用工之日起三十日内为其职工向社会保险经办机构申请办理社会保险登记。未办理社会保险登记的,由社会保险经办机构核定其应当缴纳的社会保险费。同时,用人单位应当自行申报、按时足额缴纳社会保险费,非因不可抗力等法定事由不得缓缴、减免。职工应当缴纳的社会保险费由用人单位代扣代缴,用人单位应当按月将缴纳社会保险费的明细情况告知本人。

(3)用人单位未按规定申报应当缴纳的社会保险费数额的,按照该单位上月缴费额的百分之一百一十确定应当缴纳数额;缴费单位补办申报手续后,由社会保险费征收机构按照规定结算。用人单位未按时足额缴纳社会保险费的,由社会保险费征收机构责令其限期缴纳或者补足。

(4)用人单位逾期仍未缴纳或者补足社会保险费的,社会保险费征收机构可以向银行和其他金融机构查询其存款账户;并可以申请县级以上有关行政部门做出划拨社会保险费的决定,书面通知其开户银行或者其他金融机构划拨社会保险费。用人单位账户余额少于应当缴纳的社会保险费的,社会保险费征收机构可以要求该用人单位提供担保,签订延期缴费协议。如果用人单位未足额缴纳社会保险费且未提供担保的,社会保险费征收机构可以申请人民法院扣押、查封、拍卖其价值相当于应当缴纳社会保险费的财产,以拍卖所得抵缴社会保险费。

(二)政府机构

对于政府机构,《中华人民共和国社会保险法》主要规定了其在社会保险征缴体系中的监督管理作用。

(1)市场监督管理部门、民政部门和机构编制管理机关应当及时向社会保险经办机构通报用人单位的成立、终止情况,公安机关应当及时向社会保险经办机构通报个人的出生、死亡以及户口登记、迁移、注销等情况。

(2)国家建立全国统一的个人社会保障号码,个人社会保障号码为居民身份证号码。

(3)县级以上人民政府加强社会保险费的征收工作,社会保险费实行统一征收,实施步骤和具体办法由国务院规定。

(4)社会保险经办机构还应当自收到申请之日起十五日内予以审核,发给社会保险登记证件,而社会保险费征收机构应当依法按时足额征收社会保险费,并将缴费情况定期告知用人单位和个人。

(三)社会参与人员

《中华人民共和国社会保险法》主要规定了社会参与人员在社会保险费征缴过程中需要承担的责任。对于自愿参加社会保险的无雇工的个体工商户、未在用人单位参加社会保险的非全日制从业人员以及其他灵活就业人员,应当向社会保险经办机构申请办理社会保险登记;而无雇工的个体工商户、未在用人单位参加社会保险的非全日制从业人员以及其他灵活就业人员,可以直接向社会保险费征收机构缴纳社会保险费。

二、社会保险基金管理体系

社会保险基金的管理主要由国务院及其他政府部门承担。根据第八章第六十四条的规定:"社会保险基金包括基本养老保险基金、基本医疗保险基金、工伤保险基金、失业保险基金和生育保险基金。除基本医疗保险基金与生育保险基金合并建账及核算外,其他各项社会保险基金按照社会保险险种分别建账,分账核算。社会保险基金执行国家统一的会计制度。社会保险基金专款专用,任何组织和个人不得侵占或者挪用。基本养老保险基金逐步实行全国统筹,其他社会保险基金逐步实行省级统筹,具体时间、步骤由国务院规定。"同时,社会保险基金通过预算实现收支平衡。县级以上人民政府在社会保险基金出现支付不足时,给予补贴。

同时,社会保险基金预算以及决算草案的编制、审核和批准,依照法律和国务院规定执行。国务院还需要规定社会保险基金存入财政专户的具体管理办法。在社会保险基金安全运营的情况下,需要按照国务院的规定投资运营实现其保值、增值。社会保险基金不得违规投资运营,不得用于平衡其他政府预算,不得用于兴建、改建办公场所和支付人员经费、运行费用、管理费用,或者违反法律、行政法规规定挪作其他用途。

除了国务院,财政部门、审计机关等部门也在社会保险基金的管理中发挥着重要作用。根据第八章第七十一条:"国家设立全国社会保障基金,由中央财政预算拨款以及国务院批准的其他方式筹集的资金构成,用于社会保障支出的补充、调剂。全国社会保障基金由全国社会保障基金管理运营机构负责管理运营,在保证安全的前提下实现其保值、增值。全国社会保障基金应当定期向社会公布收支、管理和投资运营的情况。国务院财政部门、社会保险行政部门、审计机关对全国社会保障基金的收支、管理和投资运营情况实施监督。"

三、社会保险经办体系

《中华人民共和国社会保险法》主要规定了社会保险经办过程中社会保险经办机构的职责。社会保险经办机构主要由统筹地区设立,为了方便工作开展,社会保险经办机构根据工作需要,经所在地的社会保险行政部门和机构编制管理机关批准,可以在本统筹地区设立分支机构和服务网点。对于社会保险经办过程中可能发生的社会保险经办机构的人员经费和经办社会保险发生的基本运行费用、管理费用,由同级财政按照国家规定予以保障。

同时,社会保险经办机构应当建立健全业务、财务、安全和风险管理制度,并按时足额支付社会保险待遇。为了保障社会保险经办机构的工作开展,第九章第七十四条规定:"社会保险经办机构通过业务经办、统计、调查获取社会保险工作所需的数据,有关单位和个人应当及时、如实提供。"

社会保险经办机构的主要工作内容包括:及时为用人单位建立档案,完整、准确地记录参加社会保险的人员、缴费等社会保险数据,妥善保管登记、申报的原始凭证和支付结算的会计凭证;及时、完整、准确地记录参加社会保险的个人缴费、用人单位缴费以及享受社会保险待遇等个人权益情况,定期将个人权益记录单免费寄送本人。

此外，用人单位和个人可以免费向社会保险经办机构查询、核对其缴费和享受社会保险待遇记录，要求社会保险经办机构提供社会保险咨询等相关服务。全国社会保险信息系统按照国家统一规划，由县级以上人民政府按照分级负责的原则共同建设。

四、社会保险监督体系

根据《中华人民共和国社会保险法》第十章第七十六条规定："各级人民代表大会常务委员会听取和审议本级人民政府对社会保险基金的收支、管理、投资运营以及监督检查情况的专项工作报告，组织对本法实施情况的执法检查等，依法行使监督职权。"因此，履行社会保险监督责任的主体主要包括各级人民代表大会常务委员会。

（1）县级以上人民政府社会保险行政部门应当加强对用人单位和个人遵守社会保险法律、法规情况的监督检查。在社会保险行政部门实施监督检查时，被检查的用人单位和个人应当如实提供与社会保险有关的资料，不得拒绝检查或者谎报、瞒报。同时，财政部门、审计机关按照各自职责，对社会保险基金的收支、管理和投资运营情况实施监督。

（2）社会保险行政部门对社会保险基金的收支、管理和投资运营情况进行监督检查，发现存在问题的，应当提出整改建议，依法做出处理决定或者向有关行政部门提出处理建议。社会保险基金检查结果应当定期向社会公布。社会保险行政部门对社会保险基金实施监督检查，有权采取下列措施：查阅、记录、复制与社会保险基金收支、管理和投资运营相关的资料，对可能被转移、隐匿或者灭失的资料予以封存；询问与调查事项有关的单位和个人，要求其对与调查事项有关的问题做出说明、提供有关证明材料；对隐匿、转移、侵占、挪用社会保险基金的行为予以制止并责令改正。

（3）统筹地区人民政府还应当成立由用人单位代表、参保人员代表，以及工会代表、专家等组成的社会保险监督委员会，掌握、分析社会保险基金的收支、管理和投资运营情况，对社会保险工作提出咨询意见和建议，实施社会监督。社会保险经办机构应当定期向社会保险监督委员会汇报社会保险基金的收支、管理和投资运营情况。社会保险监督委员会可以聘请会计师事务所对社会保险基金的收支、管理和投资运营情况进行年度审计和专项审计。审计结果应当向社会公开。如若社会保险监督委员会发现社会保险基金收支、管理和投资运营中存在问题的，有权提出改正建议；对社会保险经办机构及其工作人员的违法行为，有权向有关部门提出依法处理建议。社会保险行政部门和其他有关行政部门、社会保险经办机构、社会保险费征收机构及其工作人员，也应当依法为用人单位和个人的信息保密，不得以任何形式泄露信息。

（4）《中华人民共和国社会保险法》也赋予了社会组织、个人监督权力。第十章第八十二条规定："任何组织或者个人有权对违反社会保险法律、法规的行为进行举报、投诉。社会保险行政部门、卫生行政部门、社会保险经办机构、社会保险费征收机构和财政部门、审计机关对属于本部门、本机构职责范围的举报、投诉，应当依法处理；对不属于本部门、本机构职责范围的，应当书面通知并移交有权处理的部门、机构处理。有权处理的部门、机构应当及时处理，不得推诿。"

除此之外,用人单位或者个人认为社会保险费征收机构的行为侵害自己合法权益的,可以依法申请行政复议或者提起行政诉讼。用人单位或者个人对社会保险经办机构不依法办理社会保险登记、核定社会保险费、支付社会保险待遇、办理社会保险转移接续手续或者侵害其他社会保险权益的行为,可以依法申请行政复议或者提起行政诉讼。个人与所在用人单位发生社会保险争议的,可以依法申请调解、仲裁,提起诉讼。用人单位侵害个人社会保险权益的,个人也可以要求社会保险行政部门或者社会保险费征收机构依法处理。

第四节　社会保险法律体系发展

一、国务院颁布的社会保险相关行政法规

由全国人大常委会制定的《中华人民共和国社会保险法》与《中华人民共和国军人保险法》两部法律为我国社会保险制度提供了最高层级的法制规范。而根据《中华人民共和国立法法》,国务院可以在不违背法律的条件下制定相应的行政法规,以国务院总理令的形式颁布,它们构成了我国法制体系中的第二层次。

国务院制定的与社会保险制度相关的法规有1998年颁布的《失业保险条例》、1999年颁布的《社会保险费征缴暂行条例》、2010年颁布的《工伤保险条例》、2016年颁布的《全国社会保障基金条例》(见图7-1)。《失业保险条例》是为保障失业人员失业期间的基本生活,促进其再就业而制定的,经1998年12月16日国务院第11次常务会议通过,由国务院于1999年1月22日发布并实施;《工伤保险条例》是为保障因工作遭受事故伤害或者患职业病的职工获得医疗救治和经济补偿,促进工伤预防和职业康复,分散用人单位的工伤风险而制定的,由国务院于2003年4月27日发布,自2004年1月1日起施行;《全国社会保障基金条例》是为了规范全国社会保障基金的管理运营,加强对全国社会保障基金的监督,在保证安全的前提下实现保障基金的保值、增值,根据《中华人民共和国社会保险法》而制定的,由国务院于2016年3月10日发布,自2016年5月1日起施行。在上述法规中,《社会保险费征缴暂行条例》是针对整个社会保险制度的,《全国社会保障基金条例》是针对主要作为养老保险制度战略储备基金的,只有《工伤保险条例》《失业保险条例》针对社会保险项目,这两部法规事实上是我国工伤保险制度、失业保险制度的主要法制依据。作为社会保险制度中最重要的养老保险、医疗保险尚未制定专门的行政法规,生育保险同样如此,护理保险更是只有主管部门的试点方案。因此,目前的社会保险法规是残缺不全的。

图7-1　保险相关行政法规

二、国务院主管部门发布的社会保险相关部门规章

国务院主管部门发布的部门规章处于我国法制体系中的第三层次,它们必须遵循法律、法规确立的原则与基本规制,只能将法律、法规的规制加以具体化。目前,社会保险领域的部门规章主要有:1999年劳动和社会保障部发布的《社会保险费征缴监督检查办法》,2000年劳动和社会保障部发布的《失业保险金申领发放办法》,2003年劳动和社会保障部发布的《社会保险稽核办法》,2011年人力资源和社会保障部发布的《实施〈中华人民共和国社会保险法〉若干规定》,2013年人力资源和社会保障部发布的《工伤康复服务规范》《工伤职工劳动能力鉴定管理办法》,2017年人力资源和社会保障部、财政部、国家卫生与计划生育委员会、国家安全生产监督管理总局发布的《工伤预防费使用管理暂行办法》以及2017年人力资源和社会保障部、财政部发布的《企业年金办法》、2017年人力资源和社会保障部印发的《机关事业单位基本养老保险关系和职业年金转移接续经办规程(暂行)》等。这些部门规章主要对社会保险制度运行中的行为与规程进行规范,部分涉及制度安排中的具体内容。

《社会保险费征缴监督检查办法》是为加强社会保险费征缴监督检查工作,规范社会保险费征缴监督检查行为,根据《社会保险费征缴暂行条例》和有关法律、法规规定制定,由中华人民共和国劳动和社会保障部于1999年3月19日发布并实施。

《失业保险金申领发放办法》是为保证失业人员及时获得失业保险金及其他失业保险待遇,根据《失业保险条例》制定。参加失业保险的城镇企事业单位职工以及按照省级人民政府规定参加失业保险的其他单位人员失业后,申请领取失业保险金、享受其他失业保险待遇适用本办法。

《社会保险稽核办法》是为规范社会保险稽核工作,确保社会保险费应收尽收,维护参保人员的合法权益,根据《社会保险费征缴暂行条例》和国家有关规定制定的,由劳动和社会保障部于2003年2月27日发布,自2003年4月1日起施行。

《实施〈中华人民共和国社会保险法〉若干规定》是为了实施《中华人民共和国社会保险法》而制定的。经人力资源和社会保障部第67次部务会审议通过,由人力资源和社会保障部于2011年6月29日发布,自2011年7月1日起施行。

《工伤康复服务规范》既是工伤康复试点机构开展工伤康复服务的业务指南和工作规程,也是工伤保险行政管理部门、社会保险经办机构和劳动能力鉴定机构进行工伤康复监督管理的重要依据。

《工伤职工劳动能力鉴定管理办法》经人力资源和社会保障部部务会、国家卫生计生委主任会议讨论通过,2014年2月20日人力资源和社会保障部、国家卫生和计划生育委员会令第21号公布。该办法分总则、鉴定程序、监督管理、法律责任、附则5章33条,自2014年4月1日起施行。

《工伤预防费使用管理暂行办法》由人力资源和社会保障部会同财政部、卫生计生委、安全监管总局于2017年8月17日制定并以人社部规〔2017〕13号文印发。目的是更好地坚持以人为本,保障职工的生命安全和健康,根据《工伤保险条例》规定制定。本办法共十九条,自

2017年9月1日起施行。

《企业年金办法》是为建立多层次的养老保险制度,推动企业年金发展,更好地保障职工退休后的生活而制定的法规。该办法经2016年12月20日人力资源和社会保障部第114次部务会审议通过,财政部审议通过,并于2017年12月18日公布。本办法共七章三十二条,自2018年2月1日起施行。

《机关事业单位基本养老保险关系和职业年金转移接续经办规程(暂行)》由人力资源和社会保障部办公厅于2017年1月18日以人社部发〔2017〕7号发布。本规程适用于参加基本养老保险在职人员在机关事业单位之间、机关事业单位与企业之间流动就业时,其基本养老保险关系和职业年金、企业年金转移接续的业务经办。

第八章 社会保险评价

第一节 社会保险制度现状评价

一、社会保险制度的基本逻辑

现代社会是一个风险社会,风险无处不在,而风险治理是保险的基本职能。作为一种古老的风险治理方式,社会保险向社会提供各类风险治理是其本性使然,它具有参与社会治理的本质属性和天然优势。其中,社会保险是现代社会保障体系的主要构成部分和重要的民生保障制度安排,关乎社会成员的养老、医疗、工伤、失业、生育与护理权益。在我国,作为一种有效的再分配制度,社会保险在看病、养老和就业等方面可以为弱势群体提供有效保障,能有效化解弱势群体因年老、疾病、死亡、失业、伤残和生育等所带来的经济风险。

我国社会保险制度包括养老保险制度、医疗保险制度、失业保险制度、工伤保险制度、生育保险制度以及 2016 年开始启动的长期护理保险制度试点,它们构成了我国社会保障制度体系的主体。全国人大常委会制定的相关法律、国务院颁布的社会保险相关行政法规、国务院主管部门发布的社会保险相关部门规章、国务院及其主管部门发布的社会保险政策性文件、地方政府出台的相关地方性法规与政策性文件等五个方面共同构成了当前我国社会保险制度实践的依据。互助共济、风险共担是社会保险制度的基本逻辑,其表现形式至少有三种:其一是劳资之间的互助。即劳资双方共同缴费而劳动者单方收益,这也是与工业资本主义时代稳定的劳动关系和就业方式相匹配的。其二是参保劳动者之间的互助。社会保险缘起于工人之间的互助组织。对于某些以风险发生为给付前提条件的社会保险制度(如医疗保险、失业保险等)而言,即存在风险发生者与未发生者之间的互助。其三是不同地区之间的互助。伴随着统筹层次的不断提高,社会保险亦可以发挥地区之间的风险分散功能。建立与经济社会发展水平相适应的社会保险制度,是关系到中国经济社会能否实现健康可持续发展和民生改善的重大现实问题。

结合中国社会保障制度的发展进程,社会保险互助共济的逻辑直观地体现为从计划经济时期的单位保险向社会主义市场经济时期的社会保险转型。在计划经济体制下,员工的保险福利待遇是基于其与用人单位劳动关系所形成的总体薪酬的组成部分,即用人单位只负责本单位雇员的各项保险待遇;而在市场经济体制下,风险由全社会分担,用人单位的社会保险缴费并非仅用于其雇员,而是构成了社会保险总体基金的组成部分,从而体现了全社会范围内所有参与生产者的"大团结"。根据上述社会保险的基本逻辑,用人单位承担缴费义务并不是因为其雇用了劳动者,而是因为其参与了社会生产和分配过程;用人单位缴费形成的资金也不仅仅用于自己的雇员,而是形成了用于支付给所有面临风险劳动者的全部社会保险资金的一部分。这就是社会保险"社会化"的核心要义。

有了上述对社会保险基本逻辑与核心要义的理解,在社会保险政策设计的核心要素方面,就应当形成以下两点基本结论:①就参保对象而言,应当以其参与了社会劳动为标准,无论是受雇劳动还是其他劳动方式。明确了这一点,我们就可以超越"认定劳动关系-确认社会保险"的既有研究路径,以劳动者是否参与了社会劳动作为评价其是否应当得到劳动保护和社会保险待遇的标准。②就缴费义务而言,用人单位缴纳社会保险费并不以其是否雇用了劳动者为前提,而是以其是否参与了社会生产和分配为标准。在社会生产方式的转型过程中,无论有什么新的要素参与了社会生产和分配过程,劳动者的收入风险始终是存在的,而其他生产要素就应当承担为其分散风险的功能。在社会保险模式下体现为社会保险缴费,在狭义福利国家模式下体现为各种形式的税收。在一个高度机械化和智能化的生产形态下,一个雇佣劳动者数量极少的生产商依然需要为全社会劳动者的收入风险承担缴费责任。这就意味着在缴费方式上需要从以劳动工资为基数转变为以生产经营收入或价值增值(利润)为缴费基数。

二、社会保险制度的经济作用

(一)社会保险对收入分配的影响

目前我国社会养老保险、医疗保险资金筹集是通过国家、企业和个人三方进行筹集。个人通过工资税前缴费的形式建立个人账户,企业以税前缴费的形式形成社会统筹账户,国家通过财政税收进行调节。个人账户对收入分配影响主要体现在年轻工作时期收入与退休后收入的重新分配。社会统筹账户对收入分配的影响主要体现在企业利润与当下退休者的收入调剂。财政税收是通过纳税人员与退休者或医疗报销人员之间进行收入再分配。失业保险是通过在职人员与失业人员之间进行收入的再分配。生育保险和工伤保险是通过企业利润与享受生育保险或工伤保险人员之间进行收入的再分配。通过社会保险在全国范围内的收入再分配的调剂,能够提高低收入劳动者收入水平,使得全体社会成员充分享受社会改革发展的成果。

(二)社会保险对储蓄和消费的影响

社会保险制度的实施需要筹集资金并使其基金保值、增值,所以社会保险制度对储蓄有很大的影响。社会保险制度的建立与发展对于储蓄的影响有两个相反的效应:一是由于有了强制性的储蓄,私人储蓄会因此减少,即"挤出"储蓄的效应;二是马丁·菲尔德斯坦所提出的"引致退休效应",即由于需要为维持生活水平而努力,所以会导致储蓄增加。西方高福利国家居民消费达到国民收入的80%以上,那种从出生到死亡的保险政策使得居民愿意消费,并可能消费。由于养老保险、失业保险、医疗保险等社会保险缴费的提高,减少了在职职工的工资收入,从而减少了当期的消费。人们社会保险效果的预期也会影响人们的预期消费,如在职职工对社会保险效果预期较好,则可能提高其在借贷消费方面消费。

(三)社会保险对劳动力市场的影响

社会保险为劳动者提供养老、医疗、失业、工伤、生育保险,能够保障劳动者的基本生活,满足劳动力市场对劳动者数量与技能的需要。如失业保险会影响劳动力市场的结构,调解劳动力市场供需变化。失业保险能够保障劳动者在继续学习期间或者寻找工作期间的基本生活,调解劳动力市场的结构。社会保险也会阻碍劳动力市场的发展,如预期的养老金较高,则会降低老年劳动力参与劳动力市场的积极性。养老保险的预期会影响老年劳动者是否参与劳动力市场。社会保险与经济发展是相互影响、相互制约的,推动建立高水平、广覆盖的社会保险制度,能够实现经济社会持续、健康发展。但社会保险制度设计不合理就会通过收入再分配、消费、储蓄及劳动力市场等途径对社会经济发展产生阻碍作用。目前我国实行的社会保险制度还存在一些不完善的地方,养老保险的持续性问题、医疗保险的资源合理利用问题、失业保险基金的合理使用问题,生育保险、工伤保险参保范围狭窄等问题都是今后要解决的重点,只有建立完善的社会保险体系,才能进一步促进经济的发展。

延伸阅读

新业态下劳动与社会保险制度的检视

灵活就业概念首次出现在 2001 年 3 月第九届全国人大四次会议通过的《国民经济和社会发展第十个五年计划纲要》中,当时的提法是:引导劳动者转变就业观念,采取非全日制就业、季节性就业等灵活多样的就业形式,提倡自主就业。人社部将灵活就业界定为与正规就业相对而言的就业状态。按照有关政策文件的规定,灵活就业主要是指在劳动时间、收入报酬、工作场所、保险福利、劳动关系等方面不同于建立在工业化和现代工厂制度基础上的传统主流就业方式的各种就业形式。从内涵和外延上看,中国的灵活就业概念与国际劳工组织所使用的非标准就业基本相通。非标准就业对应的是非标准雇佣关系,标准雇佣关系是指雇主与雇员之间构成从属关系的雇佣形式,它以全日制、无固定期限合同以及社会保险覆盖为主要特征。非标准就业可以是正规就业,也可以是非正规就业。

新就业形态从业人员一般通过网上接单等方式承接工作任务,进入和退出的门槛较低,工作时间相对自由,劳动报酬是根据平台确定的规则和标准从消费者支付的费用中分成。新就业形态较为集中的行业主要包括交通出行、外卖配送、快递、直播以及网约家政服务等。不同行业平台的用工形式因经营模式的不同而有所差异。

大多数新业态从业者不被认定劳动关系,因而被排除在社会保险覆盖范围之外。尽管部分平台公司以购买商业保险的方式保障从业人员在遭遇意外伤害时的损害赔偿,如滴滴出行的"关怀宝"覆盖了司机发生交通事故、车内冲突、意外伤害、猝死、车险拒赔等情形后的补偿和援助,58 到家的意外综合险用于从业者服务过程中对雇主财物或人身的损害以及从业者自身意外伤害等,但这些商业保险从覆盖面到赔偿额都远无法满足新业态从业者的保障需求。

从 2017 年开始,国务院及人社部相关文件表明的基本态度是:新业态从业者与企业签订劳动合同的,企业要依法为其参加职工社会保险,未签订劳动合同的从业者可按灵活就业人员身份自愿参加养老、医疗保险和缴纳住房公积金。人社部一直在探索灵活就业人员的失业和工伤保险保障模式。灵活就业人员参保办法由各省结合实际制定。

根据劳动法、社会保险法和《国务院关于完善企业职工基本养老保险制度的决定》（国发〔2005〕38号）等法律法规和政策文件，与企业建立了劳动关系的新业态从业人员应按国家规定参加企业职工基本养老保险；没有建立劳动关系的从业人员，可以根据自身情况，按照所在省份规定参加企业职工基本养老保险，或者在户籍地参加城乡居民基本养老保险。个体工商户和灵活就业人员参加企业职工基本养老保险，可以在本省全口径城镇单位就业人员平均工资的60%至300%之间选择适当的缴费基数。

总之，以互联网平台为依托的零工经济已经成为日益普遍的新业态。新业态经营模式的特殊性导致新就业形态中从属性劳动关系模糊化，进而使从业人员游离在劳动法调整范畴之外，其劳动保护和社会保险权益受到直接影响。只有放弃传统劳动关系的路径依赖，以守正创新的思路重塑更具包容性和可持续发展性的劳动与社会保险政策，才是应对新业态发展对劳动力市场挑战的最佳选择。

三、社会保险制度的发展趋势

我国社会保障事业是世界上覆盖规模最大、发展速度最快的社会保障事业，不仅在增进我国人民福祉、改善民生方面发挥保障功能，而且在国际社会保障事业建设中发挥着至关重要的作用，其以人民为中心，坚持公平性与可持续性原则，为世界社会保障事业提供了新的建设方向与理念指导，具有历史性的意义与价值。未来，在正视我国社会保障事业当前实践优势与不足的基础上，通过制定和完善相应的法规和措施，可以提升我国社会保障事业的民生保障水平，促进我国社会保障事业高质量和可持续发展。

(一)完善立法，加强社会保险法制建设

在全面推进依法治国和加快促进社会保障体系走向成熟、定型的时代背景下，急切需要按照良法善治的标准来推进我国社会保险制度的法制建设，我国社会保险法制建设需要科学设定目标并做好顶层设计。明确社会保险法制体系建设目标需要做到以下几方面：

1. 明确社会保险法制体系建设目标：一部基本法＋若干部专门法

理想的方案是以现行的《中华人民共和国社会保险法》为基本法，同时根据不同保险项目的需要分别制定养老保险法、医疗保障（险）法、失业保险法、工伤保险法、护理保险法等多部专门法律，最终走向法典化。

2. 立足现实分两步走：从一法多条例到多法并行

第一步：从现在起到2025年完成"一法＋多条例"建设任务。一是根据社会保险制度的客观规律与发展需要，尽快修订完善现行的《中华人民共和国社会保险法》，使之能够为整个社会保险制度提供共同准则和基本依据；二是完成各项专门制度安排的法规建设任务，尽快修订完善现行的《失业保险条例》《工伤保险条例》《全国社会保障基金条例》，并在政策性文件的基础上，加快制定养老保险条例、医疗保障（险）条例、护理保险条例、社会保险基金监督条例等多部行政法规，全面满足社会保险制度发展实践的需要，让社会保险制度走上初级法制化轨道。

第二步:从2026年到2035年完成多法并行的目标任务。进一步完善社会保险基本法,同时将所有的社会保险行政法规全部上升到法律化层次,并完成法典化。这是中国特色社会保险制度全面走向成熟的客观标志,也是社会保险领域全面走向法制化、现代化的客观标志。

(二)渐进改革,增强制度的自身平衡能力

社会保险制度要与公共财政保持适当距离,科学选择参数调整时机和调整力度。我国人口规模大、地区差异大、群体异质性强,制度设计往往难以兼顾公平,参数设计总体较为粗放,执行中漏损严重。新时代社会保险政策应着重在凝聚共识、厘清权责、打破分割、持续发展等方面推进改革。应避免走高福利国家和欧洲债务危机国家社会保险制度"财政依附"的老路,明确财政在转轨历史债务、当期支付缺口和未来战略储备中的角色和出资规模,使社会保险基金能与公共财政保持适宜的相对独立关系,避免财政长期被动补贴。在参数调整的时机选择与力度上,应尊重制度运行机理,以小幅渐近模式为宜,以减少震动,避免机械的行政干预。

(三)结合实际国情,通过多项政策调整增强基金支撑能力

在待遇调整方面,应充分考虑养老金的刚性支付特性,由大幅普惠调整转为有重点倾斜调整,借鉴"高者低调,低者高调"的经验,以限高和定额方式调整高水平的待遇支付。

在退休政策方面,延长退休年龄是人口发展的必然趋势,应逐步引导社会预期,不断凝聚社会共识,小步渐近,从选择性延迟退休逐步过渡到强制性延迟退休。

在促进就业方面,应以"体面劳动""高质量就业"为导向,尊重新经济发展过程中的新业态就业人群的工作特性,调整社会保险体系的灵活性,以适应规模日益增加的此类群体的社会保障需求,避免因制度和管理的僵化导致这类人群社会保险的断缴和退缴。

(四)打破信息壁垒,推进精细化管理与服务

随着信息社会的不断发展,我国社会保障经办管理与服务发展呈现以下几方面的发展趋势。

(1)从单项业务到多项业务联动转变,如从医疗保险向医疗保险、救助与福利联动保障;从失业保险向救助与就业联动保障转变。

(2)从单向输出到双向互动转变,从社会保障的单方面服务与信息的输出,向公众参与、知情、监督、反馈的互动与输出并重转变。

(3)从注重管理过程向注重服务质量提升转变,强调服务社会化与保障精细化。为适应以上服务发展趋势,一方面应加快构建社会保障领域的"1+N"信息系统,"1+N"信息系统中"1"主要是指社会保障领域应建立一个规范统一的信息系统,该信息系统超越部门之上;"N"主要是指在基础性统一信息系统的基础上,各部门应根据自己的职责建立各自专业性的信息系统,专业信息系统之间、专业系统与统一信息系统之间应保持相互协作与配合的关系,以此实现数据信息集中共享,促进服务供需双方的精准对接。另一方面,强化信息系统数字化,提升基层社会保障经办服务能力建设,即利用信息化推动经办、服务标准化,促进我国社会保障事业的规范化运作。

(五)完善衔接,加快发展长期照护保险

伴随着中国人口老龄化、高龄化及失能化的快速发展,失能风险逐渐由传统家庭内部风险

演变成社会风险,长期护理服务需求随之日益增长。为了积极应对人口老龄化、高龄化、失能化等现实,人社部于2016年颁布了《关于开展长期护理保险制度试点的指导意见》,明确提出首先在上海、重庆、荆门等15个城市开展长期护理试点。2020年,国家医保局就《关于扩大长期护理保险制度试点的指导意见》向社会征求意见,并进一步明确新增试点城市14个,原则上确保每一个省均有试点城市,且强调了长期护理社会保险的独立险种地位。长期护理保险以社会保险为核心导向,独立于其他五个基本社会保险项目,其主旨是指在个体因年老、疾病或伤残导致的失能时,个体有权向国家或社会取得基本生活照料或与基本生活密切相关的医疗护理费用补偿或服务保障,但前提是其应承担对应的长期护理社会保险缴费责任。自2016年以来,中国长期护理社会保险试点取得了较大成绩,新一轮的长期护理社会保险试点城市增加也是推动中国长期护理社会保险制度发展的关键举措。

第二节 社会保险运营管理评价

一、社会保险运营管理模式

(一)运营管理

《管理学大辞典》把运营管理定义为对制造产品和提供服务所进行的设计、运行、评价和改进等活动。管理的对象是运营过程和运营系统。运营过程是投入、转换、产出的过程,是劳动过程或价值增值的过程。运营系统是使上述变换过程得以实现的手段,它的构成与变换过程中的物质转换过程和管理过程相对应,包括物质系统和管理系统。运营管理考虑如何对这样的生产、服务活动进行计划、组织和控制。

现代运营管理涵盖的范围越来越大,已从传统的制造业企业扩大到非制造业。其研究内容也从传统的生产过程计划、组织与控制,扩大到包括运营战略制定、运营系统设计以及运营系统运行等多个层次。把运营战略、新产品开发、产品设计、采购供应、生产制造、产品配送直至售后服务看作一个完整的"价值链",对其进行集成管理,供应链管理成为运营管理中的重要内容。

(二)社会保险运营管理

社会保险运营管理是指政府作为社会保险运营单位的社会保险经办机构,通过特定的组织机构和制度安排,对社会保险的各个计划和项目进行组织管理、监督实施,以实现社会保险政策目标的管理系统总称。

从纵向上看,社会保险管理包括立法管理、行政管理、业务管理和基金管理。社会保险立法管理即根据社会保险法及各项单独法律的规定对社会保险的各个方面,如费用征缴、保险金给付、基金营运与管理、社会保险业务的监控等依法进行管理,并根据法律条款的变更进行及时的调整。社会保险行政管理是指制定社会保险政策、解释法令、检查和监督社会保险政策法令的正确实施、受理社会保险业务中出现的申诉和争议、调解并依法裁决社会保险的各种纠纷。社会保险业务管理是指对社会保险计划的登记、建卡、审查，社会保险费用征缴，保险待遇计发与审查，组织协调与社会保险机关的各种业务活动和相应的有关社会服务工作。社会保险基金管理则是对各项社会保险基金的运行条件、基金管理模式及资产负债实行全面规划和系统管理的总称。

从横向上看，社会保险管理包括对各项保险业务的管理。养老保险管理包括对养老保险的个人建账、基金营运、保险金给付等一系列的管理。作为一项长期性的社会保险业务，养老保险管理最为复杂，是各项管理的重中之重。医疗保险管理包括对医疗保险计划缴费、津贴发放、医疗费用报销、费用控制等项目的管理。由于医疗保险涉及各方利益，其管理也具有相当难度。失业保险管理包括对失业保险费用征缴、失业资格审查、津贴发放、基金等项目的管理，同时还包括再就业培训、职业介绍等方面的管理内容。工伤保险管理包括对工伤保险费用征缴、伤残资格与等级审查、津贴发放、费用管理等内容。

(三)社会保险运营管理模式

世界各国的社会保险管理因各国不同的政治、经济、社会背景和历史传统呈现出差异很大的管理体制。如果按一些主要特征进行归类，可以划分为几大类型的管理模式，虽然在各大类的管理类型中又存在彼此交叉混合，但仍可勾勒出几种管理模式的基本轮廓。

1. 社会保险的集中管理模式

社会保险的集中管理模式是把养老、失业、医疗与工伤以及其他社会保险项目全部统一在一个管理体系内，建立统一的社会保险管理机构，集中对社会保险的各项险种基金营运、监督等实施统一管理的模式。英国、新加坡等是实施集中统一社会保险管理模式的典型国家。英国由卫生社会保障部负责实施对社会保险各项业务的集中统一管理。新加坡则由中央公积金局负责实施对养老、住房、医疗、教育等项目的集中管理，并对社会保险基金的投资营运实施集中管理，实现了经济发展与经济保障并举的目标，收到了较好的管理绩效。

集中管理模式的优点在于：第一，有利于社会保险的统一规划、统一实施，能够较好地避免政出多门产生的诸多利益冲突。第二，有利于社会保险各项目、社会保险运行机制各方面的相互协调，有利于社会保险基金在一定范围内的相互调剂。第三，有利于实现社会保险的有效管理，降低管理成本，更好地实现社会保险政策目标。第四，有利于实施社会保险计划的改革调整，增强信息管理、业务管理和基金管理的透明度。

集中管理模式的局限在于：对某些保险项目的管理与政府业务主管部门难以协调，如对失业保险、工伤保险的管理与劳动就业部门的就业促进、工伤预防等工作往往难以协调配合，进而影响管理效果。此外，这类管理模式以国家行政管理为主，使社会保险经费收支受政局变动或政府更迭影响较大，同时以行政管理的方式管理基金营运，相当程度影响了基金管理效果，并导致一些国家社会保险基金的流失。

2. 社会保险的分散管理模式

分散管理模式的特征是不同社会保险项目由不同政府部门管理，各自建立起一套保险执行机构、资金营运机构及监督机构，各个保险项目相互独立，呈现出较大的自主性。德国社保险管理体系是分散管理模式的典型,并获得了很大成效。德国社会保险机构的设置,实行以行业组织管理与地区管理相结合,保险机构由劳资双方共同参与、自治管理,政府一般不直接管理社会保险,只是设立专门的机构对社会保险进行监督,并根据各类保险项目的财务状况进行必要的财务平衡,确保社会保险制度的稳定运行。

分散管理模式的优点在于:管理机构具有较高的自主性和独立性,管理效率较高、透明度较大,管理法规明细、周全,管理程序与方式更能满足社会生活的实际需要。

分散管理模式的局限在于:管理成本较高,因机构庞杂和相互独立导致重复乃至资源的浪费。

3. 社会保险集散结合的管理模式

集散结合的管理模式是指将社会保险共性较强的项目集中起来,实行统一管理,而将特殊性较强的若干项目单列,由相关部门进行分散管理。较为普遍的形式是将养老保险、医疗保险、遗属保险等集中起来,由某一专门部门管理,而将失业保险、工伤保险交由劳动部管理,美国、加拿大、日本等国家都采用这一模式。

集散结合管理模式的优点在于:第一,它既能体现社会保险社会化、一体化的要求,又能兼顾个别项目的特殊性要求。第二,有利于提高管理效果,降低管理成本。第三,有利于在多层次社会保险制度中,对不同层次保障计划采取不同的管理模式。当然,这种管理模式的顺利运行需要有较为有利的内外部条件和管理环境。

(四)社会保险运营管理的必要性

(1)国家是社会保险的主体,举办社会保险既是国家的权力又是国家的义务,国家作为社会保险制度的保险人,在法理上是不可替代的。同时,国家或政府是全体国民的代表,发展经济、增进国民福利、提高国民生活质量、发展社会保险是政府重要的工作目标。因此,政府有必要制定社会保险的有关法律、政策,并监督其实施。

(2)社会保险是一种供人们消费的准公共产品,这种产品既具有私人产品的性质,又具有公共产品消费的非竞争性和非排他性的特点。只有由政府承担对这种产品的经营与管理,才能取得比较理想的效果。政府对社会保险进行管理和监督可以减少社会保险基金筹集和支付过程中的成本与费用,矫正和弥补市场机制下收入分配的缺陷。政府还可以通过对社会保险的管理与监督来调控宏观经济。

(3)由于社会保险涉及政治、经济、社会、法律等各方面,并且是介于各个领域之间的交叉领域,加之社会保险内容纷繁复杂,涉及劳动者的切身利益,因此,需要政府通过管理和监督来协调各方面的关系和利益,否则,可能影响社会保险计划的实施效果,进而影响社会保险目标的实现。

二、社会保险运营管理评价指标

社会保险运营管理评价指标反映社会保险基金的规模、安全性、流动性及保值、增值能力和社会保险的机构效率,主要包括总量指标、速度指标、保值增值指标、结构指标、投资收益率指标五大类。

(一)总量指标

社会保险总量指标包括社会保险数量指标和社会保险质量指标两种。在社会保险统计中，社会保险数量指标是反映社会保险总体绝对数量多少的统计指标，是用绝对数形式表现的，具有实物的或货币的计量单位，例如参保企业个数、参保人数、社会保险基金累计征收收入等。数量指标反映的是总体的绝对数量，它的数值随着总体范围的大小而增减，它是认识总体现象的出发点。社会保险的质量指标是在社会保险统计中，研究社会保险总体内部的数量关系和状况的指标。它反映社会保险总体内部标志总量与总体单位数目的对比关系，或标志总量之间的对比关系，例如社会保险覆盖率、社会保险基金收缴率等。

(二)速度指标

社会保险速度指标是衡量社会保险发展情况的指标，它考察一段时间社会保险的发展速度，主要包括社会保险基金的增长率、社会保险参保人数的增长率、社会保险人均年保费增长率、社会保险基金的净增长率。社会保险速度指标动态地反映了社会保险工作发展进程和社会效益，是反映社会保险事业最灵敏、最活跃的指标。为了真实反映社会保险基金的增长，应将剔除了参保人数增长和人均年保险增长后的增长额作为衡量指标。

(三)保值增值指标

社会保险基金的保值、增值是解决人口老龄化带来的代际负担加重问题的关键，可体现为社会保险基金的净增长。我们将利率增长与人均收入增长的积作为保值率，则增值率即为净增长与保值率的比值。

(四)结构指标

衡量社会保险基金的运营有三个原则：安全性、流动性、保值增值性。社会保险基金积累额一部分用于投资，另一部分形成储备以维持社会保险支出的不时之需。储备比例高表明基金安全，但流动性差，基金无法实现保值增值；投资比例高表示社会保险流动性强，但安全性却下降。储备比例是期末社会保险基金用于储备部分除以期末社会保险基金积累额的值，投资比例是期末社会保险基金除以期末社会保险基金积累额的值。

(五)投资收益率

运用资金总额投资收益率表明资金的投资效率、投资的增值能力，这一指标在摒除通货膨胀因素后高于同期利率水平方能说明投资的有效性，与市场的投资收益率相比较可以反映投资水平。

三、社会保险运营管理存在的问题

(一)社会保险运营管理与支配存在缺陷

在我国，社会保险基金的管理涉及多个政府部门的协同合作。一般情况下，国家首先设立管理部门，并在其指导下在各地区建立相应的社会保障局和资源部门。这些部门下面还设有更低一级的社会保险基金管理机构，它们在进行汇报工作时需逐级上报，形成了紧密的部门之间联系。在省级层面上，涉及的管理部门包括财政厅、人力资源和社会保障厅、卫健委等，这些部门之间利益相对独立。因此社会保险基金在收缴和支付方面采取由不同部门各司其职、分散管理的模式,这一定程度上会造成基金预算管理协调性不足。同时,在管理社会保险基金的过程中,相关人员需要处理大量的法律法规、政府文件和政策等行政事务,增加了工作的复杂性。由于部门间的协作和管理不足,有时不能及时有效地完成任务,导致管理工作与资金支配出现分离。因此,有必要建立科学化、合理化、规范化的管理模式。此外,在进行会计和审计工作时,由于缺乏统一的数据信息管理,以及社会保险基金运行未形成集中的监管体制,使得监管渠道缺乏一致性,从而增加了监督管理的难度。更严重的是,某些部门在缺少有效监管的情况下,可能会受到利益诱惑,挪用或滥用社会保险基金,这大大降低了基金的安全性。

(二)社会保险基金运营管理模式较为简单

目前,我国社会保险基金运营模式还比较简单,具有一定的单一性,这在极大程度上对我国的社会保险收益带来很大的消极影响,使其不能在维持现有基金价值的基础上实现相应的增值,从而也使我国的经济发展受到一定的限制。由于现阶段我国的经济发展水平已经得到较大的进步,公民参与投保的数量也在逐渐增加,因此我国的基金规模相对来说是比较大的,但是其在实际的资金运营管理中并不能有效地发挥其自身的潜力,这主要是由于管理模式存在一定的缺陷,并且缺乏多元化的投资渠道。通常情况下,相关人员是将相应的资金进行股票投资,或者是发放国债,但是如今的情况是大量资金没有得到及时有效的利用,反而投资很多收益较低的产品,从而致使基金的价值不能得到有效的实现,因此相关策划人员必须要针对社会保险基金发展的实际情况,不断地变革创新其运行方式,进一步促使投资渠道朝着完善化和多元化的方向发展。

(三)社会保险资金规模效益不高

当前,我国大多数拥有办理社会保险能力的机构,往往都采取分级化管理的模式,资金收取的方式也是现金支付。企事业单位或者中央的保险项目(包括失业保险、养老保险等)往往都是由省级部门统一管理,而县级部门与地级部门则统筹机关事业单位的养老保险。这种社会保险基金运营管理模式的弊端在于不仅资金无法集中在一起,而且各部门之间也无法进行统一管理;既然资金不能实现整合管理,那么社会保险基金的统一运营管理也就更无从谈起。不仅如此,地方部门与机构在实行收支两条线基金管理模式后,收取的社保基金一般都纳入地方国库,并落款在银行活期存款上,从某种意义上来说,造成了资源的浪费,使得社保基金的实际价值下降。除此之外,虽然相关部门、机构工作人员在行政管理方面的能力较强,但是其缺乏专业化的市场投资视野,在资金管理方面特别是市场投资方面的能力极其匮乏,从而无法规避投资风险,这也给社会保险基金实现保值、增值增加了一定的难度。

(四)社会保险运营管理内部控制薄弱

社会保险基金收支的具体业务由社会保险经办机构办理,而当前,很多部门的社会保险意识淡薄,挤占挪用社保基金的现象不断发生。部分地区扩大支出,违规运营社保基金;经办审核不严格,向不符合待遇领取条件人员发放待遇,报销路费;资金管理,业务管理不规范;等等。虽然国家出台若干规章办法,但仍有部分地区经办机构没有根据本部门、本地区的工作特点,制定适合本部门的内控管理制度。很多部门因为编制经费的局限,没有设置专职的基金监督和内部审计机构,使内部监督工作流于形式,应有的监督作用没有发挥出来。

四、社会保险运营管理的发展方向

(一)加强社会保险财务管理能力

需要严格按照国家政策规定和行业规范等做好基金的收集、调拨、使用、监管工作。要严格金融纪律,加强对金融安全的检查。社会保险基金不能用于收支管理和资金分配的,地区、部门、单位和个人可以包销平衡预算。通过运用财务管理技术和手段,加强财务核算分析,加强预算管理,确保基金安全、有序使用,同时要建立专门的、独立的社会保险基金账户,确保专款专用,还要积极探索如何实现社会保险基金保值、增值的新路径,这样才能更好地发挥社会保险基金的功能。

(二)完善社会保险运营监管体系

建立健全对社会保险基金全方位的监管机制。一是建立健全法律法规监管体系,加快社会保险基金管理的立法,规定基金筹集模式、来源渠道及各方负担比例,开发基金保值、增值的新途径,保证保险基金的正常运行。抓紧完善养老、失业、医疗等单项条例,以便从理论上和实践上为制定统一的"社会保险法"和其他各项单项法律创造条件。二是社会保障事业管理相关部门要履行好社保基金监督职责。三是推进社会保险基金监管的市场化,采用适当的市场化基金运作模式是基金保值、增值的客观需要。逐步放松政府管制,更多向市场机制回归,致力于向市场化方向的调整改革。四是财政部门、税务部门、社会保险经办机构不断完善内部监督机制,规范内审内控制度,确保社保体系规范有效运转。

(三)加强社会保险专职运营队伍的建设

社会保险事业的发展需要一大批专门的技术人才和管理人才,以确保社会保险工作高效、有序地运行。目前,社保机构运营管理方面的人才还比较缺乏,要在最近几年内加紧引进和培养专业技术人才。社保机构要着眼于建设人才队伍,建立客观有效的人才选聘、晋升、淘汰、培训、评价和激励制度,工作岗位实行资格准入持证上岗制度,逐步实现干部队伍年龄、专业、学历、技术资格等结构合理、有序,可以从社保、卫生、保险机构中抽调一批骨干充实到社会保险管理队伍中,同时要加快推进在职人员的学习和进修工作,有步骤地提高在职人员的知识素质和能力水平。可以发挥高校学科的综合优势,设置社会保险专业,培养急需的社会保险专门人才。

(四)建立统一的社会保险运营管理体制

社会保险制度框架的基本确立为建立统一的社会保险管理体制创造了良好的条件。1998年以来,我国社会保障制度改革迈出了重大步伐,政府进一步加大了社会保障制度改革的力度,建立了城镇企业职工基本养老保险制度、基本医疗保险制度、失业保险制度、城市居民最低生活保障制度、住房公积金制度和政府廉租住房保障制度等,形成了有中国特色的社会保障制度基本框架。经过多年的社会保障制度改革,全国各级社保机构也积累了相当丰富的社会保险管理经验,具备了建立统一的社会保障管理体制的物质基础和社会条件。目前,我国社会政治稳定,经济保持快速增长,综合国力显著增强,特别是党中央国务院对社会保障的高度重视,广大人民群众的理解和支持,这些都为建立统一的社会保障管理体制创造了良好的氛围。在当前的经济形势和国际大背景下,建立统一的社会保险管理体制时机已经成熟。

第三节 社会保险发展评价

一、社会保险发展评价的理论与方法

(一)动态的社会保险水平评估

国际社会通常用社会保险支出总额占 GDP 的比重反映一国或一个地区社会保险的总体状态,以此作为社会保险国际对比或地区对比。社会保险水平是质与量的统一,保持适度的社会保险增长水平,既要满足当前需求,又要满足未来需求,由于社会保险的刚性驱动,基线一旦确定,只宜上升而不能下降。因此,研究社会保险在不同时期的适度水平,要与不同时期 GDP 的增长、失业率、储蓄、投资、消费等经济变量联系起来,同人民生活质量联系起来,一方面既要避免发生社会保险财务危机,另一方面又不能超越国民经济发展的承载能力。社会保险水平表现为社会保险负担系数与劳动要素分配系数的乘积。

(二)社会保险禀赋资源评估

研究常以人均社会保险资源为依据,度量社会保险可持续发展,其中社会保险资源供给包括基本养老水平、医疗水平、社会救济水平、就业机会、社会福利增量、社会保险基础设施投入等,只要未来的人均社会保险资源保持一定的增长,那么社会保险就是可持续的,它体现了可持续发展所包含的代际公平内涵。由于社会保险可持续发展强调社会与经济之间的相互协调,因此社会保险禀赋资源不仅局限于经济意义上的社会保险存量与增量,而且还包括与可持续发展密切相关的社会保险法制、社会保险公共政策、社会保险伦理与公益事业等方面的全面进步。

社会保险组织状况的好坏都将对社会保险的发展起促进或抑制的作用,从基金的角度看,社会保险禀赋资源包括过去、现在、未来三个方面:采取多种方式包括依法划转部分国有资产充实社会保险基金,就是用过去积累的财富补偿过去的社会保险负债;在社会保险运行过程中,企业与个人按时缴纳社会保险费,以及财政预算中加大社会保险支出,就是对现有的经济资源中分割一部分用于社会保险;发行社会保险长期债券,是提前使用未来的经济资源,但必须适度。

(三)数学模型方法评估

数学模型法建立在一定的理论基础之上,揭示出指标与变量之间的深层次关系,其选择的指标与数据的余地较大,可以避免数量繁杂的信息干扰。如中国社会保险制度改革中个人行为分析模型、两阶段搜寻模型;养老保险供给模型、下岗职工基本生活保险资金来源模型;养老

保险基金运营模型;阿德曼和罗宾逊的可计算的一般均衡(computable general equilibrium, CGE)模型;下岗职工再就业预测因素模型;中国社会保险水平测度模型;社会保险精算模型;等等。这些数学模型为丰富我国的社会保险理论研究做出了有益的贡献。数学模型对社会保险可持续发展评估的局限性在于它是在一定的假设条件下反映变量之间的理想化关系,易于和现实社会保险的运行形成一定的偏差,不易对现实过程做出全程的、综合的详细描述与评价。目前我国社会保险的研究大量还停留在定性分析阶段,揭示社会保险的数量关系、数量界限与数量特征还有许多课题值得研究,对可持续发展而言,其量化分析日益迫切。

(四)指标体系法评估

社会保险涵盖范围十分广泛,从社会保险资源的有效配置、社会保险组织的有效实施、社会保险的公平与效率等角度考虑,都有必要建立综合的反映社会保险可持续发展的指标。社会保险可持续发展指标是社会保险精算的基础,综合、系统地说明社会保险各方面的相互联系,反映我国社会保险的增量,反映社会保险事业与经济、社会发展的内在联系。社会保险可持续发展指标包括宏观、中观、微观三大层次:宏观层次反映整个国家社会保险综合层面,具有统一性、权威性;中观层次反映各地区、各部门的社会保险统计指标体系,是宏观层次的延伸与辐射;微观层次是基层社会保险统计指标,它既要符合国家及上级部门社会保险统计指标的要求,又要对基层社会保险统计工作进行有效服务与监督,揭示社会保险工作中存在的问题与要求。社会保险统计指标要与社会保险会计指标、业务指标相一致,要遵循科学性、整体性、可行性、可比性与统一性的原则,满足于社会保险过程及未来进行有效的分析与预测。

二、中国社会保险发展能力评价

(一)养老保险发展能力

刘蕾蕾从待遇充足性、财务可持续性、成本可负担性、制度的稳健性四个维度构建养老保险可持续发展综合评价指标体系,评价了中国城镇职工养老保险可持续发展的状况。采用养老金替代率、覆盖率、保障率来衡量充足性;采用基金结余率和累计结余量来衡量财务可持续性;采用养老保险系数(养老保险支出/国内生产总值)、制度赡养率(离退休参保人数/在职参保人数)、个人保险系数(养老基金支出/缴费工资总额)来衡量成本可负担性;采用老年抚养比、人均GDP、工资增长率和财政负担率四个指标来衡量制度稳健性。选取全国31个省区市《中国统计年鉴》《中国保险年鉴》2018年指标数据,基于构建的指标体系,采用熵值法计算的2018年城镇职工养老保险可持续性发展水平测度结果。

结果表明,从可持续性发展整体来看:全国可持续性发展综合指数为3.3563,有23个地区指数低于全国平均水平,说明地区间存在较大的差异性和不平衡性,大部分地区的可持续性发展水平有较大空间提升。在待遇充足性方面全国的均值是1.0673,全国仍有15个地区位于平均水平之下,说明仍有半数地区的养老金待遇充足性不能满足退休之后人们的养老需求。财务可持续性全国均值是0.5194,仅有10个地区高于平均值,表明大多数省份基金结余状况不容乐观,财务可持续性亟待提高。基金稳健性和成本可负担性全国均值分别为0.7262和0.8137,分别只有12和15个地区高于全国平均值,在成本可负担性和基金稳健性方面仍存在较大的作用空间,而成本可负担性方面位于第一的福建的得分是黑龙江的13倍,地区之间表现出明显的不平衡性。

总体而言,各个地区之间存在着明显的地域差异,运用自然断点法根据指标之间数值的差异性将其划分为五类地区,其中第一级代表评分等级较好,表现优异的地区,将类别设定为五类,数值由高到低,将31个地区分为五个等级。养老保险可持续发展水平综合指数显现了东部地区高,中西部地区低的区域特征。广东、北京、上海属于我国经济高度发达、人口流入较大的地区,养老保险的参保率较高,养老金连年结余,养老金缴纳程序规范,经济实力和人口结构方面都具有较大优势,年轻人口的大量流入,整体就业质量高,第三产业数量多且发展实力强劲,城镇化率高,老年人口抚养率较低。这些都使得它们在充足性、可持续性、稳健性、可负担性四个指标方面都表现极佳,均处于第一级类别。而黑龙江、吉林、辽宁三个地区却与之相反,作为早期重工业发展重地,国企较多,城镇化较早,但近些年人口外流严重,领取养老金的人群比例逐年升高,老龄化程度高,养老负担加重。这一系列因素导致其可持续发展综合水平较低。

唐柯从筹资的角度分析了城乡居民养老保险的可持续性。研究认为,当前我国城乡差距比较明显。社会基本养老保险的发展程度往往与经济发展水平直接相关,如果经济发展水平较高,居民收入也会相对较高,那么在推行社会基本养老保险制度时,无论是居民参保率还是人均养老金水平,自然也都会更高;相反,如果经济发展较差,那么在居民收入较低的情况下,居民参保率与人均养老金水平也会有所下降。受我国城乡经济发展水平差异的影响,当前城乡地区的养老保险发展水平同样存在不小的差距,即便我国城镇与农村社会养老保险已经合并,但由于个人可以从多个缴费档次中自主选择,所以收入较高的城镇职工的参保率及其选择的缴费档次均较高,而收入较低的农村居民普遍选择较低的缴费档次,这对于城乡居民基本养老保险筹资工作显然非常不利。

此外,逆向选择风险较高。在保险市场中,人们的保险选择通常都具有逆向性特点,即保险的风险与赔付率越高,人们选择该保险的倾向性就会越强;反之,如果保险赔付率较低、覆盖范围较小,那么即便其风险较低,人们一般也不愿选择该保险。这种保险选择上的逆向性特点本身并不会对城乡居民基本养老保险的筹资造成影响,但由于我国养老保险筹资机制遵循了自愿性原则,是否参保及缴费金额多少均取决于参保人的主观意愿,因此在城乡居民基本养老保险筹资工作中,经常会发生受逆向选择影响的道德风险。例如:在农村地区,年轻人的投资渠道较多,收入来源相对稳定,但参保意愿大多都不强烈,而劳动能力较差的老年人虽然拥有比较强的参保意愿,但由于其收入来源并不稳定,投资渠道也非常少,只能选择较低的缴费档次,有些完全丧失劳动能力的人员甚至会因缴纳不起保费而选择退出养老保险体系。这类现象的出现不仅不利于社会养老保险制度的推广,同时整个养老保险体系也可能会陷入"缴费金额提高促使居民退出保险市场、参保人数减少迫使政府提高缴费金额"的恶性循环中。

(二)医疗保险发展能力

沈梦雪等构建了中国城镇职工医保基金可持续发展能力压力-状态-响应(PSR)模型,从压力、状态、响应三个方面测度了城镇职工基本医疗保险的可持续性。其中,压力是基金运行时受到社会环境中经济发展、人口结构变动等众多因素的所带来的"压力";选取经济、人口等方面的代表性指标,包括参保人数、就业人员平均工资、医疗保健类居民消费价格指数、人口自然增长率、城镇化率、老年抚养比和退休在职比作为职工医保基金的压力指标。状态主要是基金的收支和结余情况,反映的是职工医保基金运行的"状态";选取人均医保基金支出、当期基金结余率和基金累计结余率3个代表性指标。响应是指政府作为医保举办主体,针对"压力"和"状态"所做出的响应措施,也就是政府实行支付制度改革、医药价格管制等相关政策后实际效果的体现;选取人均诊疗费用、居民人均就诊次数和平均住院日作为响应指标来反映政府政策调整的效果。

结果显示,2017年全国职工医保基金可持续发展综合评价值为0.403,高于福建、湖北等28个省。各省份的综合评价值差异明显,北京市最高,为0.677,贵州省最低,为0.206。全国31个省区市中,北京、上海、广东、江苏、浙江等经济发达省市的综合评价值高于其他省份,而江西、安徽、青海、广西、贵州等省区的综合评价值相对较低。由此可以看出,医保基金的可持续发展能力各地区之间不均衡,且与地区经济发展水平密切相关。西藏、北京、福建等省区的状态值较高,说明这些地区职工医保基金的供给能够更大限度地保障参保职工的基本医疗卫生服务需求,基金的当期和累计结余处于相对合理状态。

各省的响应值差异较大,北京、上海、浙江等省市的响应值较高,在0.20以上。说明这些地区对自身医保基金运行状态以及面临的压力能够做出有效响应,通过及时制定或调整政策来增强基金的可持续发展能力。而贵州、江西、广西等省区的响应值均在0.05以下,特别是贵州省,响应值仅有0.016。说明这些省份在基金运行面临压力时,没有出台应对政策或者所提出的方案对缓解运行压力的效果不明显,需要对方案进行改革或提出新理念、新措施。

综合各省份压力、状态和响应值的差异状况来看,差异最大的是响应值,最小的是压力值。这表明在经济社会发展变迁的大环境下,各省基金的运行均受到大环境下各种客观复杂因素的影响。但政策的调整属于主观行为因素,其调整效果存在较大差异,增强政府责任,及时进行政策调整或改革对基金可持续发展有较大影响。

从2002—2017年我国职工医保基金可持续发展能力评价结果可以看出,2002—2017年职工医保基金可持续发展能力的综合评价值整体呈增长状态,从2002年的0.334增长到2017年的0.403,年平均增幅为1.39%。2008—2009年,综合评价值突然急剧下滑,可能受到金融危机造成的经济发展下降、城镇失业率提高等因素影响。从各项目评价值的变动情况来看,压力值从0.187增长到0.205,年平均增幅为0.79%;状态值从0.079增长到0.094,年平均增幅为2.29%;响应值从0.067增长到0.104,年平均增幅为3.73%。

其中,压力值增幅最小,说明内外部环境对基金可持续发展带来的影响越来越深。状态值在2002—2009年波动明显,2009年以后开始较为平稳,且2014年以来呈下降趋势,说明医保基金的收支和结余状态渐趋平稳,但收支平衡性却有所下降。相对而言,响应值的增速较快,但在后面几年增幅也有一定程度的下降。响应值的上升说明政府在应对社会经济环境的复杂影响时所做出的政策调整效果明显,平均住院日、人均诊疗次数等得到有效控制,调整之后的政策能更好地适应社会经济的发展和参保职工的基本医疗卫生服务需求,基金可持续发展能力进一步增强。后面几年增幅出现一定程度的下降,说明政府前期政策调整所带来的收益已经逐渐不能抑制社会经济环境中客观因素带来的负面影响,基金可持续发展能力有所减弱。

张心洁等通过构建动态人口增长预测模型和城乡居民医保基金收支预测模型,分析了城乡居民医保基金的财务运行状况和可持续性。结果表明,我国城乡居民医保基金支付压力不断增加,甚至面临收不抵支的风险,其中一个重要原因就是人口老龄化进程加快。数据显示,截至2017年底,我国60岁及以上老年人口占总人口的比达到17.3%。为缓解人口老龄化可能带来的一系列问题,国家逐步放开两孩生育政策。2016年底,全国妇联《实施全面两孩政策对家庭教育的影响》的调查报告显示,近万户家庭中有两孩生育意愿的仅占20.5%,不确定是否生育的占26.2%。基于此,相关研究首先计算了实际生育意愿(占比20.5%)下的两孩生育情况,以考察如果维持当前水平,城乡居民医保基金的可持续运行情况。维持当前生育水平,基金将先后于2023年和2029年出现当期结余和累计结余赤字,也就是说,预测期内基金不可能实现收支的纵向平衡。随即,基金将启用累计结余以应对当期结余赤字,并在2029年发生累计结余赤字,2030年时累计结余赤字为5994.90亿元,2050年时进一步增加至566875.5亿元。

当"全面两孩"生育意愿为0时,城乡居民医保基金将先后于2021年和2026年出现当期结余和累计结余赤字。但随着生育意愿的提高,基金发生当期结余赤字和累计结余赤字的时点随之后移,累计结余赤字金额也逐年减少。如当两孩生育意愿达到80%时,当期赤字和累计赤字发生的时点将分别后移至2025年和2031年,2030年时城乡居民医保基金将出现累计结余,累计结余金额为755.87亿元;2050年时基金的累计结余赤字金额也将明显降低,相较当前水平下的基金赤字金额下降24.7个百分点。可见,实施"全面两孩"政策对提高城乡居民医保基金的可持续运行能力具有显著的促进作用。

(三)工伤保险发展能力

随着工伤保险覆盖面的不断拓宽,基金年收入仍将呈上升趋势。截至2015年,工伤保险基金已有1200多亿元的基金结余。在工伤保险资金充足的条件下,2015年7月22日,人力资源和社会保障部、财政部联合发布《关于调整工伤保险费率政策的通知》,要求各省降低工伤保险费率,减轻企业负担,优化营商环境。此后,在统筹考虑社会经济发展和社会保险关系的基础上,各地不同程度地降低了工伤保险费率,同时进一步完善制度,扩大工伤保险覆盖面,提高工伤保险的覆盖能力和保障水平,工伤保险参保人数持续增加。根据人力资源和社会保障部公布的数据,截至2023年底,中国工伤保险参保人数突破3亿人,为3.02亿人,同比增加1054万人。

工伤保险制度的发展完善对社会经济发展具有重要意义。工伤保险制度不断完善,已为劳动者给予更加全面、高水平的劳动保障。近年来,工伤保险覆盖面不断扩大。2023年,安徽省、上海市、海南省、湖北省等地均出台相关政策和意见,拟将超过法定退休年龄的就业人员等群体纳入工伤保障,使工伤保险惠及更多特定群体。这一举措被认为是"全面清理阻碍老年人继续发挥作用的不合理规定"的重要途径。以往的工伤保险实践中,超过法定退休年龄的人与用人单位的雇佣形式为签署劳务合同,因而不在工伤保险的覆盖范围内。但在全社会积极应对老龄化、推动老年人社会融合的背景下,扩大工伤保险的年龄覆盖范围无疑是为老年人继续就业提供了坚实的制度保障,是消除老年劳动者保障"法制真空"的重要一步。

从经办发展方面来看,工伤保险的经办管理不断发展完善。2024年,人力资源和社会保障部发文宣布在全国范围内启动工伤保险跨省异地就医直接结算试点工作,为期一年。以期通过试点建立运行顺畅的异地就医结算机制。部分地区以社保经办数字化转型为抓手,推动数字技术赋能工伤保险经办服务,以"数据多跑路、群众少跑腿"提高工伤保险经办效率。具体地,加强工伤保险基础数据整合,建立工伤保险基础数据库,实现数据资源多层级、跨部门共享,为工伤医疗费联网结算夯实数据基础;推动全市16家工伤保险医疗协议机构工伤医疗费联网结算全覆盖,有效解决用人单位或工伤职工跑腿和垫付的难题,切实增强了群众的获得感、幸福感;开发手工报销辅助系统,建立完善电子档案,实现票据等的智能审核,极大提升工伤保险经办效率。

综合来看,工伤保险参保人数持续增加,工伤保险扩容有序推进,使其维护社会经济秩序的效能发挥更加顺畅。同时,数字技术等的应用也为工伤保险未来的发展创造了更多空间。

(四)失业保险发展能力

中国失业保险覆盖水平稳步提高。根据《人力资源和社会保障事业发展统计公报》和《劳动统计年鉴》公布的数据,2022年中国失业保险覆盖率已上升至51.8%,同时失业保险基金结余达到2891亿元。2010至2022年,中国失业保险覆盖率从2010年的38.6%,逐步升至2022年的51.8%,覆盖面增长幅度达34%。同一时期,失业保险基金收支状况发生了较大变动。2019年前,中国失业保险基金收入大于支出,而2019年后,支出大于收入或收支基本平衡。2018年前,失业保险基金结余持续增加,2018年失业保险基金结余最高达5817亿元。2019至2022年失业保险基金结余快速减少,2022年已减少为2891亿元。有分析指出,这可能与同时期的失业保险费率阶段性降低有关。同时,受重大突发公共卫生事件冲击,失业保险基金面临更大的稳岗补贴和失业救助金的发放需求。有研究指出,疫情冲击后我国失业保险基金累计结余不断减少且消耗速度较快,若无其他政策干预,2025年累计结余将耗尽,2020至2025年6年间消耗速度均在30%以上。从更长期来看,2026—2035年我国失业保险基金累计结余消耗速度能够控制在30%以内,但累计缺口仍逐年扩张且年扩张规模和当年总规模均非常大。因此,失业保险基金面临着较大的收支压力,在"降低费率"和"扩大覆盖"的同时,仍需警惕基金支付风险,避免基金过度消耗。

当前,中国产业转型发展纵深推进,建立高技术、高质量、高效能的新质生产力迫在眉睫。企业的转型和重组等均可能导致结构性失业。在经济社会持续发展、人民生活水平不断提高的环境下,全社会失业保险需求的水平更高、结构也更加复杂。因此,失业保险长期的发展能力对稳固经济发展、提升产业发展效能至关重要。但同时,社会失业保险还存在社会知晓度不高、领取限制条件严格等现实困境,限制了失业保险的发展和功能的发挥。因此,失业保险仍需进一步稳固基金规模,加强政策宣传,扩大受益群体,提高保障水平,为全社会劳动者提供更大的安全感和信心,为产业转型和经济高质量发展提供更坚实的支持和保障。

第九章 社会保险国际比较

第一节 社会保险的起源与发展

德国是现代社会保障制度的母国。1881年,威廉一世根据俾斯麦的建议,颁布"皇帝诏书",决定"用积极的手段来改善工人的福利",开始了大规模的社会立法活动,1883年《工人医疗保险法》、1884年《工伤事故保险法》和1889年《伤残和养老保险法》的出台使得德国成为第一个建立了现代社会保险制度的国家。经过一百余年的发展,德国成为目前全世界范围内社会保障立法体系最为健全、法典化程度最高的国家之一,其社会保障制度形成了以社会保险为支柱,以社会促进、社会补偿、社会救助为补充的完整体系,开创了与英美、北欧完全不同的"德国模式",而其基本原则、法律框架很大程度上都来源于19世纪末的俾斯麦社会保险立法。

一、前俾斯麦时期的德国福利制度

关于社会保险制度为何最早出现在德国,学术界有不同的观点:一派认为这是俾斯麦采用波拿巴主义统治手段的体现,是反社会主义非常法的必要补充;另一派则认为社会保险制度的建立,在某种程度上是德意志第二帝国民主化进程的反映。从历史制度主义角度来看,任何一种制度产生时都有既有制度的存在,制度与新的利益主体发生冲突会引发新制度的创设,从社会保险立法之前德意志社会存在的相关制度出发进行研究,能够更真实和客观地认识社会保险制度的起源。

(一)行会组织的社会保险实践

任何一种制度产生时都有既有制度存在,在俾斯麦实施社会保险制度之前,德意志就有存在于各处的、由劳工自行组织的各种行会互助组织,其承担着经济职能、社会职能和政治职能。行会的经济职能主要是管理、监督城市工商业经济活动,行会的社会职能主要是互助、救济及部分宗教性职能,行会的政治职能体现在行会是构成市政机构的选举单位,是城市武装的基本组织,具有内部的司法仲裁权,构成沟通国家和市政机构与行会成员的中间环节。行会把中世纪城市的社会与经济生活组织起来,是欧洲合作主义的早期实践。

德国的采矿业早在12世纪就出现了互助性行会组织,行会章程规定会员会费的一部分用来救济鳏寡孤独者。后来这一行为演变成捐赠,矿工们在发工资日设立一个募捐箱,个人根据自己的意愿进行捐赠。逐渐地,这种捐赠发展成为缴费,并形成固定的互助基金,用于支付矿工及家属的医疗药费和丧葬费。这些自发的行会行为,为德国现代社会保险制度的产生提供了思想基础和实践经验。行会模式满足了人类的互助需要,会员的风险得到一定程度的保障,生活有了改善。行会立足的自治原则也被纳入法人结社主义和互助主义的意识形态之中,成为天主教会的教条,在教皇关于社会问题的重要教谕中得到了积极的宣传。德国作为后发工业化国家,行会的传统影响深远,为社会保险实施提供了模板。

(二)行会组织中的利益格局

利益集团这一概念最早出现于政治学领域,后来又被经济学、社会学等学科使用。广义的利益集团是指寻求有利于其团体目标或共同关心的政府政策的集体,立法机构和政党都包含其中;狭义的利益集团是指那些致力于影响国家政策,但并不图谋组织政府的组织。需要说明的是,利益集团这一概念是为了进行分析而使用的,现实中存在的只是某协会、工会、联合会等团体,这些团体起着利益集团的作用。

德国在19世纪初开始了工业化,工人阶级力量日益壮大,1871年工人阶级人数约820万,占德国人口的20%,1882年增至1135万,占人口的25%。同时,工人阶级面临越来越多的社会风险,他们的处境极为艰难,工资水平极低,工伤事故频发。工会和社会民主党鼓励工人加入行会互助组织,以使风险得到部分化解。互助组织的规模因此而迅速膨胀,并表现出极为强大的联合力量。1880年底互助组织有会员6万多名,到1885年就迅速增加到73.1万名。工人的境况得到改善,工会和社会民主党在工人阶级中的威望也越来越高。

行会互助组织的壮大和社会民主党权威的提升,被时任首相俾斯麦视为"国家威胁"。他认为社会民主党问题已经不仅仅是法律问题,更是战争和政权问题。统治者要维护政权稳定,必须得到工人阶级的支持,从这层意义上说,德国既有的行会互助制度所形成的权力格局,对统治者形成了一定的威胁,他们必须对此做出回应。为此,俾斯麦于1878年颁布了《反对社会民主党企图危害社会治安法令》(又称《非常法》),以镇压社会民主主义运动,并视图控制行会组织。但是这一举措并未能摧毁社会民主党。俾斯麦意识到,单靠"大棒"无法平息工人运动,必须辅之以"胡萝卜"改善工人处境,才可能取得胜利。

俾斯麦采取"胡萝卜加大棒"的两手策略巩固统治,一方面继续执行《非常法》,另一方面,俾斯麦计划将政府的力量介入当时存在的各种行会组织中,以中央集权的方式管理对其实施政府全面干预的国家法团主义保险制度,将保险事业完全纳入国家经营和管理中,进而实现对工人阶级的全面控制。可见,工人运动和行会组织的发展壮大所形成的利益格局,对德国政权形成了威胁,成为社会保险制度的直接推动力。

二、利益集团与社会保险制度的产生

处于统治地位的个人在政治上依赖于特定群体集团的支持,这些集团使政体得以生存下去。很多政策在官方意识形态中都包含着为公众利益服务,但是作为权威性社会价值分配方案的政策,更倾向于为能够有效地参与政治生活的群体服务。因此,工人运动并不会自然地创设出福利国家,与社会保险相关联的各种利益集团也在深刻地影响着制度的产生。

(一)社会政策学会的倡导

保守主义者倾向于法团主义和家庭主义,其逻辑是为了社会整合,传统的地位关系必须得到维持。代表人物古斯塔夫·冯·施穆勒和阿道夫·瓦格纳等经济学家成立了讲坛社会主义学派,提出国家干预经济思想,认为国家是超阶级的组织,可以在不触动资本家利益的前提下逐步实现社会主义,国家应该为民众的幸福和福利负责。讲坛社会主义学派于1873年成立了"德国社会政策学会",认为德国最严重的经济问题是劳工问题,国家应该通过实施一系列社会政策,包括强制性的社会保险、缩短劳动时间、改善劳动条件、仲裁劳资纠纷和工厂监督等,保护劳动者的正当权益,才能维护政权的稳定。瓦格纳曾建议俾斯麦,政府不仅要积极推动社会福利与保险政策,而且应该建立由国家主导的制度化的控制体系,以服务于国家经济和强权政治的发展。

受社会政策学会的影响,俾斯麦开始考虑一个综合性的社会保险计划,策划者西奥多·赫曼指出计划的本质是:"社会保险立法必须服务于落实政府意图的目标,以及政府在社会秩序中的权威目标。"1881年帝国国会上威廉一世陈述了社会保险框架,宣称社会疾病不必绝对地通过压制社会民主党的过激行为得到解决,同时也要依靠推进工人阶级的福利来解决。国会报告提出建立医疗保险、工伤保险、老年和伤残保险三项制度。

(二)劳资利益集团的推动

很多研究将俾斯麦时期的社会保险制度视为工人阶级力量的折射,但是事实上,社会民主党和工会最初是反对社会保险制度的。俾斯麦将社会保险作为政治工具,坚持国家通过财政税收直接提供社会保险资金,并全面管理资金运作和发放,以便将工人阶级与君主制的父权主义权威直接相联。这种国家本位主义的社会保险计划虽然得到了一些人的支持,也遭到了抵制,反对者或是基于各邦对于普鲁士意欲集权中央而打破联邦均势的疑虑,或是基于自由主义的理念质疑政府征税的合法性而对此举持否定态度。

由于工人运动不论在国家还是在市场中都处于劣势,工人阶级也急于发展出属于自己的社会保险体系,因此,当俾斯麦试图通过国家出资国家管理的社会保险计划来拉拢工人阶级时,却遭到了他们的坚决反对。受限于时局,俾斯麦最终做了政治妥协。社会保险资金通过保费方式筹集,雇主与雇员各负担一部分,社会保险管理则按出资比例由劳资双方共治,这一权责一致原则为劳资双方提供了在社会保险体系中进行协商的机会,并逐渐成为社会伙伴。

三、社会保险制度影响利益集团

历史制度主义认为,利益由制度界定,如果说利益集团塑造了制度,那么制度同样也塑造了利益集团,并改变着利益集团的行为。制度一旦确立,就能够对其利益相关者策略产生有力影响,制度延续能够深刻影响行动者的战略、利益取向、身份认同和自我定位。可以说,福利制度促成了利益集团的发展。

(一)公务员成为特殊利益集团

俾斯麦社会保险根据职业分三类实施:对国家公务员实行"供养",对工人和职员实行"社会保险",对非就业弱势群体实施"社会救济",其中的社会保险也因职业地位不同而异。社会保险成为一个地位等级定位系统。这个系统试图形成两个分层,一是对不同阶层与地位的团体制订不同的方案,以巩固社会阶层之间的分化;二是将个人的忠诚与政府的权威结合在一起,这也是俾斯麦提倡由国家直接提供社会保险资金的根本动机。

俾斯麦社会保险体现了国家法团主义传统,其中特别重要的一点是给予公务员特殊的福利权利以突出这一社会群体优越的社会地位。马克思·韦伯指出,德国的官僚体制是维护容克统治的工具,实行独立于法定社会保险的公务员供养制度,目的是使这部分专业人员的敬业精神与国家利益相互作用,以鼓励其对国家的忠诚,标明公务员这一群体独特而优越的社会地位,即用社会政策动议来塑造阶级结构。

(二)劳资双方形成社会伙伴关系

社会保险基金管理权按照劳资双方的财务负担比率而定,医疗保险资金的70%由雇员缴纳,因此雇员有权选出医疗保险管理机构管理者人数的70%,这有利于劳方利益集团对医疗保险管理机构形成控制地位。表9-1为俾斯麦社会保险的出资和管理情况。

表9-1 俾斯麦社会保险的出资和管理情况

社会保险	资金来源	管理者(按出资比例)
医疗保险	70%雇员出资,30%雇主出资	70%雇员代表,30%雇主代表
工伤保险	雇主	雇主
老年和残疾保险	财政定额补贴,其余劳资各负担一半	政府管理,劳资代表监督

社会民主党人决定性地利用了这一点。医疗保险公司的各种管理机构,很快变成了社会民主党的中层干部和领导人物发挥实际政治影响力的最高级的学校和场所。劳资共治原则和按出资享有同比例管理权的权责一致原则,保证了劳方在自治机构内部有广泛的活动范围,医疗保险基金会的管理权更是掌握在工人和社会民主党手中。地方医疗保险基金会甚至被认为是德国社会民主党的"副组织"。工会和社会民主党的力量进一步壮大,与雇主协会的谈判能力得到快速提升,双方关系逐渐由对抗趋向于合作,逐渐形成了"社会合作伙伴关系"。在总体经济层面上,社会伙伴通过各自在社会选举中当选的代表,影响社会保险的劳资共治以及劳工法院和社会法院的司法管辖权。在协会层面上,工会和雇主协会作为薪资双方谈判商榷一般的工作和报酬条件。相对于法国等欧洲其他国家而言,德国的劳资关系更为平等和稳定。

四、俾斯麦时期社会保险制度的评价

回顾德国社会保险制度的产生过程,可以看到利益集团与社会保险的相互作用。德国率先将中世纪行会传统中基于主仆关系的雇主责任,发展成通过国家立法而设立的社会保险制度,这对于德国的社会经济进步以及世界社会保障制度的发展都具有非常重要的意义。

(一)等级制社会保险存在隐患

按照职业分类的社会保险体系依照职业群体的利益而制定,由此出现了一个内部十分歧异的法规体系,社会整体经济和人口因素对社会保险调控的重要性越大,就越难去协调这些分歧,同时也容易受到利益集团的左右。

一方面,德国的社会保险制度引发了公务员群体与工人阶级的长期对立。在法团主义体制下,区分等级地位的社会保险使得公务员成为特殊利益群体,他们乐于保留按职业划分的社

会保险方案,并使之制度化。既得利益群体为了保护其地位与特权,反对社会民主党的去法团主义努力。新兴的工人阶级大众政党则致力于争取全面平等的社会保险,反对按地位区分的社会保险特权。另一方面,社会保险的长期财政稳定同社会地位分层化的程度是负相关的,财政供养体制免除了公务员的筹资义务,这些收入颇丰的稳定就业人群不需要为社会保险体系缴费,在很大程度上影响着社会保险的筹资能力。

(二)自治原则强化了劳资合作

由劳资双方代表按照出资比例组成的社会保险自治管理机构是社会保险的经办机构,是接受国家监督的独立公法法人。社会保险的劳资共治原则体现在社会保险的整个过程中,包括筹资、运营管理、待遇给付等各个环节,其本质是劳资双方共同承担制度风险,有利于促进双方的理性协商合作。

德国社会保险制度得以实现持久存续,强大的工会组织、强制性的行业协会和雇主协会之间达成的合作主义体系是特别重要的稳定机制,在克服集体行动困境及督促雇主放弃一己私利而实现共赢上,雇主协会组织发挥着非常重要的作用。德国的社会保险制度在政权几经动荡之后不但延续了下来,而且其中最重要的劳资共治原则还得到了强化。制度的连贯性与其说是建构出来的,不如说是通过相关利益群体的政治协作和不断地联合博弈来实现的。

(三)社会保险促进社会进步

俾斯麦时期的社会保险受益者是雇佣劳动者,其着眼点在于保障资本主义的发展。初期的社会保险待遇水平极低,人均社会保险支出仅为2马克左右,没有起到太大的物质帮助作用。就养老保险而言,享受条件也很严格,法律规定工作期内交满20年养老保险金的60岁以上的老人,才能享受养老金待遇。表9-2为1872—1912年德国社会福利支出。

表9-2 1872—1912年德国社会福利支出　　　　　　　　　单位:百万马克

年份	分项	行政	司法	社会保险	生产企业管理	汇款	偿债	总和
1872	各项支出	6.30	0.20	22.20	105.70	—	0.50	134.90
	占比	4.70	0.10	16.40	78.40	—	0.40	100.00
	人均支出	0.14	0.01	0.54	2.57	—	0.03	3.29
1890	各项支出	55.10	2.10	63.30	252.60	378.90	48.20	800.20
	占比	6.90	0.30	7.90	31.60	47.30	6.00	100.00
	人均支出	1.13	0.04	1.29	5.15	7.73	0.99	16.33
1912	各项支出	231.40	3.00	147.80	868.80	—	231.20	1482.20
	占比	15.60	0.20	10.00	58.60	—	15.60	100.00
	人均支出	3.51	0.05	2.24	13.16	—3.50	22.46	—

资料来源:伯斯坦,科尔曼.剑桥欧洲经济史(第八卷)工业经济:经济政策和社会政策的发展[M].北京:经济科学出版社,2002:431.

虽然社会保险的享受资格条件严格、待遇水平很低，但是，社会保险的劳资共治管理创设了劳工的制度参与权，为当时受到镇压的社会民主党人与工会干部开启了一个另行发展组织的场所。特别是通过医疗保险基金的绝对多数代表，使得工会能够影响其他社会保险体系行政。当时的法定疾病保险、工伤保险以及老年和残疾保险共提供了约十万至十二万个管理职位。社会民主党和工会有效地利用了这个机会，数千名社会民主党积极分子进入了社会保险系统的职能部门，他们着眼于社会现实，推动了工人运动的工会化和社会保险机构的主导化。工会力量的渗透，也对未来的社会保险体系发展有着显著影响。最终，社会民主党不但没有被削弱，反而逐渐壮大起来。劳工自我组织能力与工会运动的发展与社会保险自主管理结构实现了"共同成长"。

虽然俾斯麦推行社会保险制度的初衷在于稳定其统治地位，但是这些政策在客观上确实改善了一部分人的生活，并推动德国率先走上社会福利国家道路。至第一次世界大战前，德国已经成为经济繁荣和社会安定的典范。

第二节　国际典型社会保险模式

一、近代德国社会保险模式

（一）内容

近代德国（由于德国在1871年统一、德意志第二帝国建立之前，在历史上长期处于分裂状态，不存在地理意义和政治意义上的德国，因此本书所指的近代德国社会保险，是指1871年至1918年期间的德国社会保险）社会保险的项目主要包含疾病保险、工伤事故保险和伤残与老年保险。1883年，德国国会通过《疾病保险法》，保险对象是从事工业生产的产业工人。保险费由雇主承担三分之一、工人承担三分之二。法案还具体规定了参加保险者的权益：免费享受医疗；患病者从第三日起可以领取工资的50%，最长可以领取13周；产妇可以获得4周的补助；等等。保险的运行沿用了以往疾病互助组织时期实施的由工人和雇主共同管理的做法。

1884年，德国国会通过了《工伤事故保险法》，保险对象是从事工业生产的产业工人和收入在2000马克以下的白领工人。保险费由雇主全额承担。

1889年，德国国会通过了《伤残和老年保险法》，主要的保险对象是工业工人、农业工人、手工业雇佣者和公务员。保险费由雇主和雇工各负担一半；年满70岁并缴纳30年以上养老保险费者可以领取老年保险津贴；申请领取残疾保险金者必须由权威部门证明其确实失去工作能力，并缴足了5年保险费。由于国家对此项保险给予了补贴并为保险的运行兜底，该项保险法的运行由国家管理。

德国社会保险制度是由以德皇威廉一世和宰相俾斯麦为代表的德意志第二帝国（1871—1918年）的最高统治层主导实施的。1890年，俾斯麦下台，但德国的社会保险制度不仅延续了下来，而且得到了扩展和完善，主要体现在三个方面：一是保障对象进一步扩大。在俾斯麦时期,社会保险的保障对象已经从起初的"蓝领"工人扩展到公务员,到20世纪初社会保险的保障对象进一步扩展到几乎所有领域的雇佣劳动者。1911年12月20日通过的《职员社会保险法》把介于工人(蓝领工人)和公务员之间年收入在2000~5000马克的职员(白领工人),自定义为"中产阶级"的这一群体纳入社会保险的范围。于是,职员保险成为与工人保险并列的社会保险体系。二是保障水平逐步提高。在养老保险方面,1900年的新规定,把领取养老保险金的年龄从以前的70岁降低到60岁,把交纳保险费的年限从30年降到了24年。在疾病保险中,1903年规定,患者获得补助的时间从13周延长到26周。三是将国家对社会保险的监管扩展到所有保险种类。在工伤事故保险法通过的同一年,帝国社会保险办公室成立。该机构是国家关于社会保险决策和监管的最高机构,它先是对工伤事故保险进行监管,1889年起对残疾和老年保险进行监管,1913年起对被视为最具"自我管理"经验和有长期实践历史的疾病保险进行监管,以后扩大到其他社会保险领域。帝国社会保险办公室一直存续到1945年,当今联邦德国的社会保险法院是其延续。

(二)特点

1. 以较好的经济条件为支撑

社会保险制度的建立与运行,需要具备政府财力的支撑。1870—1871年,在德国统一前的最后一场王朝战争——普法战争中,法国战败,德国从法国获取了50亿法郎的战争赔款。这为社会保险制度提供了启动资金和运行管理费。从德意志第二帝国建立到第一次世界大战前,德国工业化迅猛发展,在"大约三十年的时间内,德国经历了英国用一百多年才完成的事情——将一个农业占统治地位的落后国家转变为一个现代高效率的工业技术国家",工业生产提高了4.7倍,在世界工业总产量中的比重达到15.7%,仅次于美国,居世界第二位。同时,国家积累起较为雄厚的财富。从1880年到第一次世界大战前夕,帝国储蓄银行的存款增长了9倍,达168亿马克。到1913年,整个帝国已有60%的人口达到了应缴纳个人收入所得税的最低收入。这些无疑为社会保险制度的稳定运行提供了最重要的物质保障。

2. 保障水平适度

德意志第二帝国的社会保险制度与社会经济的发展水平基本相适应。也就是说,在不对国民经济的发展造成消极影响的情况下,雇佣工人、雇主、政府三方都能够承担实施社会保险制度所需的负担和成本。这主要体现在两个方面:一是社会保险的保障水平限于生存保障。以国家唯一为之提供补贴的残疾与老年保险为例,虽然法律规定国家为每位参保者提供50马克的补助,但是到1900年德国人的平均预期寿命仍然在50岁以下,在1900—1910年只有27%的男性能够活到法律规定的可以领取保险金的年龄70岁。这意味着超过三分之二的参保者不到领取保险金的年龄就去世了,国家等于只为不到三分之一的参保者提供补贴。而且,该保险对每一个参加者年平均待遇支出较低,仅为155马克。这种保障待遇根本不能补偿工资的亏损,而仅仅是对生存安全提供的保障。再以疾病保险为例,起初对参加者的待遇是每年每人平均11.2马克,而且参加者不到总人口的10%。同样,该保险的保障水平也是以提供生存安全保障为标准,这样的保障水平对经济和财政不构成大的负担。据统计,德国社会保险支出在国民生产总值中的比例,1885年为0.3%,1890年为0.5%,1895年为0.9%,1900年为1.2%。社会保险支出占政府总支出的比例,1890年为1.13%,1895年为2.08%,1900年为3.39%。

3. 社会保险的覆盖群体、保险种类逐步扩展

近代德国社会保险覆盖的群体先是产业工人,即蓝领工人,继而推广到白领工人,后来推广到其他行业的雇佣劳动者。相应地,社会保险制度实施对象的类别和人数都经历了一个从小到大的过程。例如,工伤事故保险实施的第一年,即1885年,该保险覆盖率在经济活动人口中的比例只有18%,1890年是66%,1895年达到76%,1910年才到达87%。从三大社会保险总覆盖人口在总人口中所占的比例看,1885年,参加三大社会保险的人数在总人口中的比例只有9.8%,30年后的1915年才发展到42.8%,不到人口的一半。而且,三大保险不是在同一时间开始实施的,而是如前文所述经历了逐步扩展的过程。最先实施的是疾病保险(1884年),继而是工伤事故保险(1885年),然后是残疾和老年保险(1891年)。第一个险种的实施时间与最后一个险种的实施时间间隔了7年。德国社会保险的险种及覆盖人群的渐进式推进方式,与不同社会群体的差异性风险和对社会保险需求相适应,也可以降低政府财政负担及企业主的压力。

二、新加坡的社会保险模式

(一)新加坡社会保险模式的主要内容

1. 中央公积金制度的发展历程

在作为殖民地的时期,新加坡没有真正意义上的社会保障制度。第二次世界大战新加坡被日本占领期间,仅有政府机构的工作人员和少数几家私营企业的雇员享有退休保障。二战后,英国占领当局实施了公共援助计划,但是其对象也仅仅是针对战争受害者。1946年,政府才成立社会福利部,将公共援助的对象扩大到结核病患者及其家庭成员和判刑入狱者的家庭成员。新加坡社会保障制度发展的转折点在1951年。这一年,政府成立了一个专门的委员会调查新加坡的实施社会保险制度的可能性。后来,该委员会提出了养老金计划和公积金计划两种方案。最后被政府采纳的是公积金计划。

新加坡几乎没有什么社会救济、社会福利等传统社会保障制度,社会保险也就是一个中央公积金制度。养老保险、医疗保险等内容都包括在了一个中央公积金制度里面。

新加坡的中央公积金制度(central provident fund,CPF)建立于1955年,因其鲜明的基金制特色和集中统一管理得到了较多的关注。新加坡中央公积金制度实际上是一种强制性储蓄计划。其最初的目的是解决大企业工薪阶层以外的绝大多数中小企业雇员的养老保障问题。但随着经济的发展和社会的进步,中央公积金制度逐步从单一的老年经济保障功能向多功能转化,从而形成了独具特色的新加坡公积金制度模式。现行的中央公积金制度涵盖了所有公共和私人部门的职员,雇主和自营业者可以根据自己的意愿选择是否参加。

2. 中央公积金制度的财务机制

从财务机制来看,新加坡的中央公积金制度是典型的基金制模式。中央公积金局为每个加入者建立一个个人账户。雇员和雇主每月按照雇员工资(包括奖金、小费和假期收入等)的一定比例向这个账户供款。同时,每个55岁以下的会员的个人账户又被分成三个组成部分——普通账户、保健账户和特别账户。普通账户的存款,55岁以下的会员可以用来从事中央公积金局指定的投资。保健账户的存款,用来支付个人在制定的公立或私立医院的治疗费用,还可以用来支付前三个孩子的分娩费用,保健账户事实上起到了医疗保险的作用。特别账户的存款是用来防备意外情况的,一般只占个人账户的10%左右。

3. 中央公积金制度的给付结构

1) 养老金

新加坡的中央公积金制度规定,会员在年满55岁以后,就可以从他的公积金账户提取现金。但是制度同时规定,每个会员必须为自己建立一个退休账户,必须有一笔不低于中央公积金局规定的最低数额的存款。这笔存款,既可以存放于中央公积金局,也可以存于银行,还可以向中央公积金局批准的保险公司购买年金。年满60岁以后,会员就可以按月领取养老金。对于夫妇,最低存款额可以是单身者的1.5倍。在给付上,一次性支付雇员和雇主所缴纳的全部保险费用,另外再加至少2.5%的复利,但是在给付时需要扣除用于医疗准备的费用。养老金的支付还包括永久伤残补助和遗属补助。永久伤残补助的给付是一次性支付雇员和雇主缴纳的全部保险费用,另外再加至少2.5%的复利,但是还是需要扣除医疗准备的费用;遗属补助的给付也是一次性支付雇员和雇主缴纳的全部保险费用,另外再加至少2.5%的复利,发给指定的遗属或者法定继承人。

2) 医疗保险

会员的医疗费用由个人账户中的保健账户中支付。中央公积金局为此建立了三个计划:保健储蓄计划、健保双全计划和增值健保双全计划。保健储蓄计划用于一般的医疗支付,是强制性加入的。健保双全计划和增值健保双全计划是自愿加入的,主要是为了满足部分会员为自己建立重病、大病储蓄计划的需要。新加坡医疗保险的费用由雇主和雇员共同承担,国家不承担缴费责任。雇主和雇员的缴费率各为3%。最高缴费为每月300新元,最低缴费为20新元。最低缴费一般针对独立劳动者。目前的立法规定,公积金会员在年满55岁时,必须在保健储蓄计划中保持15000新元的金额以备将来住院医疗的准备。在新加坡的医疗保险计划中,没有疾病补助和生育补助的规定。1985年的雇佣法规定,雇主每年支付14天病假工资,如果个人住院,至多可以支付60天。同时,雇佣法对生育补助规定,雇主对最近1年工作180天的女工,产前、产后各4周的工资照发,但是规定以2胎为限。疾病和生育保险业务由中央公积金会予以管理。劳工部督促雇主执行病假和产假的规定。卫生部通过政府医院提供医疗服务。进入20世纪90年代后,新加坡医疗保险制度不断发展与完善,逐渐形成以保健储蓄计划(medisave)、健保双全计划(medishield)、保健基金计划(medifund)为主要内容的"3M医疗保险模式"。1993年,新加坡卫生部实行了保健基金计划,作为保健储蓄计划的补充,其主要用于资助保健储蓄不足以支付医疗费的贫困国民。保健基金计划的执行过程较为繁复,需要对申请人实行严格的财产情况调查。2002年,新加坡推出乐龄健保计划,该计划是一项为年长的公积金会员设立的、人人负担得起的护理保险计划,旨在为失去生活能力的人士提供基本的护理保障,拥有保健储蓄账户的40岁以上的新加坡公民和永久居民将自动加入乐龄健保计划。2015年起，原健保双全计划正式由终生健保双全计划取代，依据全民普及的原则，为所有新加坡公民和永久居民提供终身保障。

3）购买住房

在用个人账户的公积金购买住房方面，中央公积金制度为会员提供了两个方案：公共建屋计划和住宅房地产计划。公共建屋计划允许会员动用普通账户总额的20%购买政府建屋发展局修建的政府组屋。对于同一家庭的家庭成员，计划允许他们一起使用各自的公积金购买政府组屋。住宅房地产计划则允许会员用公积金储蓄购买公共土地或具有60年以上地契的土地上的房地产。该计划规定年满21岁的会员，就可以动用自己在普通账户上的所有存款以及将来同一账户上的所有缴费来购买房产或是按期偿付购房贷款以及相关费用。新加坡养老金投资的最成功之处是它在1968年开始实施的"居者有其屋计划"。新加坡在1959年实行自治时，有40%的人住在贫民窟和窝棚内。而到现在，95%以上的人已经解决了住房问题。其关键的一点就是政府在中央公积金制度中导入了公共建屋计划，允许会员将公积金用于购买政府住房。一般公积金会员用约3年的公积金存款就可以缴付房价70%的首次付款，剩余的贷款加上利息可分20~25年在每月所缴的公积金中扣还。

4）家属和家庭保障

中央公积金局为解决会员及其家庭面临的意外风险，特别建立了自愿性的家属保障计划和家庭保障计划。家属保障计划的参加者，年龄要求在60岁以下，分不同年龄段按年度缴费。缴费计入参加者的个人普通账户。当参加者永久性丧失劳动能力或者死亡时，他的家属就可以获得一笔最高不超过36000新元的抚恤金。家庭保障计划是为了保证购买了政府组屋的会员，不至于在特殊情况下失去组屋的保险计划。当参加者在60岁以前永久性丧失劳动能力或死亡时，中央公积金局就会代替他偿还剩余的贷款。

5）工伤保险

新加坡的工伤保险首次立法是在1929年，现行制度的立法是在1975年。现行制度采用的保障方式为雇主责任制和私营保险公司强制保险，该制度的覆盖面包括所有手工业劳动者。但是也有除外情况，具体包括：月收入超过1250新元的薪金雇员、家务佣工、临时雇员、家庭劳动者以及警察。在资金来源上，资金由雇主通过直接提供补助或缴纳保险费用的方式全部承担。在给付结果上，具体包括：①暂时伤残补助，头14天（住院为60天）支付收入的100%，此后每月补助收入的66.6%，从丧失能力的第一天起支付，以一年为限。②永久伤残补助，根据工龄长短1次发给6~12年的收入。③完全残疾补助，最高补助10.5万新元；最低补助3.5万新元。④长期护理补贴，标准为每月获得的残疾保险金金额的25%。⑤部分残疾补助，按丧失工作的能力程度，或按法定伤害明细规定，发给一次性补助。⑥医疗补助，包括必要的治疗、住院、辅助器械和药物费用，也可由政府医疗机构提供。⑦遗属补助，根据死者的年龄，一次性发给4~9年的工资，最高为7.8万新元，最低为2.6万新元。工伤保险的给付由劳工部监督。

（二）新加坡中央公积金制度的主要特点

中央公积金制度是新加坡结合自身社会经济发展、传统文化与伦理道德，探索形成的迥异于福利国家模式的另一种社会保障模式。与西方国家的社会保障制度相比，其特色主要表现为以下三点：

1. 在以政府责任为主的传统社会保障中强调更多的个人责任

新加坡政府主张"人民的事由人民自己掏钱"。从保障资金的来源上强调个人对自己的福利保障承担足够的责任。因此，新加坡社会保障制度的一个突出特点是强调个人责任，建立分担机制。从发挥政府、个人和社会三者的积极性出发，政府有所为有所不为，积极介入，但不包办代替，在以政府责任为主的传统社会保障中强调更多的个人责任。这一点与西方国家盛行的福利型社会保障（即政府每年要提供大量补贴和拨款）相比截然不同。

与此同时，与西方福利社会保障模式中国民的保障水平来自社会的再分配不同，新加坡国民社会保障水平取决于个人的工作收入。中央公积金制度属于个人账户储存基金制模式，每个人的公积金存款与本人的工作收入紧密相连，而享受到的保障待遇又与其个人账户上的存款直接挂钩。也就是说，会员的薪金收入越高，其公积金存款就越多，相应的社会保障待遇越高。

2. 在以关注公平为主的传统社会保障模式中加入更多的效率机制

新加坡的社会保障制度是按照"效率优先，机会平等"的价值理念而设计的，在以关注公平为主的传统社会保障模式中加入更多的效率机制。新加坡政府高度重视协调社会发展的公平和效率之间的关系。李光耀强调指出："如果从工作和进步中所取得的成就和利益，没有公平地让全体人民分享，我们就不会得到他们全心全意的合作和参与。""不能听任自由竞争造成社会不公引致局势紧张"，但同时又谨记效率是社会发展的根本，"重新分配不能过头，以致造成浪费和滥用，卓越者不再奋发图强"。正是抱着这一理念，新加坡政府虽然主张通过国家的力量给予低收入阶层一些照顾，扶弱济困，以缩小社会的贫富差距，但却反对实行欧洲福利国家的社会福利制度，以避免"泛福利"现象的发生。

这一价值理念在新加坡的医疗保障和住房保障制度中得到了鲜明的印证和体现。医疗保障制度通过实施"3M"计划，不论公务员或私人企业雇员，不论富有者还是贫困者都有能力负担自己和家庭的医疗保健费用，从而得到最基本的医疗保障，保证了社会公平。同时，划入个人医疗保健储蓄账户的资金以会员的工资为基数，这使得医疗保健储蓄与个人工作收入紧密相连，会员越是努力工作，医疗保健储蓄存款就越多，他所享受的医疗服务就更好，这又体现了效率原则。而住房保障制度在对社会较脆弱阶层给予补贴、满足中低收入人群的基本居住需求、实现"居者有其屋"的同时，也不是人人享受同样的福利、买到同样的房子，而是根据自己的能力来选择购买大小、档次、舒适程度不同因而造价也不同的住房。

3. 强调家庭互助共济，具有浓厚的儒家文化色彩

由于历史原因，新加坡深受传统儒家文化思想的影响，儒家文化中的"孝悌"观念在这里打上了深刻的烙印。因此，新加坡十分注重发挥家庭的社会功能，强调以家庭为中心维护社会稳定，要求国民充分履行对家庭和社会应尽的义务，鼓励家庭成员互助共济。这一理念充分反映在中央公积金制度中。多数公积金计划都涉及一家三代人，鼓励全家人守望相助、互相支持。其中，"保健储蓄计划"是指运用参保人在该计划的储蓄，保障参保者个人、配偶、父母、子女的医疗费用，即参保人不仅可以保障自己，还可以惠及配偶、父母和子女，尽到孝道与责任。"最低存款填补计划""家庭保障计划""家属保障计划"的推行,强化了家庭保障功能,使家庭成员之间的社会保障利益相连,增强了子女对父母、国民对家庭及社会的责任意识,从而密切了家庭成员之间的关系,增强了家庭凝聚力,提高了社会稳定性。

三、日本的社会保险模式

(一)内容

1. 医疗保险

医疗保险是日本最早设立的保险制度,它一直覆盖到有 10 个以上雇员的私营企业,立法依据是 1922 年通过的《雇员医疗保险法》,现行立法是 1958 年的《国民健康保险法》和 1986 年的《健康保险法》。

日本现行的医疗保险制度分为健康保险和国民健康保险两大部分。健康保险是一种职域型保险,与就业挂钩。国民健康保险是一种地域型保险,以不被雇佣的人为主要对象,如农民、小手工业者、退休人员。两种保险均由政府运作,属于公共健康保险性质。国民健康保险的参加人数最多,其次为政府主管的健康保险、保险组合主管的健康保险等。其中,老年人和低收入阶层占据相当大比例的国民健康保险的财政运作最为困难,国家财政补贴的大部分集中在国民健康保险。

政府主管的健康保险的保险费由雇主和被保险人各负担一半。保险组合主管的健康保险的保险费原则上由雇主和被保险人各负担一半,健康保险金的给付,按照被保险人月收入分成 42 个等级,最低一级为 8 万日元,最高一级为 98 万日元。

国民健康保险的保险费由市、町、村各级政府以征收国民健康保险税的形式,让参加保险的户主或组合会员缴纳保险费用。根据每个家庭的收入、资产、被保险人等决定缴纳保费数额,低收入家庭可减免保费数额的 40%～60%。

2. 养老保险

日本实行的养老保险制度又称年金保险,目前主要包括国民年金、厚生年金和共济年金。

1)国民年金

国民年金的保险对象包括 20—59 岁的日本国民以及在日本有住所的外国人,分为强制加入和任意加入两类。根据加入形式及保险费用负担方式的不同,强制加入者可以划分为三种类型,任意加入者主要指在海外居住的 20—64 岁拥有日本国籍者(见表 9-3)。

表 9-3 国民年金加入者种类

	类别	适用范围
强制	第 1 号保险对象	20—59 岁的农民、个体户、学生、无业者等
	第 2 号保险对象	就职于公司或工厂的,已参加厚生年金及组合年金等的居民
	第 3 号保险对象	被第 2 号保险对象抚养的 20—59 岁的配偶
任意	任意加入者	海外居住的 20—64 岁拥有日本国籍者(20—64 岁)

2) 厚生年金

厚生年金创设于1942年,起初称"职工年金保险",1944年改称为"厚生年金保险",现在与国民年金制度一起构成日本养老保险制度的主体。参加该养老保险的企业职工,必须交纳保费25年以上,领取年金时间规定为男65岁、女60岁,65岁以上的在职职工除外。

厚生年金的保费按投保人工资收入的一定比例上交,且由雇员和雇主分别负担50％。1985年,国民年金制度改为向全体国民支付的基础年金制度后,厚生年金就作为养老年金的第二类保险而存在,根据被保险人的收入数额按一定比例支付年金。

3) 共济年金

共济年金又称为互助会退休金制度,最初实行是在1958年,实施范围是国家公务员、地方公务员、国家直属企业雇员和公立大学教职员等。享受条件是强制个人投保,55岁开始有权领取,投保20年者可以享受全额退休金。共济年金制度和厚生年金制度可以看成是以在不同部门工作的被雇佣者为对象的两种并列的制度,在年金制度的实施基础上,有很多相似的地方。如交纳保费的计算基础,共济年金同厚生年金一样,都是按照月标准收入额计算,年金的计算基础也均为基础年金,共济年金也需按照规定将有关款项划入国民年金。

3. 失业保险

失业保险通常以雇员为保障对象,以雇主(或企业)为单位加入失业保险计划。除农林水产业职工5人以下的个体经济企业为任意加入单位外,所有行业的所有企事业单位的雇员均为强制加入对象。失业保险费来源为雇主和雇员共同承担的保险费和中央财政补贴。保险金的支付主要包括基本津贴、学习技能津贴寄宿津贴、伤病津贴等。基本津贴是失业保险金的主要部分,按工资等级支付,一般为工资额的60％～80％,其支付期限原则上为职工离职后一年之内,根据职工年龄的不同可得到90～300天的失业保险金。

4. 工伤事故保险

工伤事故保险又称为意外劳动灾难保险。该项保险制度开始于1947年,又分为业务灾难保险和通勤灾难保险。前者为工作时间内引起的受伤、疾病、伤残和死亡等事故发生时的赔偿,后者为通勤途中引起的伤害、疾病、伤残和死亡等事故发生时的赔偿。其险种包括工人工伤事故保险、船员工伤事故保险、国际公务员工伤事故保险、地方公务员工伤事故保险等。

工伤事故保险的保险费用原则上由企业负担,政府给予部分补贴。交纳标准按行业分为33个等级。对因工病伤者,享受不受时间限制直到病愈为止的免费医疗,并从第四天起可领取相当于其病伤前3个月平均日工资60％的病假补偿。对因工致残者,根据伤残等级予以补偿,全国分14个等级,可领取相应的残废年金和特别补偿金。对因工死亡的,对遗属发放一次性或年金性质的抚恤金,并负责死者的丧葬费。

(二)特点

1. 管理方式多元化

日本的社会保险制度是按系统分散管理的,没有形成全国统一的管理体系,它可以简单地区分为政府、专业机构和社会团体三个管理层次。政府的职责主要集中于制定、实施、监督和落实社会保险的政策和方案,负责管理属于法定强制的社会保险专业机构具体负责日常业务管理,社会团体协助办理相关的社会保险事务。

2. 年金制度走向一体化

日本的年金制度原来并不统一,除国民年金和厚生年金之外,还有各种共济组合的年金制度,各种年金制度之间因其历史、性质、资金来源的不同,给付水平也有差异。为了统一年金制度,日本于1959年制定了《国民年金法》,从1961年4月开始实施。根据该法律,所有个体经营者(包括农民)及无业人员都参加年金制度。这样,再加上厚生年金制度下的全体在职职工和各种共济组织制度下的就业人员,日本的全体国民都能享受某种年金待遇。1986年,日本又进行了养老保险制度的改革,把原先属于8个不同体系的养老保险制度一元化,改为基本年金、厚生年金、共济年金等。

3. 负担全民化

在日本的社会保险制度中,政府、企业、个人分担保险费用。公共救助部分依据的是必要原则,由政府承担保证最低生活水平的责任养老保险和医疗保险部分主要依据贡献原则,其社会保险资金来源采取雇员、雇主、政府三方分担的原则,其中政府责任占有较高比例。

4. 增加个人责任

经过20世纪70年代经济危机且随着人口老龄化趋势的加剧,日本对福利政策坚持"福利重探论",强调"通过自身努力创造福利"。即加强劳动者个人的自我保护意识,激励个人为企业和社会努力工作,尽量依靠自身的努力和家庭的协助满足社会保障方面的需要。在这种思想的指导下,社会保险费用方面,日本劳动者个人负担相对较多,雇主和政府负担较小。例如,日本养老保险制度个人缴纳养老金时间长、个人负担重。

(三)困境与改革

1. 日本社会保险制度面临的困境

1)少子化和人口老龄化

在老年人口增加、儿童人数减少的现状下,日本很难维持现行的养老保险制度。人口老龄化进程加快与劳动年龄人口减少,意味着年金领取者增多,创造劳动产品的劳动就业者负担加重。产业结构变化,家庭结构和人口结构演变,农业人口减少,大城市雇佣劳动者人数增加,社会保障支出急剧攀升,这一切均给政府财政造成了较大的压力。其中养老保险和医疗保险是社会保险经费支出的两个主要方面。

2)经济增长缓慢对社会保险带来压力

20世纪90年代以来,日本的经济增长率一直在极低的水平徘徊,有时甚至出现负增长。经济增长缓慢,导致国民经济总体规模难以迅速扩大,致使国家财政收入的增长速度相对缓慢,增长规模相对缩小,严重削弱了社会保险得以扩展和完善的财政基础。

3)雇佣制度和家庭结构的变化

由于产业结构的改变、自营业者的减少、雇佣劳动的增加以及城市化的发展,与子女一起同居的老年人比例越来越少。此外,随着女性自立意愿的不断高涨和雇佣环境的改善,女性就职率也在上升,特别是已婚女性的就职率显著上升。随着这种情况的出现,也就产生了家庭内老年人看护和孩子养育方面的困难。目前,有关老年人介护和妇女生育问题也转到了社会保险支持的社会结构之中。

2. 日本社会保险制度的改革

1) 养老金制度的改革

(1) 增加财政对国民养老金的投入。政府在征收社会福利税的同时,加大对社会保障费用承担的比例,企业承担的35%的养老保险率减少到了25%,减少的部分由政府承担,改变了实行很长时间的政府、雇主、雇员各自承担1/3的制度。预计今后社会保障费用,政府财政将负担1/2,其余的1/2由雇主、雇员各承担一半。

(2) 增加养老保险费的缴纳金额。从2003年开始,日本将按月工资收取养老保险费改为按年收入收取,奖金部分也纳入保险金交纳的基数之中。设立青年学生保险费补交制度。日本政府出台了折中方案,推行缓缴政策,允许就业后10年内补交。提高养老金支付开始年龄和推进老年人口的就业。日本劳动基准法规定退休年龄为60岁,但是近年来,将退休年龄推迟到65岁的社会政策已经制定并逐步得到了执行。

(3) 在节流方面,大力调整保险金的支付方法。新法律将报酬年金部分削减5%,把开始领取养老金的年龄从目前的60岁逐步提高到65岁,男性从2013年开始到2025年为止完成过渡,女性从2018年开始到2030年为止完成过渡,取消对养老金基金运行规模的限制,可以用养老金基金在资金市场上自主投资,允许企业以股票实物向厚生养老基金出资,等等。

2) 医疗保险的改革

自1997年6月起,开始了代际负担合理、保持医疗保险制度稳定的改革。为了缓解医疗保险金不足的危机,这次改革提高了医疗保险缴费率和个人负担医疗费用的比例。为控制医疗费用增长,日本根据医院的功能和疾病的特征确定付费金额,把原来实行的按服务付费制度与定额付费制度结合起来。同时,日本还改革药品定价制度,相应降低了药价的基准。改革国民健康保险制度,统一药品价格和医疗收费标准,并按等级划分医疗机构,以确保医疗保险的顺利实施。

3) 建立老年人介护保险制度

日本于1997年制定了《护理保险法》,规定年满40岁以上的人都要加入护理保险,缴纳保险费,一旦因卧病不起、患上痴呆等原因需要护理时,可得到护理服务。提供的服务主要包括居家服务,即被保险人大部分时间住在自己家里接受护理、洗浴、居家疗养指导、日托管理、康复训练等服务。除此之外,还有设施服务,是指被保险人入住到各种福利设施的服务,包括养护老人之家、疗养型病床、老人保健设施等。在费用方面,被保险人接受护理保险服务,自己负担全部费用的1/10,其余9/10的费用由护理保险负担。护理保险费一半是被保险人缴纳的保险费,一半是公费负担。公费负担的部分,由国家承担50%,都道府县和市町村各承担25%。

第三节 国际社会保险模式启示

一、德国社会保险制度的启示

从总体上看,近代德国的社会保险制度基本实现了制度设立者的初衷:在一定程度上缓解了以雇佣劳动者的风险保障问题为核心的社会问题和社会矛盾,国家意识得到强化,政权和政治制度维持了总体的稳定;基本避免了德国在由农业社会向工业社会剧烈转型过程中可能引起的社会和帝国的剧烈动荡,在一定程度上协调了工业革命后社会两大对立阶级——资产阶级与无产阶级之间的对立关系,德国境内阶级矛盾相对趋于缓和,社会总体在表面上达到了"和谐"状态。

目前,我国已经建成了覆盖城乡不同群体、防范多种生存风险的社会保险体系,但仍存在着许多亟待改进和完善之处。党的二十大强调,社会保障体系是人民生活的安全网和社会运行的稳定器。健全覆盖全民、统筹城乡、公平统一、安全规范、可持续的多层次社会保障体系。尽管近代德国与我国建立社会保险制度时的环境及制度安排存在着差异,但其做法和成果经验仍能够为完善我国的社会保险制度提供诸多启示和借鉴。

(一)应从社会保险制度的多功能性的视角,理解社会保险制度的价值与意义

目前,我国社会经济发展状况较好,人民生活状况明显改善,覆盖城乡居民的社会保障体系基本建立,社会大局保持稳定。但同时应该看到,人民日益增长的美好生活需要和不平衡不充分的发展之间的矛盾仍然突出,社会矛盾和问题交织叠加,一些人尤其是社会脆弱群体觉得没有充分分享到社会经济发展的成果。德国的经验显示,运行良好的社会保险制度能够在很大程度上缓解及解决这些问题。我国有必要吸取这一经验,充分认识社会保险制度的多功能价值,把建立和完善社会保险制度作为解决目前诸多社会问题的基础政策工具之一。

(二)应着力提高社会保险制度的覆盖面

社会保险是劳动者的法定权益,是防范和化解年老、疾病等风险的重要制度。衡量社会保险制度成功与否的一个重要指标是制度的覆盖面。近代德国社会保险制度的一个成功经验就是逐步提高覆盖面。例如,在 1885—1910 年的 25 年期间,德国工伤事故保险的参保率从 18% 提高到 87%,疾病保险的参保率从 7% 提高到 51%。从总的情况看,我国各项社会保险覆盖范围不断扩大,基本实现了"应保尽保"。但一些特殊群体的社会保险覆盖率较低,其中最典型的就是农民工,他们在城市工作,失去了农村保障,面临着失业风险,却不能享受社会保险赋予的权利。在今后的改革中,应加强政策的执行力度并着力解决农民工社会保险关系转移接续困难等影响农民工参保的制度因素。

(三)应建立与社会经济发展水平相适应的社会保险水平

社会保险制度的效果取决于保障水平的高低。但是,社会保险制度的保障水平并不是越高越好,如果超过了社会经济发展水平,就很难持续,也不利于激励人们努力工作。近代德国

在建立社会保险制度过程中覆盖范围的渐进性扩展和保障水平的适度性与渐进式提高的方式,符合社会保险制度的规律,值得我们借鉴。目前,我国的突出问题是农村居民社会保险水平太低。目前,我国面临的突出问题是农村居民社会保险水平太低,难以保障他们的老年生活,而且因为他们与城镇职工养老金及机关事业单位职工养老金的巨大差异,农民居民觉得受到了不公平对待。在今后的改革发展中,应建立城乡居民基础养老金的正常增长机制,可以采取每年或每两年对中央确定的基础养老金标准进行调整。调整的幅度既要依据经济发展和物价变动的情况,也应不低于城镇职工养老金的增长幅度。

二、新加坡社会保险制度的启示

(一)加强社会保障基金管理,建立规范、高效的管理体制

社会保险基金是社会保障体系建设的基础。在新加坡,中央公积金低成本的集中基金管理模式,富有成效的基金管理体制是公积金制度成功运行的重要保障。而我国目前社会保障基金基础脆弱,个人账户"空账"运行问题严重。此外,社会保障基金多头管理、职责不清也造成了诸多弊端。为此,要加强国家对社会保障的统一领导和宏观调控,实行相对集中的基金管理模式,逐步将现有养老金、医疗账户和住房公积金纳入统一的社会保障体系中,以便统筹管理、提高资金效率。此外,还要加强对社会保险基金的监督管理,建立起一个多部门协同监管和齐抓共管的高效的社保基金监管体制,确保基金运营的廉洁、高效。

(二)健全社会保险基金投资运营和监管法律制度

为监管中央公积金的投资,新加坡制定了完善的法律制度,包括《中央公积金法》《中央公积金投资计划》《中央公积金投资指引》《中央公积金投资自由化》等多个法令及政策,构建了较为完善的社会保险基金投资运营及监管法律制度。社会保险基金是社会和谐发展的重要制度,社会保险基金从筹集到提供保障通常需要较长的时间,如果无法通过投资等方式实现养老保险基金的保值、增值,将使社会保险基金提供保障的能力大大降低。我国应借鉴新加坡中央公积金投资运作和监管方面的经验,健全和完善社会保险基金投资运营和监管体系,不断提高我国社会保险基金投资运作和监管的水平。

三、日本社会保险制度的启示

(一)加大政府对养老保险基金的投入力度,建立多层次的养老保险体系

首先,中央政府及各级地方政府应调整支出结构,加大对社会保障基金的支持力度。其次,还应加快发展企业保险。我国的企业补充养老保险应当采取企业和职工共同负担的形式,这样可以减轻企业负担,增强企业的竞争力和凝聚力,为本企业职工退休后的生活提供更好的保障,而且还可以减轻基本养老保险的压力。另外,国家还应鼓励公民从事个人储蓄养老保险,增加个人投资养老保险的灵活性。

(二)有步骤地逐渐推迟领取养老金

首先,应控制提前退休风潮,根据职工具体情况决定其是否提前退休,不应采取一刀切的

做法。因为这样不仅会裁掉大量有经验的职工,而且会给国家增加保险金支付的负担。其次,对推迟养老金的领取应采取渐进的方式。从自愿到强制,从特殊行业到一般行业,从严重老龄化的大城市入手,再扩展到全国。这样有利于政策的顺利实施,减少社会动荡。此外,对于低于标准年龄退休人员应规定减额支付养老金标准。

(三)加强养老金的管理和运营,提高收益率

在养老基金面临偿还危机、宏观经济繁荣、通货膨胀的情况下,要实现养老保险基金的保值、增值就必须提高基金的运作效率,逐步扩大基金入市的比例。但我国资本市场很多地方还不完善,所以在加大基金投入力度的同时,应加快资本市场的建设和改革,为基金的运营提供良好的环境。同时,加强对入市基金的监管,确保其安全性。

(四)建立辅助的护理保险制度

伴随着人口老龄化的同时,我国实行的计划生育政策,使我国下一代年轻人的数量急剧减少,加之女性的职业化日趋普遍,我国传统的老年人家庭护理越来越不能满足老年人的需求,从一定意义上来说,将来老年人的家庭护理已经不太可能实现。鉴于此,我国应学习日本建立的护理保险制度,为广大养老家庭提供各种生活服务,这是关系人民群众的长远利益、关系老年人的切身利益、关系国家的长治久安和实现经济可持续发展的重大问题。

第十章　中国社会保险改革与发展

第一节　中国社会保险改革与发展现状

一、中国社会保险改革与发展状况

《中华人民共和国国民经济和社会发展第十三个五年规划纲要》提出"改革完善社会保障制度",坚持全民覆盖、保障适度、权责清晰、运行高效,稳步提高社会保障统筹层次和水平,建立健全更加公平、更可持续的社会保障制度。具体包括:完善社会保险体系、健全社会救助体系、支持社会福利和慈善事业发展三大改革举措(见表10-1)。

表10-1　"十三五"规划关于社会保险的重要改革(2016—2020)

改革方向	具体措施
完善社会保险体系	实施全民参保计划,基本实现法定人员全覆盖
	坚持精算平衡,完善筹资机制,分清政府、企业、个人等的责任
	适当降低社会保险费率
	完善统账结合的城镇职工基本养老保险制度,构建包括职业年金、企业年金和商业保险的多层次养老保险体系,持续扩大覆盖面
	实现职工基础养老金全国统筹
	完善职工养老保险个人账户制度,健全参保缴费激励约束机制,建立基本养老金合理调整机制
	推出税收递延型养老保险
	更好发挥失业、工伤保险作用,增强费率确定的灵活性,优化调整适用范围
	建立更加便捷的社会保险转移接续机制
	划转部分国有资本充实社保基金,拓宽社会保险基金投资渠道,加强风险管理,提高投资回报率
	大幅提升灵活就业人员、农民工等群体参加社会保险比例
	加强公共服务设施和信息化平台建设,实施社会保障卡工程,持卡人口覆盖率达到90%

续表

改革方向	具体措施
健全社会救助体系	统筹推进城乡社会救助体系建设,完善最低生活保障制度,强化政策衔接,推进制度整合,确保困难群众基本生活
	加强社会救助制度与其他社会保障制度、专项救助与低保救助统筹衔接
	构建综合救助工作格局,丰富救助服务内容,合理提高救助标准,实现社会救助"一门受理、协同办理"
	建立健全社会救助家庭经济状况核对机制,努力做到应救尽救、应退尽退
	开展"救急难"综合试点,加强基层流浪乞讨救助服务设施建设
支持社会福利和慈善事业发展	健全以扶老、助残、爱幼、济困为重点的社会福利制度
	建立家庭养老支持政策,优化家庭养老扶幼措施
	做好困境儿童福利保障工作。完善儿童收养制度
	加强优抚安置工作
	发展公益性基本殡葬服务,支持公共殡仪馆、公益性骨灰安放(葬)设施和墓地建设
	加快公办福利机构改革,加强福利设施建设,优化布局和资源共享
	大力支持专业社会工作和慈善事业发展,健全经常性社会捐助机制。广泛动员社会力量开展社会救济和社会互助、志愿服务活动

《中华人民共和国国民经济和社会发展第十四个五年规划和2035年远景目标纲要》提出"健全多层次社会保障体系",坚持应保尽保原则,按照兜底线、织密网、建机制的要求,加快健全覆盖全民、统筹城乡、公平统一、可持续的多层次社会保障体系。具体包括:改革完善社会保险制度、优化社会救助和慈善制度、健全退役军人工作体系和保障制度三大改革举措(见表10-2)。

表10-2 "十四五"规划关于社会保险的重要改革(2021—2030)

改革方向	具体措施
改革完善社会保险制度	健全养老保险制度体系,促进基本养老保险基金长期平衡
	实现基本养老保险全国统筹,放宽灵活就业人员参保条件,实现社会保险法定人群全覆盖
	完善划转国有资本充实社保基金制度,优化做强社会保障战略储备基金
	完善城镇职工基本养老金合理调整机制,逐步提高城乡居民基础养老金标准
	发展多层次、多支柱养老保险体系,提高企业年金覆盖率,规范发展第三支柱养老保险
	推进失业保险、工伤保险向职业劳动者广覆盖,实现省级统筹
	推进社保转移接续,完善全国统一的社会保险公共服务平台

续表

改革方向	具体措施
优化社会救助和慈善制度	以城乡低保对象、特殊困难人员、低收入家庭为重点,健全分层分类的社会救助体系,构建综合救助格局
	健全基本生活救助制度和医疗、教育、住房、就业、受灾人员等专项救助制度,完善救助标准和救助对象动态调整机制
	健全临时救助政策措施,强化急难社会救助功能
	加强城乡救助体系统筹,逐步实现常住地救助申领
	积极发展服务类社会救助,推进政府购买社会救助服务
	促进慈善事业发展,完善财税等激励政策
	规范发展网络慈善平台,加强彩票和公益金管理
健全退役军人工作体系和保障制度	完善退役军人事务组织管理体系、工作运行体系和政策制度体系,提升退役军人服务保障水平
	深化退役军人安置制度改革,加大教育培训和就业扶持力度,拓展就业领域,提升安置质量
	建立健全新型待遇保障体系,完善和落实优抚政策,合理提高退役军人和其他优抚对象待遇标准,做好随调配偶子女工作安排、落户和教育等工作
	完善离退休军人和伤病残退役军人移交安置、收治休养制度,加强退役军人服务中心(站)建设,提升优抚医院、光荣院、军供站等建设服务水平
	加强退役军人保险制度衔接。大力弘扬英烈精神,加强烈士纪念设施建设和管护,建设军人公墓
	深入推动双拥模范城(县)创建

《国务院办公厅关于印发"十四五"全民医疗保障规划的通知》(国办发〔2021〕36号)是依据《中华人民共和国国民经济和社会发展第十四个五年规划和2035年远景目标纲要》和《中共中央 国务院关于深化医疗保障制度改革的意见》制定而成,其中就医疗保障改革举措提出了三大措施:健全多层次医疗保障制度体系、优化医疗保障协同治理体系和构筑坚实的医疗保障服务支撑体系(见表10-3)。

表10-3 "十四五"全民医疗保障规划的重要改革举措

改革方向	改革措施
健全多层次医疗保障制度体系	提升基本医疗保险参保质量
	完善基本医疗保障待遇保障机制
	优化基本医疗保障筹资机制
	鼓励商业健康保险发展
	支持医疗互助有序发展
	稳步建立长期护理保险制度

续表

改革方向	改革措施
优化医疗保障协同治理体系	持续优化医疗保障支付机制
	改革完善医药价格形成机制
	加快健全基金监管体制机制
	协同建设高效的医药服务供给体系
构筑坚实的医疗保障服务支撑体系	健全医疗保障公共服务体系
	强化法治支撑
	推动安全发展
	加快医保信息化建设
	健全标准化体系

健全多层次医疗保障制度体系提出"坚持公平适度、稳健运行,持续完善基本医疗保障制度。鼓励支持商业健康保险、慈善捐赠、医疗互助等协调发展"。具体举措有:一是提升基本医疗保险参保质量,包括"依法依规分类参保""实施精准参保扩面""优化参保缴费服务"。二是完善基本医疗保障待遇保障机制,包括"促进基本医疗保险公平统一""合理确定待遇保障水平""规范补充医疗保险""统一规范医疗救助制度""有效衔接乡村振兴战略""健全重大疫情医疗保障机制""完善生育保险政策措施"。三是优化基本医疗保障筹资机制,包括"完善责任均衡的多元筹资机制""提高基金统筹层次""提升基金预算管理水平"。四是鼓励商业健康保险发展,包括"鼓励产品创新""完善支持政策""加强监督管理"。五是支持医疗互助有序发展。六是稳步建立长期护理保险制度。

优化医疗保障协同治理体系提出"发挥医保支付、价格管理、基金监管综合功能,促进医疗保障与医疗服务体系良性互动,使人民群众享有高质量、有效率、能负担的医药服务和更加优质便捷的医疗保障"。具体举措有:一是持续优化医疗保障支付机制,包括"完善医保药品目录调整机制""加强医保医用耗材管理""提升医疗服务项目管理水平""持续深化医保支付方式改革""健全对定点医药机构的预算分配机制""加强医保定点管理"。二是改革完善医药价格形成机制,包括"深化药品和医用耗材集中带量采购制度改革""完善药品和医用耗材价格治理机制""稳妥有序试点医疗服务价格改革"。三是加快健全基金监管体制机制,包括"建立健全监督检查制度""全面建立智能监控制度""建立医疗保障信用管理体系""健全综合监管制度""完善社会监督制度"。四是协同建设高效的医药服务供给体系,包括"优化提升医疗卫生服务体系""提高医药产品供应和安全保障能力""强化协商共治机制"。

构筑坚实的医疗保障服务支撑体系提出"聚焦群众就医和医保需求,深入推进'放管服'改革,补短板、堵漏洞、强弱项,着力健全经办管理服务体系,提升医疗保障基础支撑能力,不断增强服务效能"。具体举措有:一是健全医疗保障公共服务体系,包括"加强经办管理服务体系建设""提升服务质量""完善异地就医直接结算服务""健全完善医保协议管理""探索经办治理机制创新""更好服务重大区域发展战略及高水平对外开放"。二是强化法治支撑,包括"建立健全法律法规体系""规范医疗保障行政执法"。三是推动安全发展,包括"强化基金管理""确保数据安全""加强内部控制"。四是加快医保信息化建设,包括"全面建成全国统一的医疗保障信息平台""完善'互联网＋医疗健康'医保管理服务""提升医疗保障大数据综合治理能力"。五是健全标准化体系,包括"完善标准化工作基础""加强重点领域标准化工作"。

二、中国社会保险改革与发展成就

2022年度人力资源和社会保障事业发展统计公报数据显示,全年全国基本养老保险、失业保险、工伤保险三项社会保险基金收入合计71583亿元,比上年增加3378亿元,增长5.0%;基金支出合计66122亿元,比上年增加3435亿元,增长5.5%。

2022年全国医疗保障事业发展统计公报数据显示,全年全国基本医疗保险(含生育保险)基金总收入30922.17亿元,比上年增长7.6%;全国基本医疗保险(含生育保险)基金总支出24597.24亿元,比上年增长2.3%;全国基本医疗保险(含生育保险)基金当期结存6324.93亿元,累计结存42639.89亿元。

(一)养老保险

2022年末,全国参加基本养老保险人数105307万人,比上年末增加2436万人。全年基本养老保险基金收入68933亿元,基金支出63079亿元,年末基本养老保险基金累计结余69851亿元。

2022年末,全国参加城镇职工基本养老保险人数50355万人,比上年末增加2281万人,其中,参保职工36711万人,参保离退休人员13644万人,分别增加1794万人和487万人。年末全国参加企业职工基本养老保险人数44402万人,增加2174万人。

2022年,全国城镇职工基本养老保险基金收入63324亿元,基金支出59035亿元,年末城镇职工基本养老保险基金累计结余56890亿元。2022年,企业职工基本养老保险实施全国统筹,全年共跨省调剂资金2440亿元。

2022年末,全国参加城乡居民基本养老保险人数54952万人,比上年末增加155万人,其中实际领取待遇人数16464万人。全年城乡居民基本养老保险基金收入5609亿元,基金支出4044亿元,年末城乡居民基本养老保险基金累计结余12962亿元。

2022年末,全国有12.80万户企业建立企业年金,参加职工3010万人。年末企业年金投资运营规模2.87万亿元,自2007年开展投资运营以来,全国企业年金基金年均投资收益率为6.58%。

(二)失业保险

2022年末,全国参加失业保险人数23807万人,比上年末增加849万人,年末全国领取失业保险金人数297万人,增加38万人。全年共为616万名失业人员发放了不同期限的失业保险金,比上年增加8万人。延续实施阶段性扩围政策一年,向当年新发生的415万参保失业人员发放失业补助金。

2022年,共为领取失业保险金人员代缴基本医疗保险费152亿元,比上年增加17.8%。全年向787万户企业发放稳岗返还497亿元,惠及职工15089万人。发放技能提升补贴惠及职工 238 万人。

2022 年,全国失业保险基金收入 1596 亿元,基金支出 2018 亿元,年末失业保险基金累计结余 2891 亿元。

(三)工伤保险

2022 年末,全国参加工伤保险人数 29117 万人,比上年末增加 830 万人。全国新开工工程建设项目工伤保险参保率 99.6%。全年认定(视同)工伤 126.4 万人,评定伤残等级 79.5 万人。全年有 204 万人享受工伤保险待遇。

2022 年,全国工伤保险基金收入 1053 亿元,基金支出 1025 亿元,年末工伤保险基金累计结余 1440 亿元(含储备金 127 亿元)。

(四)医疗保险

2022 年全国医疗保障事业发展统计公报数据显示,截至 2022 年底,全国基本医疗保险(以下简称基本医保)参保人数 134592 万人,参保率稳定在 95% 以上。

1. 职工基本医疗保险

1)参保人数

2022 年末,全国职工医保参保人数 36243 万人,比上年增加 813 万人,增长 2.3%。其中,在职职工 26604 万人,比上年增长 1.9%;退休职工 9639 万人,比上年增长 3.4%。在职退休比为 2.76,较上年下降 0.04。

全国企业、机关事业、灵活就业等其他人员的参保人数(包括在职职工和退休人员)分别为 24400 万人、6572 万人、5272 万人,比上年增加 356 万人、37 万人、420 万人,分别占职工参保总人数的 67.3%、18.1% 和 14.6%。职工医保统账结合和单建统筹参保人员分别为 33591 万人、2652 万人,分别占职工医保参保总人数的 92.7% 和 7.3%。

2)基金收支

2022 年,全国职工医保基金(含生育保险)收入 20793.27 亿元,比上年增长 9.4%。基金(含生育保险)支出 15243.80 亿元,比上年增长 3.3%。2022 年,职工医保统筹基金(含生育保险)收入 13160.17 亿元,比上年增长 10.9%;统筹基金(含生育保险)支出 9558.40 亿元,比上年增长 2.5%;统筹基金(含生育保险)当期结存 3601.77 亿元,累计结存(含生育保险)21393.11 亿元。2022 年,职工医保个人账户收入 7633.10 亿元,比上年增长 6.9%;个人账户支出 5685.39 亿元,比上年增长 4.7%;个人账户当期结存 1947.71 亿元,累计结存 13712.65 亿元。

3)待遇享受

2022 年,全国参加职工医保人员享受待遇 21.04 亿人次,比上年增长 3.1%。其中:普通门急诊 17.6 亿人次,比上年增长 2.3%;门诊慢特病 2.8 亿人次,比上年增长 8.3%;住院 0.6 亿人次,比上年增长 6.4%。

2022 年,全国职工医保参保人员住院率 17.6%,比上年提高 0.6 个百分点。其中:在职职工住院率为 10%,比上年提高 0.5 个百分点;退休人员住院率为 38.6%,比上年提高 0.7 个百分点。全国职工医保次均住院费用为 12884 元,比上年下降 0.5%,其中在三级、二级、一级及以下医疗机构(含未定级)的次均住院费用分别为15495元、9029元、6633元。次均住院床日9.5天,同比减少0.5天。

2022年,全国职工医保参保人员医药总费用16382.40亿元,比上年增长9.2%,其中医疗机构发生13897.98亿元,药店购药支出费用2484.41亿元。医疗机构发生费用中,在职职工医疗费用5986.27亿元,比上年增长9.3%;退休人员医疗费用7911.71亿元,比上年增长6.0%。

全国职工医保住院费用目录内基金支付比例84.2%,三级、二级、一级及以下医疗机构住院费用目录内基金支付比例分别为79.8%、87.2%、89.2%。(公报将以前"住院费用政策范围内基金支付比例"改为"住院费用目录内基金支付比例"表述)。

2. 城乡居民基本医疗保险

1)参保人数

2022年末,全国城乡居民基本医疗保险(以下简称居民医保)人数98349万人。其中成年人、中小学生儿童、大学生分别为72056万人、24359万人、1935万人,分别占居民参保总人数的73.26%、24.77%、1.97%。

2)基金收支

2022年,全国居民医保基金收入10128.90亿元,比上年增长4.2%;支出9353.44亿元,比上年增长0.6%;居民医保基金当期结存775.46亿元,累计结存7534.13亿元。

3)待遇享受

2022年,全国参加居民医保人员享受待遇21.57亿人次,比上年增长3.7%。其中:普通门急诊17亿人次,比上年增长1%;门诊慢特病2.97亿人次,比上年增长21.7%;住院1.6亿人次,比上年增长4.2%。次均住院费用8129元,比上年增长1.3%,其中在三级、二级、一级及以下医疗机构(含未定级)的次均住院费用分别为13898元、6610元、3139元。居民医保参保人员住院率为16.3%,比上年提高1.1个百分点;次均住院床日9.2天,比上年减少0.2天。

2022年,全国居民医保医疗费用16265.94亿元,比上年增长7.7%。居民医保住院费用目录内基金支付比例68.3%,比上年降低1个百分点,三级、二级、一级及以下医疗机构住院费用目录内基金支付比例分别为63.7%、71.9%、80.1%。

(五)生育保险

2022年,全国参加生育保险24621万人,比上年增加870万人,增长3.7%;享受各项生育保险待遇1769万人次,比上年增加448万人次,比上年增长34.0%;生育保险基金支出951.35亿元。

(六)医疗救助

2022年,全国医疗救助支出626亿元,医疗救助基金资助参加基本医疗保险8186万人,实施门诊和住院救助11829万人次,全国次均住院救助、门诊救助分别为1226元、84元。中央财政安排医疗救助补助资金311亿元,比上年增长4%(医疗救助资助参保人数不含其他部门资助参保人数)。

2022年,全国纳入监测范围农村低收入人口参保率稳定在99%以上。各项医保综合帮扶政策惠及农村低收入人口就医1.45亿人次,减轻农村低收入人口医疗费用负担1487亿元。

第二节　中国社会保险发展机遇与挑战

一、中国社会保险发展机遇

(一)全面深化改革为中国社会保险发展提供政治机遇

党的十八届三中全会审议通过的《中共中央关于全面深化改革若干重大问题的决定》提出了全面深化改革的指导思想、目标任务、重大原则,描绘了全面深化改革的新蓝图、新愿景、新目标,合理布局了深化改革的战略重点、优先顺序、主攻方向、工作机制、推进方式和时间表、路线图,汇集了全面深化改革的新思想、新论断、新举措,是我们党在新的历史起点上全面深化改革的科学指南和行动纲领。该决定紧紧围绕经济、政治、文化、社会、生态文明、党建等六大改革主线,涵盖15个领域、60个具体任务。该决定指出,经济体制改革是全面深化改革的重点,核心问题是处理好政府和市场的关系,使市场在资源配置中起决定性作用和更好发挥政府作用。其中在社会事业改革中领域中针对社会保险提出"适时适当降低社会保险费率。研究制定渐进式延迟退休年龄政策。"因此全面深化改革为中国社会保险的发展提供了有力支持。

党的十八大以来,习近平总书记对社会保障改革与发展作出了一系列重要论述,涉及社会保障的科学定位、先进理念、建设目标等多个方面,全面回应了新时代人民的福利诉求,为我国社会保障改革与制度建设提供了根本遵循,引领社会保障变革。

党的十九大报告指出,要坚持全面深化改革。坚持和完善中国特色社会主义制度,不断推进国家治理体系和治理能力现代化,坚决破除一切不合时宜的思想观念和体制机制弊端,突破利益固化的藩篱,吸收人类文明有益成果,构建系统完备、科学规范、运行有效的制度体系,充分发挥我国社会主义制度优越性。

党的二十大报告指出,未来五年是全面建设社会主义现代化国家开局起步的关键时期,主要目标任务是:经济高质量发展取得新突破,科技自立自强能力显著提升,构建新发展格局和建设现代化经济体系取得重大进展;改革开放迈出新步伐,国家治理体系和治理能力现代化深入推进,社会主义市场经济体制更加完善,更高水平开放型经济新体制基本形成;全过程人民民主制度化、规范化、程序化水平进一步提高,中国特色社会主义法治体系更加完善;人民精神文化生活更加丰富,中华民族凝聚力和中华文化影响力不断增强;居民收入增长和经济增长基本同步,劳动报酬提高与劳动生产率提高基本同步,基本公共服务均等化水平明显提升,多层次社会保障体系更加健全;城乡人居环境明显改善,美丽中国建设成效显著;国家安全更为巩固,建军一百年奋斗目标如期实现,平安中国建设扎实推进;中国国际地位和影响进一步提高,在全球治理中发挥更大作用。

(二)经济持续增长为中国社会保险发展提供财政基础

近十年,我国经济建设不断推进高质量发展,产业结构持续优化。国内生产总值突破百万亿元大关,2021年国内生产总值达到1143669.7亿元。人均国内生产总值十年内翻番,2021年达到80976元。2021年,我国三次产业结构为7.3∶39.4∶53.3。第一产业保持平稳增长,基础地位不断稳固;第二产业深入推进创新升级,转向高质量发展;第三产业蓬勃发展,互联网、大数据等新兴服务业崛起。意味着我国经济实力又跃上一个新台阶。

经济发展与社会保障之间是水涨船高关系,社会保险本质上是社会财富的再次分配。中共中央总书记习近平在主持中央政治局第二十八次集体学习时强调,社会保障是保障和改善民生、维护社会公平、增进人民福祉的基本制度保障,是促进经济社会发展、实现广大人民群众共享改革发展成果的重要制度安排,是治国安邦的大问题。要加大再分配力度,强化互助共济功能,把更多人纳入社会保障体系,为广大人民群众提供更可靠、更充分的保障,不断满足人民群众多层次多样化需求,健全覆盖全民、统筹城乡、公平统一、可持续的多层次社会保障体系,进一步织密社会保障安全网,促进我国社会保障事业高质量发展、可持续发展。因此,一方面社会保障发挥着再分配的作用,另一方面经济发展可以为社会保险的再分配提供财富存量,为提高国民福利水平奠定雄厚的财政基础。

二、中国社会保险发展挑战

(一)人口老龄化导致保险基金支出压力大

人口老龄化是指当一个国家或地区60岁以上老年人口占人口总数的10%,或65岁以上老年人口占人口总数的7%,即意味着这个国家或地区的人口处于老龄化社会。中国国家卫生健康委、全国老龄办2024年发布《2022年度国家老龄事业发展公报》,公报显示,截至2022年末,全国60周岁及以上老年人口28004万人,占总人口的19.8%。在此情景下,老年人的养老金支付、医保报销会大幅增加,社会保险基金支出压力增大。

(二)少子化为增加保险基金未来收入压力

少子化是指生育率下降,造成幼年人口逐渐减少的现象。国家统计局数据显示,2021年新生儿出生数量统计是1062万人,2021年全年出生人口1062万人,人口出生率为7.52‰,人口自然增长率为0.34‰。在这样的人口背景下,会影响社会保险基金收入的增加。

第三节　中国社会保险发展趋势

一、安全规范的多层次社会保险体系

党的十九大报告指出:"加强社会保障体系建设。按照兜底线、织密网、建机制的要求,全面建成覆盖全民、城乡统筹、权责清晰、保障适度、可持续的多层次社会保障体系。"全面实施全民参保计划。完善城镇职工基本养老保险和城乡居民基本养老保险制度,尽快实现养老保险

全国统筹。完善统一的城乡居民基本医疗保险制度和大病保险制度。完善失业、工伤保险制度。建立全国统一的社会保险公共服务平台。统筹城乡社会救助体系,完善最低生活保障制度。坚持男女平等基本国策,保障妇女儿童合法权益。完善社会救助、社会福利、慈善事业、优抚安置等制度,健全农村留守儿童和妇女、老年人关爱服务体系。发展残疾人事业,加强残疾康复服务。坚持房子是用来住的、不是用来炒的定位,加快建立多主体供给、多渠道保障、租购并举的住房制度,让全体人民住有所居。

党的二十大报告指出"健全社会保障体系。社会保障体系是人民生活的安全网和社会运行的稳定器。健全覆盖全民、统筹城乡、公平统一、安全规范、可持续的多层次社会保障体系"。完善基本养老保险全国统筹制度,发展多层次、多支柱养老保险体系。实施渐进式延迟法定退休年龄。扩大社会保险覆盖面,健全基本养老、基本医疗保险筹资和待遇调整机制,推动基本医疗保险、失业保险、工伤保险省级统筹。促进多层次医疗保障有序衔接,完善大病保险和医疗救助制度,落实异地就医结算,建立长期护理保险制度,积极发展商业医疗保险。加快完善全国统一的社会保险公共服务平台。健全社保基金保值增值和安全监管体系。健全分层分类的社会救助体系。坚持男女平等基本国策,保障妇女儿童合法权益。完善残疾人社会保障制度和关爱服务体系,促进残疾人事业全面发展。坚持房子是用来住的、不是用来炒的定位,加快建立多主体供给、多渠道保障、租购并举的住房制度。

两次大会中关于社会保障体系的论述明显不同。首先,十九大报告是建成多层次社会保障体系,二十大报告是健全多层次社会保障体系,标志我国多层次社会保障体系已经建成但是未来趋势是要进一步完善。其次,十九大报告中关于多层次社会保障体系的要求是覆盖全民、城乡统筹、权责清晰、保障适度、可持续的,二十大报告的要求则是覆盖全民、统筹城乡、公平统一、安全规范、可持续。标志着多层次社会保障体系的完善要注重公平统一、安全规范。

二、高质量的多层次社会保险体系

党的二十大报告提出"加快构建新发展格局,着力推动高质量发展"。高质量发展是全面建设社会主义现代化国家的首要任务。发展是党执政兴国的第一要务。没有坚实的物质技术基础,就不可能全面建成社会主义现代化强国。必须完整、准确、全面贯彻新发展理念,坚持社会主义市场经济改革方向,坚持高水平对外开放,加快构建以国内大循环为主体、国内国际双循环相互促进的新发展格局。要坚持以推动高质量发展为主题,把实施扩大内需战略同深化供给侧结构性改革有机结合起来,增强国内大循环内生动力和可靠性,提升国际循环质量和水平,加快建设现代化经济体系,着力提高全要素生产率,着力提升产业链供应链韧性和安全水平,着力推进城乡融合和区域协调发展,推动经济实现质的有效提升和量的合理增长。

中国经济处于高速增长阶段转向高质量发展阶段的攻关期,中国多层次社会保险也正处在高速增长阶段转向高质量发展阶段的攻关期,2021年2月26日,习近平总书记在中共中央政治局第二十八次集体学习时指出:"要加大再分配力度,强化互助共济功能,把更多人纳入社会保障体系,为广大人民群众提供更可靠、更充分的保障,不断满足人民群众多层次多样化需求,健全覆盖全民、统筹城乡、公平统一、可持续的多层次社会保障体系,进一步织密社会保障安全网，促进我国社会保障事业高质量发展、可持续发展。"同时习近平总书记强调："我国已建成世界上规模最大的社会保障体系。要在推动社会保障事业高质量发展上持续用力，增强制度的统一性和规范性，发展多层次、多支柱养老保险体系，把更多人纳入社会保障体系。"

三、公平统一的多层次社会保险体系

《中华人民共和国国民经济和社会发展第十三个五年规划纲要（2016—2020）》提出"改革完善社会保障制度"。坚持全民覆盖、保障适度、权责清晰、运行高效，稳步提高社会保障统筹层次和水平，建立健全更加公平、更可持续的社会保障制度。

《中华人民共和国国民经济和社会发展第十四个五年规划纲要（2021—2030）》提出"健全多层次社会保障体系"，坚持应保尽保原则，按照兜底线、织密网、建机制的要求，加快健全覆盖全民、统筹城乡、公平统一、可持续的多层次社会保障体系。

《国务院办公厅关于印发"十四五"全民医疗保障规划的通知》（国办发〔2021〕36号）是依据《中华人民共和国国民经济和社会发展第十四个五年规划和2035年远景目标纲要》和《中共中央 国务院关于深化医疗保障制度改革的意见》制定而成的，其中就医疗保障改革举措提出了三大措施：健全多层次医疗保障制度体系、优化医疗保障协同治理体系和构筑坚实的医疗保障服务支撑体系。其中健全多层次医疗保障制度体系提出"坚持公平适度、稳健运行，持续完善基本医疗保障制度。鼓励支持商业健康保险、慈善捐赠、医疗互助等协调发展"。具体举措有：一是要提升基本医疗保险参保质量，包括"依法依规分类参保""实施精准参保扩面""优化参保缴费服务"。二是完善基本医疗保障待遇保障机制，包括"促进基本医疗保险公平统一"。

党的二十大报告指出"健全覆盖全民、统筹城乡、公平统一、安全规范、可持续的多层次社会保障体系"。

国家"十三五"规划、"十四五"规划、党的二十大报告中等均提出"公平统一"，可见社会保险未来发展趋势之一是公平统一的多层次社会保险体系。

参考文献

[1] 任泽兰.加强社会保险基金内部审计工作的对策:以C市C区为例[J].当代会计,2021(15):102-103.

[2] 姚春辉.试论我国社保基金监管体系的发展与完善:基于武汉市社会保障基金监管体系的实证分析[J].湖北行政学院学报,2009(3):51-56.

[3] 刘波.我国社会保障政策监控机制:困境与创新[J].广州大学学报(社会科学版),2012,11(6):12-17.

[4] 万顺平.浅谈社会保险基层经办机构基金监管存在的问题与对策[J].新金融世界,2020(3):26-27.

[5] 潘怀明,郑建军.我国养老保险基金风险预警指标体系探讨[J].贵州大学学报:社会科学版,2009,27(2):5.

[6] 郑功成.中国社会保险法制建设:现状评估与发展思路[J].探索,2020(3):31-41.

[7] 朱小玉,杨宜勇.社会保险费率国际比较:全球水平、内在差异与经验借鉴[J].税务研究,2020(5):25-31.

[8] 郑功成.面向2035年的中国特色社会保障体系建设:基于目标导向的理论思考与政策建议[J].社会保障评论,2021,5(1):3-23.

[9] 刘欢.中国长期护理社会保险制度的功能定位、价值理念与实施路径[J].求实,2021(1):46-58.

[10] 刘蕾蕾.降费背景下我国城镇职工基本养老保险可持续性指标体系构建与测度[J].时代金融,2022(2):64-66.

[11] 唐柯.构建稳定可持续的城乡居民基本养老保险筹资机制[J].理财:经论版,2020(7):3.

[12] 沈梦雪,黄阿红,陈默,等.基于PSR模型我国职工医保基金可持续发展能力评价分析[J].中国医院 2020,24(1):60-64.

[13] 张心洁,周绿林,刘彤彤.城乡居民基本医疗保险制度整合后的基金可持续性研究[J].中国卫生经济,2019(2):4.